KB176762

복붙 개발자의
벼락 성공기

**The Unlikely Success
of a Copy-Paste Developer**

복붙 개발자의 벼락 성공기

초판 1쇄 발행 2023년 5월 30일

지은이 아이리스 클라슨 / **옮긴이** 이미령, 김태곤 / **펴낸이** 김태헌
베타리더 강민정, 권용철, 김도윤, 김인, 안종문, 오시영, 조민지
펴낸곳 한빛미디어(주) / **주소** 서울시 서대문구 연희로2길 62 한빛미디어(주) IT출판2부
전화 02-325-5544 / **팩스** 02-336-7124
등록 1999년 6월 24일 제25100-2017-000058호 / **ISBN** 979-11-6921-110-9 13000

총괄 송경석 / **책임편집** 서현 / **기획 · 편집** 이민혁
디자인 표지 · 내지 박정우 / **전산편집** 김민정
영업 김형진, 장경환, 조유미 / **마케팅** 박상용, 한종진, 이행은, 김선아, 고광일, 성화정, 김한솔 / **제작** 박성우, 김정우

이 책에 대한 의견이나 오탈자 및 잘못된 내용에 대한 수정 정보는 한빛미디어(주)의 홈페이지나 아래 이메일로
알려주십시오. 잘못된 책은 구입하신 서점에서 교환해드립니다. 책값은 뒤표지에 표시되어 있습니다.
한빛미디어 홈페이지 www.hanbit.co.kr / **이메일** ask@hanbit.co.kr

©2023 Hanbit Media, Inc.
Authorized Korean translation of the English edition of The Unlikely Success of a Copy-Paste
Developer
ISBN 9789152719817 ©2022 Iris Classon.
This translation is published and sold by permission of the Author,
who owns or controls all rights to publish and sell the same.

이 책의 한국어판 저작권은 저자와의 독점 계약으로 한빛미디어(주)에 있습니다.
저작권법에 의해 보호를 받는 저작물이므로 무단 복제 및 무단 전재를 금합니다.

지금 하지 않으면 할 수 없는 일이 있습니다.
책으로 펴내고 싶은 아이디어나 원고를 메일(**writer@hanbit.co.kr**)로 보내주세요.
한빛미디어(주)는 여러분의 소중한 경험과 지식을 기다리고 있습니다.

복붙 개발자의
벼락 성공기

The Unlikely Success
of a Copy-Paste Developer

아이리스 클라슨 지음
이미령, 김태곤 옮김

ⅢB 한빛미디어
Hanbit Media, Inc.

이 책을 모든 프로그래머 동료에게,
그리고 프로그래머를 상대하는 모두에게 바칩니다.

베타리더 후기

많은 사람이 인정할 만한 실력을 갖췄지만, 스스로를 부족하다고 느끼는 주인공이 친근하게 느껴졌어요. 실수, 우여곡절이 없는 성장은 없는 것 같아요. 좌충우돌한 개발자의 성장 과정을 너무 재밌게 봤습니다. 뒷부분으로 갈수록 내용이 흥미진진합니다! 개발이 아닌 일상적인 이야기도 많아서 개발자의 일상에 대해 알고 싶은 분이라면 누구나 쉽게 읽을 수 있어요.

백엔드 개발자 **강민정**

개발자와 이야기할 기회는 많았지만 개발자들끼리 주고받는 이야기와 경험은 또 다른 것 같습니다. 단순히 전문적인 지식이 아니라 이야기로 풀어내서 비개발자 입장에서는 개발자들의 다양한 모습을 좀 더 이해할 수 있었습니다.

기획자 **권용철**

커리어 스킬이나 소프트 스킬, 객체지향, 아키텍처, 튜닝 같은 딱딱한 책들에 둘러싸였다가, 처음으로 프로그래밍을 다루는 재밌는 소설을 읽게 되었습니다(이런 소설은 풀스택 개발자처럼 상상 속에만 존재할 거로 생각했습니다). 가벼운 마음으로 공감하며 쉽게 읽었습니다. 개발자가 아닌 분들도 재밌게 읽을 수 있지만, 개발 관련 유머를 놓칠 수도 있다는 점은 미리 말씀드립니다.

복붙 개발자 **김도율**

오랜만에 소리 내 깔깔대며 읽었습니다. '복붙'하는 개발자가 주인공인데 무려 '성공' 스토리가 담긴 소설이라니. 제목부터 어그로(?)를 강하게 끄는 데 성공하고는 쉴 틈 없이 개발자 유머를 날려댑니다. 책을 읽는 내내 주인공과 주변 인물들에 공감되는 부분이 많아서 웃기기도 하고 한편으로는 속이 쓰리기도 했습니다.

환장하는 업무 환경과 진상에 밉상인 관리자, 끊임없이 발생하는 이슈가 남 일 같지 않고, 그나마 숨통을 터주는 동료 개발자는 그저 귀하기만 합니다. 돈 안 받고 개발할 때가 제일 즐거운 건 만국 공통이군요. 여러 사건이 진행되면서 이야기가 점점 흥미로워지는데요. 마지막에 헉 소리 나는 반전에 아직도 뒤통수가 얼얼합니다(도망쳐서 도착한 곳에 낙원은 없었습니다).

개발자는 물론이고 IT 업계에 종사하는 모든 분, 세상에서 제일 웃긴 게 개발자 농담이라고 생각하는 분께 강력히 추천합니다.

개발자 **김인**

몇 년 전 '내가 생각하는 판교 개발자의 삶.txt'와 '내가 겪고 있는 판교 개발자의 삶.txt'라는 제목의 글이 커뮤니티에서 화제였습니다. 두 글은 이상과 현실을 나누어 실제 개발자의 삶에 괴리가 존재한다는 내용으로 사람들에게 재미를 주었습니다.

이 책은 여기서 더 나아가 개발자 삶의 현실을 여과 없이 보여주는 블랙 코미디입니다. 현직 개발자나 개발자를 희망하는 취업 준비생 또는 '극한의 효율에 집착하는 개발자' 밈이나 스테레오타입에 대해 조금이라도 알고 계신 분이라면 정말 재미있게 볼 수 있습니다.

저 또한 무접점 키보드를 사용하며 매일 색깔만 다른 셔츠를 입는 개발자로서 웃픈 내용들이 정말 많았습니다. 한편으론 나는 어떤 삶을 살고 있는지, 남들이 나의 습성과 행동을 어떻게 생각하는지 되돌아보는 좋은(?) 시간이었습니다!

하우스푸어 개발자 안종문

개발자 버전 극사실주의 소설. '나만 개발이 힘든 걸까?', '개발자는 왜 저럴까?', '왜 일하면서 혼자 중얼거리는 걸까?' 같은 의문을 가진 분이라면 한 번 읽어주세요. 주인공인 리오의 희로애락을 느끼며 그동안 개발자로 겪었던 여러 에피소드가 물밀듯이 떠올랐습니다. 속 터지는 개발 회의에서는 분노를, 테스트 코드 없는 배포 이야기에서는 부끄러워지기도 했습니다. 왠지 프로그래밍이 잘되는 날의 기쁨, 오늘부터 갑자기 시작된 추가 업무와 말도 안 되는 기능 제안에 조정되지 않는 개발기간에서는 끝도 없는 슬픔이 느껴져 제 눈에서 눈물이 맺히더군요. 저만 그런 게 아니었네요.

피 말리는 개발기간, 배포 후 터진 서비스, 시도 때도 없이 등록되는 (버그/피쳐) 티켓, 체리 MX 청축 키보드, 인체공학 의자, 콘퍼런스에서 배워온 기술 써보기, 오픈소스 모임의 즐거움 이 중 하나라도 경험하신 분이라면 리오의 삶에 몰입할 겁니다. 『일의 기쁨과 슬픔』(창비, 2019), <좋좋소>를 이을 화제의 대작이 될 거로 확신합니다. 한 명의 개발자로서 모든 IT, 소프트웨어를 만들고 사용하는 모든 분이 봤으면 합니다. 제발.

코딩하러 오시영

현실보다 더 사실적이고, 소설로 시작해 다큐멘터리로 끝나는 이야기.

잘하고 싶지만, 마음 같지 않고 능력보다 더 큰 인정을 원하거나, 갑작스러운 관심에 도망치다가 사고를 내고 수습하다가 더 큰 사고를 내고 마는, 부족함으로 이루어진 모든 등장 인물에게 누가 감히 손가락질할 수 있을까.

각자의 자리에서 버티고 있는 그 자체로도 이미 성공이지만, 그럼에도 항상 성공을 꿈꾸는 우리 모두를 응원한다. 심지어 데이비드 당신도.

작은 성공을 이어가는 개발자 조민지

지은이·옮긴이 소개

지은이_**아이리스 클라슨**^{Iris Classon}

소프트웨어 개발자, 작가, 마이크로소프트 MVP, 스포츠를 좋아하는 스파이스 걸스 워너비

강연자, 작가, 마이크로소프트 C# MVP, 프로그래밍에 관한 굉장한 열정으로 인정받는 플루럴 사이트^{Pluralsight} 강사이다. 면허 취득 후 공인 임상 영양사로 활동하다가 12개의 자격증, 응용 프로그램, 저서, 유명 기업에서의 근무 경력을 갖춘 소프트웨어 개발자로 변신했다. 핸슬미니츠^{Hanselminutes}, 컴퓨터 스웨덴^{Computer Sweden}, 디벨로퍼 매거진^{Developer Magazine} 등 여러 매체, 온라인 기사, 팟캐스트에 출연하였다. 그녀의 놀라운 경력은 불가능이 없다는 걸 보여 준다. 테크데이즈^{TechDays}, NDC 등의 콘퍼런스와 여러 사용자 그룹에서 자주 발표하는 강연자로, 독특하고 창의적이며 용기를 북돋아 주는 발표 스타일로 잘 알려져 있다. 그녀는 자기소개 반 페이지 분량을 자랑으로 채운 후 다소 부끄러움을 느꼈으나 이 소개를 작성해준 미국인 친구가 말하길 이렇게 쓰는 게 책 판매에 도움이 된다고 했다.

옮긴이_**이미령**

가치 있는 콘텐츠를 우리말로 공유하려고 자원봉사로 시작한 일이 번역가의 길까지 이어졌다. 모든 일을 재미있게 하는 비결은 아이 같은 호기심을 잃지 않는 데 있다고 믿고 있으며, 사람과 사람, 사람과 컴퓨터 간의 연결 분야에 관심이 많다. 옮긴 책으로는 『UX/UI의 10가지 심리학 법칙』(책만, 2020), 『사용자를 생각하게 하지 마』(인사이트, 2014), 『시드 마이어』(영진닷컴, 2021), 『소프트 스킬』(길벗, 2022) 등이 있다. 개인 블로그(https://everysingle.page)를 통해 신간 소식, 번역 뒷이야기 등을 전한다.

옮긴이_**김태곤**

호기심 많은 프런트엔드 개발자, 프로 리모트 워커, 고양이 볼트의 집사, 소소한 블로거. 새로운 기술을 배우는 것만큼이나 지식을 나누는 것도 좋아해서 오픈 소스는 물론 강의와 번역을 꾸준히 하고 있다. 개인 블로그(https://taegon.kim)와 트위터(@taggon)를 통해서도 웹 기술과 관련된 글을 전한다. 옮긴 책으로는 『누구나 쉽게 배우는 자바스크립트』(비제이퍼블릭, 2015), 『소프트 스킬』(길벗, 2022), 『객체지향 자바스크립트의 원리』(비제이퍼블릭, 2015) 등이 있다.

감사의 글

프로그래밍 커뮤니티, 저의 집이자 친구여, 항상 격려해주어 감사합니다.

우리 남편, 제1호 팬이 되어주어 감사합니다.

제 컴퓨터, 이 책을 탈고할 때까지 폭발하지 않아 주어 감사합니다.

로크와 티르, 너희는 어서 가서 자라.

지은이의 말

수년 전부터 나는 개발자로 일하며 경험한 재미있는 이야기, 상황, 인물에 관해 기록해왔다. 회사의 높으신 분들께서는 문서화의 중요성을 귀에 못이 박히도록 말하지만 정작 이런 작업을 썩 반기지 않을 걸 알았기에 은밀하게 진행했다. 나는 사실 지루하고 따분하다고 여겨지는 프로그래머란 직업의 독특하고 재미있는 면을 문서화했을 뿐이다. 그건 바람직한 일 아닌가. 어쨌든 프로그래머가 하루 종일 카페인에 절은 채 자그마한 버튼을 두드리기만 하는 건 아니다. 보이지 않는 곳에서 굉장히 많은 일이 일어난다!

시간은 흘러 2020년, 난생처음 부모가 되어 잠들기 싫어하는 (그리고 지금도 그런) 아기와 1년을 버텼더니 친애하는 남편이 선물로 하루 동안 스파를 이용할 수 있게 해줬다. 간절히 원했던 휴식을 취하는 이들이 으레 그렇듯 나는 그 시간을 슬기롭게 활용하여 아이디어를 적어나갔고 바로 그 메모가 이 책의 시작점이 되었다. 스파에서 보낸 휴가를 일하는 데 쓴 셈이다. 너무 나쁘게 보지 말기를. 바로 이때 게으르고 능력치 평균 이하인 컨설턴트 리오가 탄생했으니까! 내가 수년간 수집한 이야기와 인물들은 리오의 삶에 녹아들었다. 절실했던 스파에서의 하루를 보내고 집으로 돌아와서야 여전히 우리 집에 황소개구리 같은 아기(황소개구리는 잠을 안 잔다)가 있다는 사실을 깨달았고 자연히 이 책을 쓰는 데에는 예상보다 더 오랜 시간이 걸렸다. 소프트웨어 개발자라는 이들에 대해 좀 아는 사람이라면 그들이 추정을 얼마나 못하는지도 알 것이다. 개성 강한 우리 아들을 재우려면 밤에 몇 시간씩은 걸어야 했기에 이 책은 내 휴대전화의 음성 인식 기술로 작성됐다. 그때는 '이거 할 만한데!'라고 생각했다. 그리고 둘째가 생겼다. 그 결과 이 책의 편집과 퇴고는 늦은 밤 수유를 하며 이루어졌다. 보통 엄마들이 갓난아기에게 시달리는 그 시간. 그동안 남편은 첫째를 재우려고 (거의) 40대에 복귀한 프로레슬러처럼 애썼다. 그 가운데 나는 육아에서 비롯된 감정적 마조히즘에 몽롱히 젖어 든 상태로 스스로 굉장히 자랑스러운 이 책을 간신히 완성할 수 있었다. 가장 좋은 점이라면? 두 아이가 전보다 더 잘 잔다는 것, 그리고 고객 지원 업무를 피하고 싶은 어느 피곤한 컨설턴트 이야기를 담은 이 책으로 내가 떼돈을 벌 거라는 점이다.

세 줄 요약

· 이 책에 등장하는 모든 상황, 이야기, 인물은 실제 사건과 인물, 저자의 고정관념에 기반한다.
· 카페인이 제 역할을 하지 못 할 때는 수면을 깎아 에너지로 썼으며, 내가 진짜 하고 싶었던 이 프로젝트를 마무리하기까지 수년이 걸렸다.
· 제발 나를 부자로 만들어 주길.

"Je ne regrette rien!(나는 아무것도 후회하지 않아!)"

– 아이리스 클라슨

옮긴이의 말

나는 종종 '내 인생을 영화로 만들면 참 지루할 것'이라고 얘기하곤 했다. 모든 드라마에 필수적인 아주 극적인 상황이 없었다는 뜻이다. 오해하진 말자. 나는 나의 지루한 인생을 굉장히 사랑하고 있으며 그런 인생을 살기 위해 노력한 자신에 대한 뿌듯함도 느낀다.

나의 직업, 개발자에 관해서도 비슷한 감상이 있다. 오죽하면 미디어에서도 개발자는 주로 첨단 기술을 이용해 주인공을 도와주는 조력자로 그린다. 혹은 괴상한 너드이거나.

그래서 '여성 개발자가 주인공인 소설이 있다'는 출판사의 제안을 들었을 때는 호기심이 일 수밖에 없었다. '개발자가 주인공이라고? 개발자도 소수인데 그중에서도 더 소수인 여성 개발자가 주인공이라고?' 개발자 이야기를 널리 알리는 데 당연히 한몫 거들어야 한다는 생각도 있었다. 그렇게 호기심과 호기로움으로 번역 작업을 시작했다.

모든 번역 작업은(물론 내 번역 작업 이야기다) 항상 후회의 골짜기를 거쳐 간다. '내가 왜 이걸 번역한다고 했을까' 개발자 리오나르드 라르손의 이야기는 유쾌하고 재밌고, 심지어 나에게는 직업적인 공감대까지 더해져 독자로서 즐거웠지만 동시에 역자로서 이 이야기를 온전하게 전달하는 게 몹시 힘들다는 사실도 깨달았다. 공동 역자인 아내는 '지금껏 갈고 닦은 아재 개그 실력을 맘껏 뽐낼 시간이다!'라고 나를 다독였지만 작가가 농담을 던질 때마다 나는 머리를 쥐어짜 내야 했다.

끝나지 않을 것 같던 번역, 개발자 용어, 아재 개그의 길고 긴 터널을 지나 드디어 리오의 이야기를 한국어로 선보이게 되었다. 역자로서 작은 소망 세 가지를 이야기하며 글을 마쳐본다.

· 다들 즐겁게 읽었으면(특히 아재 개그에 빵빵 터졌으면) 좋겠다.
· 리오처럼 자신을 드러내길 주저하는 여성 개발자들이 용기를 얻었으면 좋겠다.
· 그리고 이 책이 저자를 부자로 만들어 주었으면 좋겠다.

덧붙임: 이 글은 고양이 볼트의 거센 방해 공작을 뚫고 작성되었다.

– 김태곤

일러두기
본문 내 각주는 독자의 내용 이해를 돕기 위해 옮긴이가 작성했습니다.

머리에 복붙하는 IT 용어

프로젝트 관리

- **이슈**Issue

소프트웨어에 새로운 기능 추가를 요청하거나 버그를 보고할 때 새롭게 '이슈'를 만들어서 등록한다. 일부 프로젝트 관리 도구에서는 '티켓ticket'이라는 용어를 사용하기도 한다.

- **풀 리퀘스트**Pull Request

외부 개발자 또는 공동 작업자가 소프트웨어의 기능을 추가하거나 문제를 수정하는 코드를 작성하여 '풀 리퀘스트' 형식으로 등록한다. 등록된 풀 리퀘스트는 관리자 또는 해당 소프트웨어의 메인테이너들이 검토하여 승인하거나 거절할 수 있다.

- **코드 리뷰**code review

풀 리퀘스트로 올라온 코드를 검토하고 승인 또는 거부하는 일련의 과정을 의미한다.

- **머지**Merge

Git 버전 관리 시스템에서 소프트웨어는 여러 갈래 또는 브랜치branch에서 동시에 개발될 수 있다. 한 브랜치에서 다른 브랜치로 코드를 병합하는 과정을 머지라고 부른다. 상황에 따라 소프트웨어 출시에 사용되는 브랜치인 마스터master나 메인main 브랜치로 병합되는 것을 의미하기도 한다.

- **푸시**push

프로그래머 개인의 컴퓨터를 로컬local이라고 부르는데, 로컬에서 하던 작업을 작업자 모두가 공유하는 원격 저장소로 보내는 과정을 '푸시'라고 한다.

애자일 방법론

- **스크럼**scrum

스크럼 또는 데일리 스크럼은 개발팀만을 위한 것으로서, 과거에 진행했거나 현재 진행 중인 작업이 현재 스프린트의 목표에 어떻게 기여하는지 확인하고 공유하는 자리이다. 방해 요소가 있다면 이도 공유한다. 회의를 주관하는 스크럼 마스터가 필요하며 15분 안에 회의가 끝나야 한다.

- **스탠드업**

스크럼과 비슷하지만 스크럼 규칙을 따를 필요가 없다. 짧은 회의 시간을 위해 이름처럼 참석자들이 모두 일어서서 회의를 진행하기도 하지만 필수는 아니다. 서로 업무의 진행 상황을 공유하고 도움이 필요한 사람이 없는지 확인한다. 개발팀이 아닌 다른 업무 부서에서도 실행할 수 있다.

- **스토리**

스토리 또는 사용자 스토리는 소프트웨어의 기능 또는 요구 사항을 사용자의 관점에서 설명하는 용어이다. 예를 들면 '직장에서 작은 팀을 관리하는 사용자인 나는 실시간으로 스프레드시트를 팀원들과 쉽게 공유하고 동시에 커뮤니케이션도 할 방법이 필요하다.'와 같이 쓸 수 있다.

• 스토리 포인트

사용자 스토리가 실제로 동작하도록 구현하는 작업에 들어가는 노력을 측정하는 값이다. 걸리는 시간을 기준으로 하면 상황과 작업하는 사람에 따라 값이 달라질 수밖에 없어서 추정이 어렵지만, 스토리는 업무 자체의 어려움을 나타내는 것이라 동일한 값을 가지게 된다.

기준이 되는 스토리를 정해두고 다른 스토리의 상대적인 어려움을 측정하여 스토리 포인트를 설정한다. 측정 단위는 팀에 따라 다양하며 티셔츠 사이즈나 수열 등을 사용한다.

• 칸반보드

시각적인 프로젝트 관리 도구의 하나로, 업무를 정해진 기준에 따라 각 열로 구분하여 표시한다.

기타

• 캐시

데이터 조회나 파일 다운로드처럼 시간이 오래 걸리는 동작의 성능을 더 빠르게 하기 위해 한 번 수행된 동작의 결과를 따로 저장해두고 반복적인 요청에는 저장해 둔 데이터를 즉시 반환하는 기술 또는 소프트웨어/하드웨어.

• 사용자 그룹

동일한 기술적인 관심사나 목적 등을 공유하는 사람들의 모임을 뜻한다. 대체로 정기적으로 모이고, SNS, 온라인 채팅, 메일링 리스트, 오프라인 모임 등 다양한 방법을 통해 서로의 의견을 교환한다.

• 페어 프로그래밍

두 명의 개발자가 함께 프로그래밍하는 소프트웨어 작성 기법이다. 한 사람은 코드를 직접 입력하는 드라이버driver가 되고, 다른 한 사람은 입력된 코드를 지켜보면서 바로 리뷰하는 내비게이터navigator 역할을 맡는다.

• 발머 피크

프로그래밍 기술이 최고치에 도달하는 적정 혈중알코올농도를 의미하는 인터넷 밈(https://xkcd.com/323)을 가리킨다.

• 코드 악취

프로그래밍 코드에서 중대한 문제를 일으킬 가능성이 있는 특징을 일컫는다. 영어 발음 그대로 '코드 스멜code smell'이라고 부르기도 한다.

• 롤백

코드, 데이터베이스 또는 시스템 설정 등의 변경 이후 문제가 발생할 때 변경 이전의 상태로 되돌리는 것을 가리킨다.

01 COMMIT 리오 라르손

한 사람이 살아가는 방식을 보면 그 사람에 관한 많은 사실을 알 수 있다고들 한다. 소유물이란 많든 적든 그 사람의 정체성과 결부된다. 마치 그 사람이 누구인지를 설명하는, 신중하게 기술한 진술과 같다.

인생이 어디로 흘러가든 여러분은 (술에 취해 헷갈리지 않는 한) 집으로 돌아간다. 집은 과거와 현재의 인생에서 모은 이런저런 잡동사니로 가득한 추억 상자다. 상자 구석구석 주인의 개성이 잔뜩 낙서되어 있을 것이다. 물론 비유적인 표현이다. 펜을 손에 쥔 어린아이라면 또 다르겠지만, 제정신인 사람이라면 펜을 쥔 어린아이를 혼자 둘 리 없다. 사방을 지루할 정도로 하얗게 비워 둔, 수집품이라 할 만한 것도 별로 없는 무미건조한 추억 상자도 있다. 이는 그 사람이 흥미진진하지 않은 인생을 살았거나 아직 인생의 경이로움을 탐험하지 않았다는 의미다.

리오 라르손은 한 사람에게 딱 좋고 두 사람에게는 좁은 집에 산다.

혼자 사는 데 대한 변명일까, 혼자 살기 위한 선택일까? 어쩌면 둘 다일지 모른다.

리오는 런던 켄싱턴에 자리 잡은 아름답고 전통적인 영국식 아파트 3층에 산다. 켄싱턴의 건물 대부분이 그렇듯 18세기에 지어진 이 아파트에는 연노랑 벽돌로 지은 외벽과 잘 관리된 1제곱미터의 정원, 그리고 매끄러운 대리석 계단이 딸려 있다. 어쩌다 방문하는 사람에게는 숨 멎을 듯 아름다워 보이는 건물이지만 안에 사는 사람에게는 다른 이유로 숨이 멎는 곳이다. 특정 시대에 지어진 집은 방습이 되지 않다 보니, 곰팡이를 장수하는 반려동물 정도로 여긴다는 점만 알아 두길 바란다. 그런데도 건물은 참으로 아름답고 개성이 넘쳤다.

이 건물에 있는 리오의 집은 아름다움이나 개성과는 거리가 멀었다. 복도에는 접이식 플라스틱 의자, 재킷 두 벌(청재킷과 레인 재킷)이 걸린 금속 소재의 코트 걸이, 신발 세 켤레가 있었다. 신발은 모두 비슷하게 생긴 흰색 스니커즈로, 쓸린 자국과 먼지가 쌓인 정도로만 간신히 구분할 수 있었다. 복도와 이어지는 거실도 마찬가지로 거의 비어 있었다. 햇볕에 바랜 회색 리넨 소재의 2인용 소파, 검은색 사각 커피 테이블, 그 위에 놓인 오래된 (이젠 미생물이 자라는 듯한) 커피 컵 여러 개, 하얀 TV 스탠드 위에 놓인 작은 LED TV, 짙은 파란색 암막 커튼, 주방 모퉁이에 있는 런던 지하철 지도 액자, 그리고 그 옆에는 키 큰 옷장이 있었다. 옷장 안에는 때와 장소에 상관없이 몸에 걸치기 편한 티셔츠와 청바지 조합으로 이루어진 리오의 인생이 가지런히 접힌 채 놓여있었다. 리오의 할머니가 자랑스러워할 만한 실용적인 옷들이었다.

하얀 벽은 먼지투성이였지만 깨끗했다. 나무로 된 바닥 위에 (영국인들이 범죄자 취급을 할지 모르겠지만) 방 전체를 덮는 카펫은 없었다.

이는 리오가 지닌 개성의 일부였다. 그중에서도 겉으로 드러난 지루한 부분이랄까. 쉽게 알아볼 수 없는 다른 부분은 거실 한구석에 쌓인 책더미(리오가 열정적으로 읽고 깊이 사랑한 책들이었다)에서부터 차례로 찾아볼 수 있었다. 오래된 와인 냉장고에는 좋은 와인이 가득 채워져 있었다. 그 옆에는 매주 구워지기 위해 자라나는 사워도우 반죽sourdough starter [1]이 놓여 있었다. 주방에는 선인장 컬렉션이 있었고, 그 옆에는 수경 재배하는 바질이 있었으며, 리오가 일상을 기록하고 심리 상담 치료에서도 작성했던 사적인 일기로 가득한 이삿짐 상자 더미가 놓여 있었다.

이 모든 개성은 텅 비어 있다시피 한 집안 분위기에 묻혀 이삿짐으로 오인되어 쉽게 간과되고 감춰졌다. 집으로 찾아온 손님들은 모두 (그렇다고 많지도 않지만) 리오에게 이사 온 지 며칠이나 되었는지를 물으며 가구를 구입할 만한 곳을 알려주곤 했다. 하지만 리오가 이 집에서 생활한 지도 어느덧 10년, 얼핏 긴 시간처럼 들리지만 런던에서 아파트를 구하기란 어렵고 이사 비용도 끝내주게 비싸서 엄두도 못 낼 일인데다가, 리오는 탐험하듯 이사 다니는 타입이 아니었다.

리오는 인테리어 디자인에 영 소질이 없었다. 디자인과 관련된 모든 일에 극도로 관심이 없다 보니 그랬을 가능성이 매우 컸다. 리오가 집에 들인 가구들은 모국인 스웨덴을 기리는 의미로 이케아에서 구입했는데, 납작하게 포장한 상태로 배송되었다. 육각 렌치로 풀어야 하는 퍼즐은 맥주 다섯 병과 고양이, (영국 음

---

1 효모를 발효시켜 만드는 사워도우 빵의 경우, 만든 반죽의 일부를 남겨서 다음 반죽에 활용한다.

식 중 유일하게 먹을 만한) 인도 식당 테이크아웃 음식에 의지해 조립되었다. 설명서는 필요 없었다.

이 집에 있는 물건들은 대체로 실용적인 관점에서 마련되었다. 어떤 노인이 오더라도 카펫에 걸려 넘어지거나 장식품 때문에 혼란스러워할 걱정 없이 지낼 수 있을 것이다.

파티도, 모임도, 야밤의 애정행각도 없는, 티 없이 순수한 이 집은 지친 컨설턴트를 위한 완벽한 명상용 칩거지였다. 물론 리오의 말에 따르자면 말이다. 이 집에서 사무용 가구 벼룩시장처럼 보이지 않는 유일한 장소는 거실 한쪽 구석이었다.

보아라, 이 경이로운 홈 오피스를!

완벽의 경지에 이를 때까지 연마한 둥근 모서리를 갖춘, 위풍당당한 자태의 야생 체리우드 책상이 거실 창에서 들어오는 희미한 빛을 잔잔하게 반사했다. 책상 위에는 멋진 커브드 컴퓨터 모니터가 있었다. 열대 식물의 잎으로 뒤덮인 은빛의 모니터 프레임은 마치 열대림에 감춰진 보물 같았다. 화면에 어울리는 아름다운 백라이트 WASD 키보드는 책상에 빛과 그림자를 드리우고 친밀하게 드러누운 채 애정 가득한 달각달각 소리를 내며 사랑의 세레나데를 불렀다. 키는 당연히 체리 MX 청축Cherry MX Blue이었다. 키보드의 소리와 촉감, 저항감은 길고 긴 여러 밤에 걸쳐 은유적인 음악을 만들어내고, 어두운 배경의 에디터(VIM은 아님) 또는 CLI에서 명령어를 속삭이는 동안 진정한 몰입을 경험하기에 완벽했다. 그리고 키보드의 동반자인, 무겁지만 섬세하고 유쾌한 게임용 마우스가 있었다. 게임용 마우스는 가끔 마법사가 되어야 할 때 좋은 마법 지팡이가 되어주었다. 그 밖에도 책상 한구석에는 절대 만족을 모르는 수집가가 모아둔 다양한 키보드와 마우스가 놓여 있었다.

책상 옆에는 열심히 묵묵하게 일하는 멋진 타워형 컴퓨터와, 유튜브 동영상 세 편을 보아야만 사용법을 알아낼 수 있는(하지만 그만큼 수고할 가치가 있는) 믿기 어려울 만큼 인체공학적인 의자가 있었다. 나무로 된 마룻바닥 위에는 슬픔을 드러내듯 영원히 비어 있는 외로운 1인용 소파가 있었다. 그 옆에는 커피 머신과, 이 집의 총사령관인 라이언이 지내는 캣타워가 있었다.

반려묘를 향한 사랑을 캣타워의 높이로 측정할 수 있다면, 라이언이 받는 사랑의 크기는 마루에서부터 천장까지의 높이에 해당할 것이다(모든 고양이의 체면을 깎아내릴 정도로 집요하게 적절치 못한 행동을 하는데도 말이다). 리오는 그러한 적절치 못한 행동을 차치한다면, 고양이는 똑똑하며 직관적이고 독립적이며 우아한 동물이자 때로는 인간보다 더 나은 친구라고 주장했다. 인간이 지닐 수 있긴 하지만 한꺼번에 두루 갖추기는 어려운 바람직한 특성을 고양이는 전부 다 지니고 있었다. 하지만 안타깝게도, 리오의 직장은 고양이의 진가를 인정하지 않는지라 사무실에 고양이를 동반할 수는 없었다.

라이언은 리오가 티셔츠를 하루 더 입을 수 있을지 확인하기 위해 겨드랑이 부분을 검사하고(긁어보고 냄새를 맡았다), 마루 위에서 하룻밤 동안 건조 당한 청바지를 입는 모습을 주시했다. 한 번 더 입어도 될지 의심스러운 옷을 주워 입은 리오는, 모든 이메일과 메시지를 읽지 않은 채 '읽은 상태'로 표시했다. 그리고는 기차를 타고 직장까지 출근하는 데 드는 시간을 무시하고 거의 다 왔다고 팀에 알렸다.

리오는 계단에 이웃이 없는 걸 확인하고, 마치 한밤중에 바지 없이 도망 나오는 연인처럼 몰래 방을 빠져나와 메리의 우편함이 기다리는 출입구로 달려갔다. 리오는 한 손에 구겨진 우편물을, 다른 손에는 노트북 가방을 들고 대리석 계단을 한 번에 두 칸씩 뛰어오르며 곰팡이와 먼지 냄새가 감도는 꼭대기 층에 사는 메리의 현관 앞까지 올라갔다.

아픈 허리와 사악한 대리석 계단 때문에 갇혀 지내는 고령의 라푼젤 메리의 현관문 앞에 우편물을 내려놓은 리오는 회피성 행동에 성공한 것을 조용히 자축하며 계단을 뛰어내려왔다. 그렇게 리오는 자주 오지 않는 피터버러행 기차를 타기 위해 한밤중의 닌자처럼 사라졌다. '네, 거의 다 왔어요. 네, 메시지들은 물론 읽었죠.' 물론 거짓말이었다.

02 COMMIT | 스티커 사냥꾼

5월 중순답지 않게 무덥고 습한 날씨였다. 리오는 땀을 삘삘 흘리며 런던 근교에 있는 성당의 도시인 피터버러로 향하는 기차에 올랐다.

피터버러는 작은 도시였다. 아마 그 망할 성당만 아니었다면 마을이라고 볼 수도 있었을 것이다. 누구나 피터버러를 아는 듯했지만 전부 잘못된 이유 때문이었다. 리오, 그리고 더 선^{The Sun} [2]에 따르면 피터버러는 거지 소굴 그 자체였다. 2019년에는 잉글랜드에서 가장 살기 싫은 지역으로 선정[3]되기도 했던 이 도시의 좋은 점은 기차역, 그리고 빠르게 떠날 수 있다는 점뿐이었다.

리오는 아주 오래전 메인 스트리트에 있는 집을 임대한 적이 있다. 그 집의 양옆 이웃은 모두 너무나 친절한 사람들이었다. 한 이웃은 몹시 비싸고 수상해 보이는 고품질 밀가루를 담은 주머니를 팔았고(그것도 현금으로만), 다른 이웃은 폴리아모리^{polyamory} [4]를 즐기는지 연중무휴 만남을 위해 찾아오는 시끄러운 남자 친구가 꽤 많았다. 그렇더라도 리오가 임대했던 집은 (프로그래머에겐 필수인) 인터넷 접속이 안정적이었고 임대료도 저렴했으며 기차역에서 가까웠다. 하지만 리오는 1년을 임대하고도 1개월밖에 머물지 못한 채 런던으로 이사했다. 지금 생각하면 현명한 탈출이었다.

한창 추억에 잠겨 있던 리오를 현실 세계로 끄집어낸 건 활기찬 목소리였다. **"저기요? 안녕하세요?"** 어린 꼬마가 기차 좌석 등받이에 기대어 양손을 흔들면서 이쪽을 향해 환하게 웃었다. 꼬마는 리오의 노트북을 가리키며 말했다.

"우와, 엄마 저것 좀 봐요!"

리오는 한숨을 내쉬며 헤드폰을 벗고 노트북을 빈자리에 내려놓았다. 햇빛을 받은 노트북에 붙어 있던 알록달록한 스티커에 빛이 반사되면서 반짝거렸다. 어떤

---

2 영국의 유명 타블로이드지로 자극적인 기사가 많이 실린다.

3 https://www.thesun.co.uk/news/8483147/peterborough-named-worst-place-live-england

4 한 번에 사랑하는 사람의 수에 제한을 두지 않는 성적 지향성을 가리킨다.

부분은 반짝였고 어떤 부분은 낡아 벗겨져 있었다.

"으응?" 리오가 웅얼거렸다.

이런 종류의 즐거움을 누리기에는 너무 이른 시간이었지만, 기차 안에서 흥분한 아이를 못 본 체하기는 어려운 법이다. 자칫하면 몇 정거장 내내 떼를 쓸 수도 있다.

"그 스티커 어디서 났어요? 문어처럼 보이는 그거, 고양이예요? 저도 줄 수 있어요? 그럼 제 것도 하나 줄게요!" 아이가 자기 책가방을 들어 올렸다. 포켓몬 패턴으로 뒤덮인 책가방에는 다양한 스티커가 장식되어 있었다.

"대부분 일과 관련된 거야. 이건 옥토캣Octocat 5이고." 리오가 조용하지만 분명한 목소리로 성가시다는 듯 대답했다. "남은 스티커는 없어."

아이가 입을 뿌루퉁하게 내밀고 고개를 숙였다. "갖고 싶은데! 엄마⋯."

"팀, 네 자리로 돌아가." 아이의 엄마가 무미건조하게 말했다. 팀이 얌전해졌고 리오도 약간 누그러졌다.

"일에 관련된 스티커야." 리오가 조용히 대답했다.

아이는 의자 뒤로 가서 얼마간 보이지 않다가 다시 나타났다.

"이것 봐요!" 아이는 스티커 두 개를 내밀었다. "푸크린이에요! 하나 가져요!"

"고마워." 리오가 스티커를 받아 들고 어떻게 해야 하나 고민했다.

"여기요." 아이가 리오의 노트북을 가리켰다. "여기 모서리에 잘 맞을 거 같아요." 모서리 쪽에 아직 스티커를 붙이지 않은 빈 곳이 있기는 했다.

"그 자리는 특별히 남겨둔 거야." 리오가 아랫입술을 살짝 깨물고 잠시 망설이다가 말했다. "그렇지만, 뭐 괜찮겠지."

리오가 스티커를 자기 노트북에 붙였다. 이 스티커가 쉽게 떨어지면 좋겠네, 이제 귀찮은 일은 더 없겠지. 하지만 팀의 용건은 아직 끝나지 않았다. 아이가 몸을 의자 너머로 더 기대어 오자 다리는 거의 공중에 떴다. 팀의 엄마는 한 손으로는 팀의 다리를, 다른 손으로는 휴대전화를 붙잡았다.

"저기 있는 스티커도 비슷해 보이는데, 포켓몬이에요?"

"아니, 그건 Go 언어의 고퍼gopher 6야."

---

5 깃허브GitHub의 마스코트로 고양이 머리에 문어다리가 달린 마스코트다. https://octodex.github.com/original

6 Go 언어의 마스코트로, 땅다람쥐라는 뜻이 있다.

복불 개발자의 벼락 성공기

"직접 그린 거예요?" 팀이 다시 의자 뒤로 뛰어갔다. "잠깐만요!" 아이는 책가방에서 펜을 꺼냈다. 아이가 몸을 한껏 앞으로 기울인 탓에 다른 펜 하나가 시트를 넘어 날아왔다. "혹시…."

리오가 아이의 말을 잘랐다. "아니, 내가 그린 게 아냐. 이건 마스코트야. 언어, 컴퓨터 언어, 프로그래밍 언어의 마스코트라고." 아이에게 조금 짜증이 나긴 했지만 다 큰 어른의 컴퓨터에 붙은 화려한 색상의 동물 스티커를 설명하는 일이 리오에게 처음도 아니었다.

"와, 엄마! 컴퓨터가 포켓몬 말도 할 줄 안대요! 저도 하나 줄 수 있어요?"

리오가 가방 안쪽 주머니에서 스티커 하나를 집었다. "자, 여기."

"저는 학교에서 친구들하고 스티커를 바꿔요. 저한테 없는 걸 가지고 있거든요. 스페인에서 온 스티커도 있어요. 스페인에서는 진짜 진짜 멋있는 스티커를 구할 수 있어요. 친구랑 스티커 바꿔본 적 있어요?"

"난 친구가 없어."

"왜요?"

"난 내가 고른 스티커가 좋거든." 리오가 약간 힘주어 말했다.

"그렇지만 친구가 진짜 진짜 좋은 걸 가지고 있으면요?"

"그럼 걔네가 계속 갖고 있겠지." 무미건조한 대답이 이어졌다.

"한번 해봐요!" 기차가 천천히 속도를 줄이자 아이가 자리에서 튀어 올랐다.

"다른 스티커도 써보라고?"

"아뇨, 친구 말이에요. 제 친구들을 좀 소개해줄게요. 진짜 진짜 착한 애들이에요."

'이것참.' 조금 당황한 리오가 대꾸했다. "아니, 괜찮아."

"얼른 내려야 해, 팀. 가자." 엄마는 책가방을 뒤적거리는 팀을 보며 눈살을 찌푸렸다. 아이가 자리에서 미끄러지듯 내려가자 기차 바닥에 무릎이 닿았다.

"죄송해요. 아이가 포켓몬을 너무 좋아하거든요." 아이 엄마가 아이를 문 쪽으로 끌어당기며 말했다. "처음 보는 사람한테 말 좀 걸지 마. 아무리 너랑 같은 장난감을 좋아해도 그러면 안 돼."

"하지만 엄마…." 아이의 목소리가 희미한 울먹임과 함께 멀어졌다.

리오는 기차 문이 닫히는 순간에도 어떻게든 자신의 노트북을 한 번 더 보려고 펄쩍펄쩍 제자리에서 뛰는 아이를 볼 수 있었다. 아이 옆에는 책가방이 있었고 아이의 엄마는 아이의 셔츠를 당기고 있었다. 플랫폼의 전광판에는 '피터버러행 열차입니다'라는 문구가 올라갔다.

리오가 피터버러에서 살았던 건 아주 잠깐이었다. 이웃의 빵집, 그러니까 동네 약쟁이 소굴로도 알려진 그곳은 특히 밤에 분주했다. 게다가 안마 시술소의 밤은 뜨겁기까지 했다.

리오는 자신의 패배를 인정하고 런던으로 이사했지만 직장을 옮기지는 않았다. 그리고 그것이 리오가 런던의 월세를 감당하면서 피터버러로 출근하는 유일한 사람으로 기네스북에 등재될 만한 이유였다.

오늘은 이 역방향 출근이 개떡 같다는 걸 새삼 확인시켜주는 날이었다.

리오가 다시 노트북을 열었지만 파란 화면은 걱정말라는 듯 '모든 것을 Microsoft에 맡기기'라는 문구만 나타낼 뿐이었다.

'음, 윈도우 업데이트야, 네가 그런 말을 하기 전까지는 전혀 걱정이 없었는데.'

"아니, 이게 누구야!" 커다란 목소리가 객차 안에 울려 퍼졌다.

순간 리오는 노트북을 떨어뜨리고 몸을 앞으로 숙여 의자 뒤로 숨었다.

"맞네! 우리 다시 만날 거라고 했잖아요!" 리오의 맞은편 자리에 시끄러운 미국인이 몸을 내던지듯 앉았다. 그는 의자에 등을 기대고 손을 머리 뒤로 깍지 끼며 길게 한숨을 내쉬더니, 마치 다리 찢기를 하는 치어리더라도 된 듯 양다리를 쩍 벌렸다.

"만나서 반갑네요. 교통지옥 런던을 아침에 탈출하는 사람이 저만 있는 게 아니었네요! 잘 지냈어요? 치아는 좀 어때요?"

피터버러는 치과의사가 한 명뿐인 지역이었다. 도심부에 '치과'라고 적힌 표지판이 딱 하나 있는데, 그걸 따라가면 치과에 도착한다. 놀라운 일이지, 암. 지금 생각하면 치과가 표지판을 걸어놓는다는 게 좋은 징조는 아니었다. 이 시끄러운 미국인은 그 치과의 단골이었다. 그는 지역 검색 서비스인 옐프에서 치과를 찾았다고 했다. 표지판을 따라 들어갔다가 치과의사 마틴을 알게 된 리오와는 달랐다.

"잘 지내요. 제 치아도 괜찮고요."

"그렇겠죠. 당신 미소가 엄청 사랑스러운걸요!" 리오는 잘 웃지 않는다. 그러니 이 말은 잘못 보고 한 말이거나 기껏해야 예의상 하는 거짓말일 것이다.

"이거 그쪽 자전거예요?" 아직 안 끝났군.

브롬톤Brompton에서 나온 리오의 접이식 자전거는 잘 접힌 채 미국인의 옆자리에 놓여 있었다.

"네, 거기 두면 보통은 앉는 사람이 없거든요."

"하하! 재밌네요!"

리오더러 재밌다고 말한 사람은 아무도 없었다. 물론 서커스 자전거라고도 불리는 리오의 자전거라면 타는 재미가 쏠쏠하긴 하지만.

"내가 재밌는 얘기해줄까요? 당신이 자전거를 못 타는 걸 뭐라고 부를게요?"

"…저 자전거 탈 줄 아는데요."

"정답은 '모터바이크'예요! 에이, 재밌는 농담을 망쳤잖아요. '못 타 바이크'라고요, 알겠어요?"

그는 진심으로 실망한 기색을 보이더니 몸을 앞으로 숙였다.

"근데 영국에서도 자전거를 바이크라고 불러요? 나는 미국 출신이에요. 거기서는 바이크라고 부르거든요. 우리는 자전거를 많이 타지도 않지만, 하하!"

"저는 스웨덴 사람이지만, 맞아요, 바이크라고 불러요. 그리고 제 자전거는 정말로 못 타겠네요. 완전 반토막이 났잖아요."

리오가 접혀 있는 자신의 자전거를 힐끔 바라보았다. 이리저리 접힌 모양이 마치 교통사고라도 당한 듯했다. 시끄러운 미국인은 아주 크게 웃으면서 신난 듯 손뼉까지 쳐댔다. 서커스에 이젠 물개까지 합류한 꼴이었다. 리오는 이런 쇼의 일부가 되는 걸 몹시 싫어했다. 하지만 어쨌든 리오는 용케도 이 특별한 기차 서커스의 일부가 되고 말았다.

"아, 제 이름은 개리에요."

"리오예요." 리오는 헛웃음이 났다. 물개 개리라, 외우기 쉬운 이름이군.

"스위스에서는 흔한 이름인가요?"

"글쎄요. 그리고 전 스웨덴 사람이에요." 리오가 의자에 등을 기대고 팔짱을 꼈다.

개리는 키만 머쓱하게 컸다. 꼭 리오 같았지만 대신 그는 멋진 옷을 입었고 반짝이는 구두를 신었다는 점이 달랐다. 개리는 오른쪽 손목에 고루한 카시오 시계를 차고 있었다. 치과에서 리오가 손목에 스마트 워치를 찬 걸 발견하고 대화를 시작했다(아니면 적어도 시작하려고 했다).

카시오 시계는 그다지 스마트하지 않다고 주장하려던 리오는 이내 그 주인 역시 마찬가지라는 걸 깨닫고, 이런 일방통행식 대화를 가능한 한 빨리 끝내려 그가 자신의 소중한 페블Pebble 스마트 워치를 욕하도록 내버려 두었다.

리오는 치과 접수원에게 가장 붐비지 않을 시간을 확인한 후 일부러 아주 이르거나 늦은 시간에 진료를 예약했지만 계획대로 되지 않아서 결국 물개 개리와 억지로 어울릴 수밖에 없었다.

"리오라. 멋져요, 멋져." 그는 다시 몸을 뒤로 기댄 후 창밖을 바라보며 손짓했다.

"어쩌다가 여기까지 온 거예요?"

"영국에요? 아버지 일 때문에 이사 왔어요." 리오는 뜻밖의 쓸쓸한 감정을 담아 대답했다. 아버지의 예술 수업 때문에 옮겨 다니는 게 처음 있는 일은 아니었다. 하지만 살던 곳을 떠나 다시 시작한다는 사실이 너무 두려웠다. 이사가 결정된 날 리오는 난생처음으로 아버지에게 다시 생각해달라고 간청했다. 새로운 인생, 새로운 상담사. 그 무엇도 달갑지 않았다.

"스웨덴이 그리워요?"

"그리워할 게 남았는지 모르겠네요."

"친구들은?"

리오는 대답하지 않았다. 이사는 리오의 사회생활에 도움이 되지 않았다.

개리는 포기하지 않았다. "피터버러에는 어떻게 오게 됐어요? 내 여자 친구 말로는 거지 소굴이라더군요. 신문에서 읽었다나. 그래서 요즘은 저한테 새 치과를 찾아주려 해요. 그렇지만 저는 마틴이 좋아요. 마틴은 이번 여름에 캘리포니아로 자동차 여행을 가고 싶다고 하더군요. 그리고 그 치과, 옐프 평점도 좋잖아요."

"리뷰가 하나밖에 없잖아요."

"그렇죠. 그런데 엄청 좋은 리뷰잖아요!"

"그래도, 그거 하나뿐이잖아요." 리오가 의구심을 드러내지 않으려 애쓰며 말했다.

"어쨌든, 왜 피터버러였어요?" 그가 해맑게 되물었다.

리오가 한숨을 쉬었다. 주관식 질문은 가장 싫어하는 유형이었다. 노트북 업데이트는 끝나지 않고 냉각팬은 열심히 일하는 중이었다. 새로 붙인 스티커가 별로라고 불만을 토로하는 중일지도 몰랐다. 부디 배터리가 버텨주기를 바랐다. "전 피터버러에서 일해요. 컨설트잇이라는 회사에서 컨설턴트로요." 그새 개리는 새 스티커에 정신이 팔린 듯했다.

"이게 뭐냐고 물어보면 대답해드리는 게 인지상정이겠죠?" 그는 자기 농담에 손뼉을 치며 웃었다. 리오의 미간에 주름이 패었다.

"미안해요." 그의 웃음이 뚝 멈췄다. "무슨 컨설턴트예요?"

"소프트웨어 개발자요."

"예? 정말요? 상상도 못 했어요!" 그는 휘둥그레진 눈으로 질문을 계속했다. "일한 지 얼마나 됐어요?"

"꽤 오래됐을걸요. 이번 주가 10주년이에요. 제 인생에서 가장 긴 인연이네요." 리오의 입꼬리가 살짝 실룩거렸다. 어떻게 보면 미소 같기도 했다.

농담으로 한 말이었지만 공감하는 그의 표정을 보며 이게 슬픈 농담이었다는 걸 깨달았다. 슬픈 농담을 좋아하는 사람은 없다. 사실 처음부터 쭉 문제가 많은 관계였다. 사방에 위험 신호가 가득했다. 리오는 입사 첫날과 HR 부서의 열정적인 줄리아를 아마 평생 잊지 못 할 것이다.

"어서 와요, 리오!"

검은색 정장 원피스에 고양이 양말을 신은 키 큰 금발 여성이 리오를 반기며 손을 내밀었다.

"저는 줄리아예요. 전에 여기 와본 적 있나요?"

당연히 와봤다. 오늘로 정확하게 네 번째. 그리고 올 때마다 똑같은 질문을 받았다.

리오는 가볍게 악수하고 살짝 얼굴을 붉히며 말했다. "네 번째 방문이에요. 전에 만난 적도 있고요."

줄리아가 고개를 젖히며 크게 웃었다. "아, 미안해요! 사람이 너무 많고 바빠서 그래요."

아무래도 너무 많은 사람이라는 건 직원 42명을 가리키는 듯했다. 지난번에 최종 면접을 보러왔을 때와 똑같은 숫자다.

"디자이너? 프로젝트 리더?" 줄리아는 손짓으로 리오를 탕비실의 거대한 커피 머신 앞으로 안내하며 물었다. "디자이너 맞죠? 옷을 보니 알겠어요. 심플하고 깔끔하고 모던하네요."

"여전히 소프트웨어 개발자예요. 또 한 명의 코더일 뿐이죠."

"아, 진짜요?"

"확실해요." 리오가 미소를 지으며 커피잔을 받아들었다.

"물을 더 넣는 게 좋을 거예요." 컵에 든 검은 시럽을 들여다보는 리오에게 줄리아가 말했다.

잔에 담긴 레드 와인을 돌리듯 커피를 빙글빙글 돌려보려 했지만 액체는 거의 움직이지 않고 진흙처럼 걸쭉하게 컵 안쪽을 천천히 훑기만 했다.

"프랭크가 아주 진한 커피를 좋아하거든요. 다들 보통은 커피 반 온수 반 넣죠." 줄리아는 웃으며 말을 이었다. "여기 비건 우유 좀 넣어봐요." 우유가 블랙홀로 빨려 들어가듯 컵 속으로 사라졌는데도 색에는 거의 변화가 없었다. 비건 마술인가.

"딱 좋네요." 리오는 한 모금 홀짝이고 미소를 지으며 우유를 다시 건네줬다. "음식에 발라 먹는 스프레드로도 쓸 수 있겠어요."

줄리아는 웃었지만 리오가 정말 그렇게 하는 건 아닐까 잠시 의심했다. 줄리아는 소프트웨어 개발자를 매일 하루치 카페인을 얻기 위해서라면 어떤 일도 마다하지 않는 이상한 부류로 여겼기 때문이다.

"멋지군요! 우리 회사에 딱 맞을 것 같네요! 아주 마음에 들 거예요. 직원들은 서로…." 줄리아가 가슴에 두 손을 모으고 눈을 감고 잠시 멈췄다. "소중히 생각하거든요. 모두 리오를 환영할 거예요." 줄리아가 몸을 살짝 앞으로 숙이며 윙크했다. "작은 과제도 준비했답니다." 줄리아는 재빠르게 눈길을 돌렸다가 리오를 바라보며 마치 비밀이라도 발설하듯 말했다. "자리로 가면 상자가 하나 있을 거예요. 그 안에는 의자가 들어 있어요. 아직 조립은 안 되어 있지만요! 리오도 이제는 우.리.팀의 일원이니까 뭐든 함께 만들어가야 하지 않겠어요. 이해했죠?"

자제하려고 애쓰는 줄리아의 모습에, 리오는 줄리아가 극적인 몸동작을 취할 수 있도록 한 발짝 뒤로 물러섰다.

줄리아가 말을 이어갔다. "저는 입사 과정에서 이걸 제일 좋아해요. 자, 의자를 만들려면 도움이 필요할 거예요. 아주 좋은 의자인데요. 만들기는 까다로워도 팀에서 도와줄 거예요. 유튜브 컨닝은 금지예요! 동료들과 함께라면 만들 수 있을 거예요. 리오의 업무상 가족들이죠." 줄리아가 걷기 시작했다. "가족이 된 걸 환영해요. 어서 가서 같이 의자를 만들어보세요!"

예기치 않게 휴대전화의 방해를 받은 줄리아가 전화기를 흘끗 보았다. "이런, 탁구대가 배달됐다네요. 확인하러 가봐야겠어요. 당신은 할 수 있어요! 이제 가서 의자를 만들어요!"

리오는 순간 멍하니 서 있다가 이내 자기 팀을 찾기 위해 사무실을 둘러보았다. 줄리아가 멀리 사무실 끝에서 손을 흔들고 있었다.

"그리고 실내에서 신발은 벗어야 해요! 실내화는 괜찮아요!" 줄리아가 소리치고는 자기 양말을 가리켰다. "고양이를 좋아하거든요! 가족이 된 걸 환영해요!"

리오가 한숨을 쉬고 스니커즈를 벗었다. 한 손에는 신발을, 다른 한 손에는 커피를 들고 팀이 있을 구석으로 걸어갔다.

리오의 동료들은 바빴는데, 잘 차려입은 금발 남자가 의자를 빙글 돌리더니 펜을 돌리며 물었다. "반가워요, 리오. 오는 데 문제는 없었죠?"

리오가 살짝 당황하며 "네, 저는…."까지 말하고는 빈 책상을 바라보았다. 상자가 없었다. 하지만 의자는 있었다. 이미 조립은 끝난 상태였다.

"아, 저거." 그 남자는 의자 쪽으로 몸을 돌리더니 살짝 인상을 찌푸렸다. "자주 있는 일이에요. 줄리아는 HR 업무를 즐기는 편인데, 사실 의자는 항상 조립되어서 오거든요. 아이디어 자체는 좋았어요. 언제 한번 말은 해야겠지만요. 일단 앉으세요."

리오는 10년이 지난 지금까지도 그 의자를 사용한다. 괜찮은 의자였다.

개리는 리오가 회상에 빠진 걸 모른 채 리오를 바라보며 물었다. "일은 괜찮아요?" 리오는 잠깐 멈칫했다가 노트북에 붙은 파란색의 컨설트잇! 스티커를 매만졌다. 만화풍 카우보이 캐릭터가 마스코트였는데, 총 대신 키보드 두 개를 들었고 손가락은 엔터키에 놓여 있었다. 제품 관리자에 따르면 **"우리가 두 배 빠르게 납품하기 때문"**이라나. 그때마다 개발자들은 여러 차례 설명했다. **"그런 식으로 되는 게 아니예요. 그런 식으로 되는 건 아무것도 없다고요."**

"괜찮은 거 같아요." 리오가 손톱을 깨물며 대답했다. 그새 업데이트가 끝났는지 노트북은 수상한 침묵을 지키고 있었다. 윈도우 업데이트는 리오의 정강이만 빨갛게 데우고 떠나갔다.

"스위스 사람들은 그다지 감성적인 타입은 아닌가 봐요." 개리는 조용히 웃고 눈썹을 치켜올리며 재빨리 가방을 집어 들었다. "와, 재밌게 대화하다 보니 시간이 빨리도 갔네! 저는 한 정거장 먼저 내려요. 오늘 예쁜 집을 팔거든요. 직접 보셔야 하는데!" 그는 명함을 꺼내서 제단에 제물을 내려놓듯 내밀었다.

"이거 종이 명함인가요?" 리오가 창문을 향해 명함을 들어 보였다. "참 복고적이네요."

"하하! 마틴 킹 선생님께 안부 전할게요! 당신이 먼저 치과에 가지 않는다면요." 개리는 활기차게 말하며 리오의 어깨를 지지대 삼아 몸을 일으켰다.

리오가 뒤로 물러섰다. "음, 제발 그러지 마세요." 개리가 손을 떼자마자 리오는 데님 재킷을 무미건조하게 정돈하며 말했다.

그는 춤을 추며 기차 문으로 빠져나가서 리오를 돌아보고는 엄지손가락을 치켜들었다. "그 동네에서 제일 좋은 치과 의사라고요!"

"한 명밖에 없으니까 그렇죠!" 리오가 닫힌 문을 향해 소리쳤다.

리오는 옐프에 리뷰를 쓴 대가로 연례 검진을 50% 할인받았다. 개리는 플랫폼에서 온몸을 꿀렁거리며 춤을 추고 있었다. 보기 좋은 광경은 아니었다.

04 COMMIT 회의에 대한 회의

자전거를 타고 사무실로 향하는 길에 별일은 없었지만 날씨가 따뜻했다. 사무실에 도착한 리오의 몰골은 말이 아니었다. 멀리서 보기에는 날씬하고 키가 크며, 작은 두 바퀴의 균형을 전문가 수준으로 다루는 스포츠광처럼 보였다. 하지만 현실은 힘겨운 숨소리와 함께 더위를 저주하며 내뱉는 온갖 욕설을 들을 수 있었다. 리오는 역방향 출근을 시작하면서 런던 사람들, 그리고 자전거를 타는 다른 사람들 사이에 섞여 들기 위해 자전거를 샀다. 불필요한 대중교통 이용과 그 과정에서 벌어지는 무작위한 인간들과의 상호작용을 피할 수 있다는 점에서도 자전거는 유용했다. 가끔 스티커를 가지고 취조하는 아이만 없다면 그녀는 거의 혼자가 되어서 고요함을 즐기며 행복한 하드코어 비트를 듣고 가끔 있는 (주간) 윈도우 업데이트까지 마칠 수 있었다.

리오는 주차장으로 들어가면서 개리가 기차를 정기적으로 이용할 경우에 대비할 대안이 있을지 고민했다. 자전거로 몇 킬로미터 이상 갈 만한 체력도, 의지도 없었고 좌측으로 운전할 자신도 없었다. 새로운 기술을 배우는 것뿐 아니라 전반적으로 변화라는 걸 좋아하지 않았기 때문에 두 가지 선택지 다 내키지 않았다.

리오가 자전거를 반으로 접어서 영안실에 들어갈 준비를 마친 시체처럼 끌고 들어가려는데 자전거가 출입문을 긁었다. 리오는 두 번째 출입구에서 출입 카드를 스캔한 뒤에 접힌 자전거를 구석에 처량하게 버려두었다. 그녀는 계단을 뛰어올라 막 예약해둔 회의실로 향했다. 모퉁이를 돌자마자 리오의 스마트 워치에 메시지가 떴다. "@channel 스크럼!"

'스크럼에 또 늦다니. 일관성 한번 끝내주네.' 회의실 문을 밀어서 열고 빈방을 훑어보았다. '좋았어! 또 내가 가장 먼저 왔네. 가장 먼저 왔으면 안 늦은 거지.'

10시 20분이 될 때까지 몇 분간 회의실로 더 오는 사람은 없었다. 마침내 복도를 따라 울리는 제임스와 데이비드의 티격태격 주고받는 수동적 공격 소리가 두 사람의 도착을 알렸다.

"어쩌면 스크럼을 11시로 옮기는 게 좋겠어요." 데이비드가 회의실로 들어서며 말했다. 그는 잠시 멈춰서 회의실 구석에 놓인 팻보이^{FatBoy} 빈백에 앉아 있는 리오를 바라보았다. 리오는 헤드폰을 쓴 채 휴대전화를 들고 손톱을 물어뜯고 있었다.

"10시는 너무 일러요." 리오가 보기에 얍삽한 말이었다.

리오는 휴대전화를 내려놓고 백팩에서 노트북을 꺼냈다. "오전 10시가 이르다고요?" 그녀는 눈썹을 치켜들며 물었다. 어린 자녀가 있는 사람들을 포함하여 사무실에 있는 유일한 아침형 인간이었다.

"네, 개발자에게는 너무 일러요." 데이비드는 의자를 잡더니 머리 뒤로 손깍지를 끼고 무릎을 넓게 벌리며 앉았다. "게다가 우리는 10분 전까지 여기서 당신을 기다리다가 산책하러 다녀온 거예요."

"맙소사, 데이비드. 당신은 개발자가 아니에요. 그리고 이건 스크럼도 아니고요." 제임스가 고개를 저으며 손바닥을 맞대어 모았다. 지금껏 애자일에 저지른 죄악을 위한 묵도였다. "당신이 코드를 두 번 복사해서 붙여 넣은 덕분에, 우린 대체 당신이 왜 그랬는지 알아내느라 한 달을 날렸어요. 그냥 프로젝트 리더 역할을 받아들이고 코드는 우리에게 맡겨요."

리오가 끼어들었다. "스탠드업 회의의 15분 규칙을 지금 적용할 수 있을까요? 감정을 털어놓고 안아주는 시간은 회의 끝난 뒤에 갖자고요. 그리고 이건 스크럼이 아니라 스탠드업 아니면 데일리 스크럼이라고 불러요."

"스탠드업은 꽤 문제의 소지가 있는 단어 같군요. 일어설 수 없는 팀원이 있을지도 모르잖아요." 데이비드는 균형을 잡으려 자기 손을 엉덩이에 올리고 어설프게 힙 쓰러스트^{hip thrust} 자세를 해 보였다.

"우리 팀에는 그런 사람이 없잖아요?"

"만약 있다면요? 길을 건너기 전에 잘못된 방향을 바라보면 차에 치일 수도 있어요. 그러니까…, 리오, 스웨덴 사람은 오른쪽으로 운전하죠?" 데이비드는 말을 이어갔다.

"오른쪽, 맞아요. 옳은 쪽이죠. 근데 지금 내가 차에 치여야 한다고 말하는 거예요? HR과 보낸 행복한 시간이 그리워졌나 봐요?"

제임스가 자기 물잔에 담긴 물을 데이비드에게 손가락으로 튀겼다. "이제 시작하죠, 어린이 여러분?"

리오는 '나에게는 감히 그럴 생각 하지 말라'는 의미로 제임스를 힐끗 쏘아보았다. 그녀는 노트북 전원을 연결하고 회의실 모니터에 칸반 보드^{Kanban board}를 띄웠다.

"자, 그럼, 스웨덴 사람과 함께 보드를 훑어보도록 하죠. 빨리 시작하지 않으면 저는 정맥에 카페인 주사를 꽂아야 할지도 몰라요. 그리고 미친 듯이 덥네요. 제임스, 냉풍기 좀 손봐줄래요?"

제임스는 벌떡 일어나 냉풍기를 지나쳐 밖으로 나가 반대편에 있는 창고 문을 열고 먼지 쌓인 선풍기를 꺼내 두 방 사이 복도에 놓았다. 이제야 (비록 앉은 상태이긴 했지만) 스탠드업을 시작할 수 있었다. 이미 여러 번 해본 일이라 이젠 3분 이내에 설치할 수 있다.

반려동물용 양말과 신발을 국제적으로 유통하는 업체인 냥말마켓은 컨설트잇의 매우 큰 고객 중 하나였다. 이 회사는 온라인상의 이미지를 새롭게 단장하고 B2B 외에 고객에게도 직접 판매하기로 했다. 리오의 팀은 이 회사의 온라인 쇼핑몰을 개선하는 업무를 맡았다. 나머지 팀원은 인턴 주니어 개발자 제임스와 프로젝트 리더 비슷한 역할을 하는 (그래서 사실 코딩은 하면 안 되는) 데이비드였다.

프로젝트는 다양한 이유로 엉망진창이 되었지만 현재 이들이 직면한 가장 큰 문제는 처참한 성능이었다. 과거에 외부 컨설턴트들과 함께 프로젝트를 진행할 만큼 팀이 컸을 당시, 누군가가 캐시를 직접 구현하자는 훌륭한 아이디어를 냈다.

그게 어려워 봐야 얼마나 어렵겠는가?
알고 보니 정말 어려웠다.

컴퓨터 과학에는 진정으로 어려운 두 가지 문제가 있다. 이름 짓기, 캐시 무효화, 오프 바이 원^{off-by-one} 오류[7]다.

지난 몇 달간 이들은 느리고 일관성 없는 캐시 문제의 해결책을 찾으려 노력했으나 진전이 거의 없었다. 데이비드는 자신이 프로그래밍하겠다며 온라인에서 찾은 코드를 복사해 붙여 넣었다가 본의 아니게 엄청난 메모리 누수 문제를 일으켰고, 팀에서는 그 원인을 찾는 데 한 달이 걸렸다. 그 일을 계기로 강도 복면을 쓴 데이비드의 사진과 함께 '캐시 등록기를 숨기세요, 숙녀 여러분!'이라는

---

7 배열의 반복을 의도보다 한 번 더 실행하거나 허용된 문자열의 길이를 1바이트 초과하는 등 경곗값을 1만큼 잘못 계산해서 발생하는 문제이다. 여기서는 두 가지 문제가 있다고 언급하고 세 개를 나열해 같은 오류를 저지르는 유머로 썼다.

텍스트가 적힌 포스터가 벽에 붙었다. 정작 데이비드는 이 포스터를 마음에 들어 해서 복사본을 추가로 만들어서 방마다 붙여두었다.

그는 회의실에 과다하게 붙은 포스터 옆에 앉아서 만족스러운 미소를 띤 채 포스터를 가리키며 물었다. "그래서, 캐시는 어떻게 진행되고 있나요, 숙녀 여러분?"

"솔직히 잘 안 되고 있어요. 아직도 패치할 방법을 찾아보고는 있지만 다른 요청들이 작업을 방해하고 있어요." 리오는 보드를 가리켰다. 대부분의 이슈에 빨간색의 버그라는 의미를 가진 'bugsbunny' 태그와 우선 순위가 높다는 의미를 가진 'prio1' 태그가 달려 있었다. "우리가 가는 길이 버그와 지원 요청, 아니, 데이비드 당신이 좋아하는 표현을 빌리자면 기능^{feature}과 이스터 에그^{Easter eggs} [8] 의 홍수에 잠겼어요. 백로그부터 배포까지, 이쪽에서 저쪽으로 헤엄도 못 칠 정도예요."

데이비드는 한숨을 내쉬었다. "그럼, 신사 여러분이 우선순위를 더 잘 정하면 되지 않겠어요?"

데이비드는 HR과 몇 번의 대화를 나눈 뒤부터 팀원들을 '신사'와 '숙녀'라는 대명사로 번갈아 부르기 시작했다. 하지만 선호하는 대명사[9]에 관한 얘기를 듣고 정체성 바퀴^{identity wheel} [10]를 경험한 뒤로는 어떤 단어를 써야 할지 더 이상 확신이 들지 않았다. 레퍼토리에 '사람'을 추가했는데도 예전 같은 느낌은 나지 않았다.

"테스트가 더 있었다면…" 제임스는 리오를 똑바로 바라보았다. "아니면 테스트할 사람이 더 있었다면 이런 일은 일어나지 않았을 거예요." 그가 말을 더 이어가려는데 데이비드가 끼어들었다.

"테스트는 시스템을 사용할 때마다 이뤄지잖아요. 고객이야말로 최고의 테스터예요!" 데이비드는 마치 자신이 입은 드레스를 자랑하는 공주님처럼 손바닥을 위로 치켜들고 빙그르르 돌며 말했다. "아닌가요?"

"그 사람들이 테스트하려고 사이트에 가입한 건 아닐 거예요." 제임스가 말을 이었다. "어쨌든 제가 보기에는 캐시를 다시 짜야 해요. 사이트 전체를 새로 만들면 더 좋겠지만, 적어도 캐시 쪽

8　부활절^{Easter}에 삶은 달걀^{egg}을 숨겨두고 찾게 하는 풍습에서 비롯된 말로 소프트웨어에 숨겨둔 콘텐츠나 기능을 가리킨다.

9　개인이 자신의 성 정체성을 반영하여 선택한 성별을 나타내는 대명사를 가리킨다.

10　한 그룹을 이루는 구성원들이 나이, 인종, 성별, 국적 등 개인의 사회적 정체성을 규정하는 주요 기준에 따라 각자의 정체성을 구분하고, 그런 정체성이 본인의 세계관에 어떤 영향을 미치는지, 다른 사람과는 어떤 차이가 있는지를 함께 검토해보는 활동을 가리킨다.

은 무조건 새로 작성해야 해요. 그러면 적절한 테스트를 구현할 수 있겠죠."

"그럴 시간이 있으면 아껴뒀다가 나중에 스프린트때 써야 해요." 데이비드가 창밖을 내다보며 말했다.

"얼마나 나중을 얘기하는 건가요? 제가 졸업하기 전인가요? 어쩌면 박사 학위를 딴 후인가요?" 제임스가 리오를 바라보자 리오는 어깨를 으쓱했다.

"여러분한테 고객 지원 업무도 추가되었기 때문에 우리가 이 작업에 쓸 시간이 줄었어요." 데이비드가 별일 아니라는 듯 내뱉었다.

리오는 입을 벌린 채 고개를 들었다. 더운 날씨임에도 갑자기 한기가 들었다. 그녀가 멈춰보라는 듯 검지를 치켜들고 말했다. "방금 뭐라고 했죠?"

"모든 개발자가 고객 지원을 도와야 해요. 지난주에 결정된 사항이잖아요. 이메일 안 읽었어요?" 데이비드는 자신을 빤히 바라보는 시선에 어리둥절해하며 말을 이었다.

"잠깐만요. 빙빙 돌려 말해도 소용없어요. 제가 낯을 가린다는 거 알잖아요. 전. 고객. 지원. 업무를. 하지. 않아요. 전 지원과 매우 거리가 멀다고요." 리오가 대답했다.

"제가 뭘 돌려 말했는지 모르겠지만, 당신은 지원 업무를 할 거예요." 데이비드가 멍하지만 약간 전투적인 시선을 던졌다.

"전 소프트웨어 엔지니어예요. 지원 담당자가 아니라고요." 리오는 머릿속이 빙빙 도는 것 같았지만 본인의 의사를 더 명확히 표현할 방법을 찾으려 애썼다.

"당신은 데이터 컨설턴트이고, 내부 문서에 따르면 고객은 데이터 문제에 대해 당신에게 상담할 거예요."

"모든 개발자가 지원 업무를 해야 한다는 말인가요?" 그녀 목소리에 옅은 공포감이 묻어났다.

"아키텍트만 빼고요. 하지만 나머지 개발자는 맞아요. 데이터 컨설턴트도 포함이죠." 데이비드는 단호하게 대답했다.

"아키텍트와 개발자의 차이점이 뭐죠?" 제임스는 진짜 혼란스러워 보였다.

데이비드가 머뭇거리자 리오는 그가 어떤 헛소리로 대답할지 고대하며 날카로운 시선을 던졌다. "아키텍트는 비전을, 높은 수준의 원대한 계획을 만들어냅니다." 데이비드는 목청을 가다듬고 말을 이어갔다. "개발자는 일벌이죠. 비전을 실현하고 단순노동을 하죠." 자기 대답에 만족한 데이비드는 자기 엉덩이에 손을 올리고 고개를 끄덕이며 마지막 문장에 마침표를 찍었다.

"비전을 만들어낸다고요? 그건 우리도 할 수 있어요. 우리도 눈이 멀지 않았다고요." 리오가 빈정대듯 말했다.

"그렇게 쉬운 일이 아닌 거 알잖아요. 비전은 실무적인 측면분만 아니라 사업적 측면도 고려해요. 제가 지난번에 물어봤을 때는 그런 일에 관심이 없었잖아요."

'좋아, 정곡을 찔렀어!' 데이비드는 내심 자신을 다독였다.

"그랬죠. 하지만 제가 마음을 바꿨다면요?"

"회사에 아키텍트를 더 채용할 만한 여력은 없어요."

리오는 그 말을 믿지 않았다. "아키텍트는 스스로 코딩 따위를 하기에는 너무 훌륭하다고 생각해서 다른 사람들에게 코딩 방법을 알려주기만 하는 개발자라는 걸 누구나 알아요. 아버지인지 어머니인지 모를 이진법의 신께서 내리는 계시를 전달할 수 있는 선지자처럼요. 우리는 그의 제자에 불과하다는 말인가요?"

"그러면 데이비드는 뭐가 되는 거예요?" 제임스가 물었다.

"사도죠. 냥말마켓이 보낸 사도." 리오가 쏘아붙였다.

데이비드는 씩씩거렸다. "이봐요. 회사엔 아키텍트를 두 명 이상 쓸 여력이 없다고요. 그리고 지금 회사에는, 어디 보자… 이미 아키텍트가 두 명이죠."

"그렇다면 임금을 깎을 테니까 직함을 바꿔주세요."

데이비드는 한숨을 내쉬며 천장을 바라보았다. "직함을 얻으려면 기술이 필요해요."

"기준이 바닥에 있잖아요. 미카엘이 한참 낮춘 거 몰라요?" 리오는 히죽거렸다.

"리오에게는 없는 기술이에요. 이제 이 얘기는 그만하죠." 데이비드는 타임을 외치듯 손으로 T자를 만들고 도움을 요청하는 눈빛으로 제임스를 보았다.

제임스가 끼어들었다. "사형 선고도 아닌데요, 뭐. 리오, 재미있을지도 모르잖아요! 배움의 기회이기도 하고요."

리오는 제임스를 보았다. 제임스는 아직 너무 어렸고 희망에 차 있었다. 컨설턴트로 일하는 냉혹한 현실을 경험한 지도 얼마 되지 않았다. 언젠가는 그도 이해할 것이다. "전 다 배웠고 코딩하고 싶어요. 기술 부채는 어떻게 하고요?" 리오는 데이비드를 향해 몸을 돌리며 물었다.

"솔직히 우리가 신경 쓸 문제가 아니에요. 게다가 냥말마켓은 계속 .NET 웹 폼^{Web Forms}을 계속 쓰기로 했으니 그들의 운명은 정해졌어요. 제출 버튼에 반짝이는 효과를 주겠다고 블링크 태그를 쓰지 않는 데 만족해요. 이 사람들은 분명 아직도 터미널 서버에 XP를 쓸 거예요." 데이비드는 웃었다.

"데이비드, 당신은 XP가 마음에 들어요?" 리오가 물었다.

"당연히 아니죠. 하지만 그래도 웃기잖아요." 데이비드가 대답했다.

"워크숍은 어땠어요?" 제임스가 웃는 표정으로 물었다.

"닥치세요."

"에이씨, 여기 왜 이렇게 더운 거야." 리오는 자리에서 일어나 팻보이 빈백의 땀에 젖은 얼룩을 바라보았다. 'VIM에 갇혔어요. 제발 도와주세요!'라고 적힌 그녀의 티셔츠는 마치 무더위에 눅눅해진 사탕 포장지처럼 등에 달라붙어 있었다. "신에게 맹세컨대, 이 사무실에 서버를 더 들여놓으면 누군가는 더위를 먹어서 죽고 말 거예요. 전 다른 회의에 가야 해요. 고객과 회의가 잡혀 있어요. 데이비드, 올 거예요?"

잠시 대화를 멈추고 리오는 고객 이름을 떠올리는 데 집중했다. 그 프로젝트에 파트타임으로 반년이나 참여했지만 이름이 바로 떠오르지 않았다.

"알았어요. 캐시는 제가 확인할게요. 어쩌면 재작성할지도 모르죠." 제임스는 사악한 음모를 계획하는 듯 손을 모으고 음흉한 미소를 지었다.

"제임스, 안 돼요!" 리오는 가벼운 말투로 진지하게 말했다.

"여기서 더 나빠질 수는 없잖아요. 안 그래요?" 근거 없는 자신감이었다.

"하고 싶은 대로 해요. 대신 다른 브랜치에서 해요. 알겠죠?"

"와, 이제 와서 원칙을 따른다고요?" 제임스는 웃으며 자기 노트북을 집어 들고 뒷걸음질 치며 회의실을 빠져나가다가 선풍기와 부딪혔다. "에이 참! 회의를 위한 회의가 잘 진행되도록 선풍기는 여기 남겨둘게요. 저는 오늘 저녁 모임을 준비해야 해요. 사용자 그룹이 다른 멋진 라이브러리를 살펴보고 있거든요. 꽤 멋진…" 제임스의 목소리는 복도를 울리며 점차 멀어졌다.

데이비드는 프로젝터 케이블을 만지작거리더니 자기 맥과 연결할 동글과 어댑터가 든 거대한 상자를 뒤적였다.

전자기기들은 이미 수년 전에 한두 개의 포트만 있어도 될 만큼 현대화되었다. 기기 디자인은 복잡한 세상에서 단순성을 고취할 수 있도록 매끈하고 우아해졌다. 하지만 이 디자인은 전자기기를 쓸모 있게 만들어주는 동글 레고 조각이 든 거대한 상자가 함께 있을 때 유용해졌다. 그리고 이진법의 신께서는 평범한 것을 싫어하시므로, 인간들이 긴장의 끈을 놓치는 일이 없도록 동글은 항상 번갈아 가며 작동하지 않도록 하셨다(이걸 애플이 시작했다는 걸 절대 잊지 말길).

리오와 데이비드는 몇 주에 한 번씩 고객과 원격 통화를 하며 다음 회의를 언제 할지 의논했다. 그렇게 반년이 지났지만 진행되거나 결정된 건 하나도 없었다. 흔히 하는 말처럼 '만일에 대비해서' 모두를 초대하고 새로운 파워포인트 슬라이드 쇼를 준비하는 그런 회의였다. 파워포인트에서는 늘 모호한 말이 되풀이되었고 실행할 만한 내용은 없었다.

대기업에서 볼 수 있는 널리 알려진 회의 의식이다. 슬라이드가 없으면 진짜 회의가 아니다.

데이비드는 회의를 할 때마다 컨설팅 비용이 발생하니 만족했으나, 리오는 회의에 격한 회의감을 느꼈다. 그녀의 캘린더는 탕비실 간식 서랍처럼 비어 있었고, 꼭 최소한으로 해야 할 상호작용을 위해 무의미한 회의에 한두 번은 참석할 여유도 분명히 있었지만 말이다.

"좋아요, 저희 들어왔어요!" 데이비드는 화상 회의가 로딩되고 다른 참석자를 볼 수 있게 되자 경기에서 승리한 양 좋아했다.

"여보세요?" "제 말 들리세요?" 목소리들이 울렸다. "음 소거 안 하신 분 있나요?"

리오가 탁자 아래로 데이비드에게 종이를 건네며 속삭였다. "누가 화장실에 있으면서 음 소거하는 걸 깜빡했나 봐요." 데이비드가 내려다보자 '콘퍼런스 콜 빙고' 용지가 있었다.

"아, 저도 끼워줘요." 그는 낄낄거리며 은밀하게 빙고 용지를 훑어보았다. 빙고의 각 칸에는 콘퍼런스 콜에서 일반적으로 등장하는 표현이나 상황이 적혀 있었다. 그는 순식간에 3칸을 채웠다. 이제 그가 빙고를 완성하는 데 필요한 건 어색한 침묵과 '제 화면이 잘 보이나요?'하는 누군가의 질문뿐이었다.

"그건 웬 사과예요?" 빙고 용지 중 칸 두 개에는 사과가 하나씩 있었다. 흠, 새로운 걸 추가했군. 좋아.

"버니가 당황할 때를 대비한 거예요. 당황하면 얼굴이 사과처럼 빨개지잖아요."

"버니가 쉽게 당황하긴 하죠."

"장난해요? 몇 문장씩 말할 때마다 곧 폭발할 것 같다고요!"

버니는 주기적으로 호흡이 거칠어졌다. 건강에 해로운 생활 방식 때문일 수도 있고, 꼭 끼는 바지 때문일 수도 있었다. 리오는 버니를 실제로 한 번도 본 적이 없어서 왜 그런지는 알 수 없었다. 리오가 참석을 강요받은 많은 회의와, 회의에 관한 모든 것이 원격으로 이루어졌다. 버니가 입은 바지를 보고 싶다거나 회의를 위한 회의에 더 참석하고 싶은 마음은 없었다. 파워포인트 슬라이드, 애니메이션, 그 모든 것이 아무리 아름다워도 마찬가지였다.

데이비드가 탁자 아래로 리오를 발로 차며 속삭였다. "빙고."

"속임수 썼죠? 그렇게 빨리 완성할 리가 없어요. 다른 걸 하나 더 집어요."

"알겠어요. 대신 커피 한 잔 빚진 거예요. 프랭크가 탕비실에서 만드는 구역질 나는 커피 말고요. 지난주에 그거 마시고 심장마비 올 뻔했잖아요. 내가 보기에 프랭크는 물 없이 커피 원두만 쓰는 거 같아요."

리오는 고개를 끄덕이며 회의에 집중하는 척했다. 그들은 회사의 핵심 가치를 소개하는 두 번째 슬라이드를 보여주는 중이었다. '빠르지만 오래간다'였다. 하지만 역설적이게도 회의는 천천히 진행되었다. 거의 냥말마켓의 캐시만큼이나 느린 속도였다.

리오는 완전히 재작성하는 것 말고는 캐시를 수정할 방법이 떠오르지 않았다. 그들에게는 재작성할 시간이나 자원도 없었다. 어쨌든 고객에게 늦어도 오늘 중으로 예상 납기일을 알려주기로 약속했고, 데이비드는 제임스와 리오와 함께 캐시에 관해 논의할 회의 일정을 잡았다. 아까 스탠드업에서 했던 대화를 생각하면 회의가 기대되지는 않았다. 하지만 다시 생각해보면 지난 몇 년간 직장을 다니며 엄청나게 기대되는 일이란 하나도 없었다. 리오는 어떨 때는 부족한 컨설턴트 업무 경험에서 나오는 제임스의 순수함과 열정이 부러웠다.

"초대장을 받았어요?" 데이비드가 리오 너머로 그녀의 화면을 쏘아보았다.

리오는 빈 캘린더를 보았다. "아니, 안 돼요. 전 일주일 내내 바빠요."

"비어 있는 거 같은데요." 데이비드가 지적했다.

"이거 봐요. 저기 약속이 하나 있잖아요." 리오는 손가락으로 작은 초록색 블록 옆을 가리켰다. 치과 예약 일정이었다.

"좀 슬픈 거 알죠?" 데이비드가 대꾸했다.

"저는 슬픈 게 좋아요." 리오가 노트북을 닫고 뒤로 돌자 데이비드가 뒤로 물러났다.

"스웨덴 사람들은 활기찬 거 아니었어요?" 데이비드가 물었다.

"이게 제 활기찬 표정이랍니다." 리오가 미동 없이 대답했다.

"리오는 그 역할에 썩 잘 어울리지 않는군요." 그가 말했다.

"그래서 우리 가족이 스웨덴을 떠나야만 했답니다." 리오가 의기양양하게 말했다.

"알겠지만, 지원 업무를 할 때는 조금 더 친절해야 할 거예요, 리오." 활기가 거의 없던 리오의 얼굴에서 그나마 있던 활기마저 사라졌다. 지원 업무만큼은 절대 할 수 없다고 생각했다.

05 COMMIT 마지막 초밥

데이비드는 점심으로 초밥을 먹었다. 2년 전쯤 사무실에서 약 500미터 떨어진, 한창 재개발 중인 구역 중간에 다양한 요리를 맛볼 수 있는 식당가가 생겼다. 데이비드는 (리오를 제외한) 동료들과 그 부근에서 식사하곤 했다. 리오는 항상 점심을 싸와서 자기 책상에서 먹었다. 데이비드는 스웨덴 사람들에게 도시락을 싸 오는 문화가 있는 줄 알았지만 제임스의 얘기를 들어보니 일찍 퇴근해서 사람이 없는 기차를 타려는 목적이 더 큰 모양이었다. 제임스도 가끔 데이비드와 점심을 같이 먹었지만 초밥을 먹을 때는 빠졌다. 초밥을 먹으려면 위험을 감수해야 했다. 고급 식당이나 신선한 식재료를 기대하기 어려운 피터버러에서 날생선은 그다지 추천할 만한 메뉴가 아니었다.

데이비드는 혼밥도 개의치 않았다. 지난 몇 주간 이혼 절차를 마무리하고 격렬하게 양육권 합의를 진행하느라 힘든 시간을 보냈다. 지금 와서 생각하면 몇 주가 아니라 몇 년은 흐른 듯했고, 여기에 식중독이라도 걸리면 적절한 마무리일 터였다. 스트레스와 나쁜 식습관으로 찐 살이 어쩌면 식중독으로 빠질지도 모르는 일이었다. 데이비드에게 늘어난 체중은 어울리지 않았다. 특별한 경력은 없지만 스스로를 운동선수이라 생각하는 데다, 예상치 못한 이혼 소송은 체중 증가로 이어져, 품에 여유 없이 몸에 딱 맞춘 옷밖에 없었기 때문이다. 나이를 고려하면 데이비드는 몸이 탄탄한 편이었다. 그의 금발 머리와 일 년 내내 유지되는 구릿빛 피부는 옅은 홍조가 감도는 창백한(그 정도가 영국인들에게 바랄 수 있는 최상이었다) 영국인들과 대조를 이루어 참신한 인상을 주었다. 그래서 자전거 복장을 한 그의 모습은 마치 투르 드 프랑스[11] 팀의 일원처럼 보였다. 요즘은 속을 가득 채운 덴마크 소시지가 더 당겼지만, 초밥은 건강에 좋거나 아니면 건강에 해를 일으킬 위험이 있거나 둘 중 하나일 터였다. 게다가 샐러드에 물린

---

11 1903년 시작되어 매년 7월 프랑스에서 3주간 열리는 도로 사이클 대회로 규모와 인기 면에서 올림픽, 월드컵에 비견된다.

참이기도 했다.

데이비드는 틴더^{Tinder}라는 소셜 데이팅 앱에 오래된 사진을 올렸다. 창의적인 편집 과정을 거치고 상태 아이콘 여러 개를 교묘하게 배치한 사진이었다. 사진 속 데이비드는 카우보이모자를 쓰고 검은색 헬리콥터 앞에서 포즈를 취하고 있었다. 카우보이모자는 본인 것이었지만 헬리콥터는 아니었다. 거의 인플루언서 수준의 사진이었다. 메이크업은 하지 않았다.

데이비드는 초밥을 기다리며 피터버러에 사는 여성들의 사진을 스와이프했다. 다섯 번쯤 넘기니 처음 사진으로 되돌아왔다. '정말 슬프군.' 그는 나온 초밥을 보며 생각했다. '**식중독으로 살 뺄 생각을 하는 사이에 피터버러를 전부 훑어봤구나.**'

젓가락으로 균형을 잡아가며 초밥을 한 점씩 집어 올릴 때마다 데이비드는 자신의 끝없는 고민을 하나씩 떠올렸다. 여덟 번째 고민은 아이가 있는 것, 아홉 번째는 두 살짜리 아이를 일주일 내내 혼자 보아야 한다는 것이었다. 열 번째는 냥말마켓이었고 열한 번째는 팀에서 캐시 지연 문제를 해결했을 때의 자신의 경력, 열두 번째는 고민 목록을 다 훑었는데도 사라질 줄 모르는 그의 식욕이었다.

마지막 초밥이 접시 위에 덩그러니 놓여 있을 때 웨이터가 조심스레 다가왔다. **"가져가실 건가요?"**

데이비드는 갑작스러운 웨이터의 등장에 당황했다. **"어디로요? 데이트에요? 아니면 바닷가 산책에요?"** 데이비드의 뇌가 정제하기도 전에 말이 입으로 쏟아져 나왔다. 그의 유머가 좋은 반응을 얻지는 못했지만 어쨌든 데이비드는 멍청한 질문을 싫어했다. 웨이터는 흐물흐물해진 초밥을 가리키며 말했다. **"그럼 싸드릴까요?"**

그 초밥은 간신히 형태를 유지한 채 밥으로 간장이 천천히 스며들고 있었다. 해초는 눅눅해 보였고 그가 뿌린 참깨 때문에 병에 걸린 듯 보였다. 피부병 걸린 초밥이라니.

"싸게 주면 모를까 싸가고 싶지는 않네요. 어쨌든 고맙군요." 데이비드는 앞서 섣불리 내질렀던 유머를 만회하려고 노력했다.

웨이터는 몸을 돌리고 재빠르게 접시를 치웠다. 눈썹을 찡그린 채 주방으로 걸어가며 어깨 너머로 힐끗 시선을 던졌다. 초밥집은 손님이 접시를 깨끗이 비우는 데 묘하게 집착했다. 평소의 데이비드라면 그러거나 말거나 의도적으로 그저 그러한 집착을 방해하기 위해 초밥을 하나 남겨두었을 것이다. 하지만 오늘은 달랐다.

데이비드는 마지막 초밥을 씹으며, 서서히 무너져가는 자기 인생을 상기했다. 그 초밥이 마치 데이비드의 현재 심경 같았다. 일정 지연으로 가장 큰 고객을 놓치는 일은 용납할 수 없었다. 일정을 맞추지 못하면 엿 같은 상황에 부딪힐 것이다. 아마도 썩 좋은 엿은 아닐 테지.

그는 자신의 검은색 경주용 자전거에 올라타고 서둘러 사무실로 돌아갔다. 타는 듯한 태양 아래 땀을 뻘뻘 흘리면서 불안할 만큼 지나치게 바짝 붙어 지나치는 자동차를 애써 피하며 달렸다.

속이 부글거려서 점심 메뉴를 잠깐 후회하기도 했지만, 땀범벅이 되어 사무실에 도착할 즈음엔 속도 진정되어 있었다.

그는 어딘가 아파 보였다.

'이 스트레스가 날 죽이겠구나. 그전에 날씨 때문에 죽든가.'

발신인: 세라

데이비드는 프랭크가 엘리베이터를 타기 전에 문이 닫히길 바라며 버튼을 마구 눌러댔지만 실패했다.

엘리베이터에 타자마자 데이비드를 위아래로 훑어보던 프랭크의 시선이 데이비드의 사타구니 부근에 잠시 머물렀다. "보호대까지 달린 자전거 복장을 아무 데나 입고 다니나 봐요? 모퉁이만 돌면 있는 식당가에 다녀오려고 자전거를 탄 거예요? 그래서야 어디 불알이 숨은 쉬겠어요?" 그는 고개를 까딱하며 데이비드 사타구니의 툭 튀어나온 부위를 가리켰다가 자기 체크 셔츠를 가다듬고 회색 포니테일을 정돈했다.

데이비드는 엘리베이터 거울에 비친 그의 포니테일을 힐끗 쳐다보았다. 프랭크의 등을 타고 내려오는 한 마리의 은색 뱀 같았다. 리눅스 서버 또는 사내 IT 지원 부서가 있는 기업에 포니테일을 한 남성이 최소한 한 명쯤 있다는 건 잘 알려진 사실이다.

이마의 땀을 훔친 데이비드가 자신만만하게 엉덩이를 내밀고는 양손으로 손가락 총 모양을 만들어 자기 엉덩이를 가리켰다. "이봐요, 프랭크. 이거 생각보다 꽤 편하다고요. 한 번 입어봐요."

"편해 보이지 않는데요. 그거 땀 맞아요? 눈물 아니고요? 불알이 막 튀어나오려고 하잖아요. 살려달라고 소리를 지르네!" 엘리베이터가 어떤 층에 멈췄지만 거기에는 아무도 없었다. 프랭크는 끙 소리를 내며 닫힘 버튼을 눌렀다. "어쨌든 점심은 뭘 먹었어요? 피시 앤 칩스 가게엔 안 보이던데요?"

"초밥이요." 불길한 대답이었다.

"또요?" 프랭크가 찡그린 얼굴로 엘리베이터에서 내렸다. "그런 것 좀 그만 먹어요, 몸에 안 좋다고요."

"몸에 안 좋은 거라면, 당신이 만드는 커피겠죠. 마시면 몇 분 만에 배탈이 나는 그거요."

"80년대식 스판덱스 쫄쫄로 꽉 조여놨으니 뭘 먹어도 소화는 못 할 것 같은데요." 프랭크가 재빠르게 응수했다.

"그래도 멋있어 보이죠?" 윙크하며 대답한 데이비드는 숨을 내뱉고 호흡을 멈춘 채 자전거용 신발의 끈을 풀고 슬리퍼로 갈아 신었다. 제임스와 동료 몇 명이 손에 포장 음식을 들고 다른 엘리베이터에서 내렸다. "안녕하세요, 데이비드. 회의 시간이에요?"

데이비드가 그들이 똑같이 신고 있는 버켄스탁 샌들을 쳐다보며 사무적으로 말했다. "실외용 신발은 실내에서 금지입니다."

그들은 "실내화예요. 버켄스탁이라고요!"라며 자신들이 신은 갈색 샌들을 가리켰다.

"근사한 코르크 밑창에 가죽 스트랩, 당연히 버켄스탁이겠지, 나도 알아요. 하지만 그거 신고 외부를 돌아다녔으니까 실외용 신발이 된 거죠." 데이비드가 눈썹을 살짝 치켜들며 대답했다.

"맞아요. 그런데 그건 실내화를 실외에서 신은 거지, 실외용 신발을 실내에서 신은 건 아니라고요." 그들은 혼란스러운 주장으로 본인들 입장을 변호하려 했다.

"그게 무슨 차이가…?"

지나가던 리오가 끼어들었다. "또 신발 얘기인가요? 얼른 가죠. 냉풍기 있는 회의실이 비었다고요. 지금 더워서 죽을 것 같거든요. 이러다가는 회의보다 제 장례식이 먼저 열리겠어요."

그들은 전에 사용했던 회의실로 돌아왔다. 천장의 팬이 온종일 윙윙거리며 돌아가고 있었다. 데이비드는 노트북의 포트 하나에 (가끔은 문제가 생기는) 넓게 펼쳐진 어댑터 묶음이 꽂혀있는 프로젝터에 연결했다.

데이비드가 목을 가다듬고 펜을 몇 차례 딸깍이더니 말했다. "좋아요. 상세화 refinement할 시간이에요. 스크럼 마스터이자 프로덕트 오너$^{Product\ Owner}$로서 제가 오늘 신경 쓰는 건 솔직히 단 한 가지입니다. 대체 언제쯤이면 온라인 쇼핑몰의 성능 문제를 해결할 수 있느냐는 거죠."

"이번엔 스크럼 마스터예요? 지난 회의 때는 프로젝트 리더라고 하지 않았어요?" 리오가 키득거리며 고개를 저었다. 터지는 웃음을 참지 못한 제임스가 소리 내어 웃으며 샐러드를 입에 넣었다.

"저에게는 여러 역할이 있어요. 스크럼 마스터도 그중 하나고요." 데이비드의 얼굴에 잘난 체하는 미소가 만연했다.

"스크럼 마스터는 언제 된 건데요?" 리오가 쏘아붙였다.

음식을 옆에 내려놓은 제임스가 활짝 웃으며 몸을 앞으로 기울였다. "그 콘퍼런스 이후죠. 그 워크숍이 있던 콘퍼런스, 알죠?"

"상세화를 시작합시다." 황급히 말을 돌리는 데이비드의 이마가 갑자기 땀으로 축축해졌다. 땀방울은 마치 미끄러운 피부를 장식하는 싸구려 목걸이 같았다.

"잠깐만요, 저는 콘퍼런스 얘기부터 상세화했으면 하는데요." 리오가 말을 가로막았다.

데이비드는 몇 주 전에 한 콘퍼런스에 참석했다. 애자일^{agile} 콘퍼런스였다.

소프트웨어 개발 회사에서는 애자일이 필수 항목이다. 따라서 애자일을 한다는 이유로 충분히 잘하고 있다고 주장할 필요는 없다. 애자일은 어릴 때 받는 참가상, 아니면 칭찬 스티커 없이도 해야 했을 일을 한 뒤에 받는 스티커와 같다. 착한 아이라고 인정받기 위해 반드시 해야 할 무언가일 뿐이다. 우리는 칭찬 스티커를 모으는 대신, 진짜 돈으로 교환할 수 있는 멋져 보이는 단어와 약어를 모은다. 이런 단어가 컨설턴트에게는 더 가치 있다. 번지르르한 단어를 내놓아야만 프로젝트에 고용될 수 있기 때문이다.

데이비드는 30대 후반의, 유연하고 탄탄한 몸을 가진 자전거광이었을지언정 애자일하지는 않았다. 그는 사실 애자일의 반대편에 있는 워터폴^{waterfall}의 달인이었다. 애자일하지 않은 그는 콘퍼런스에 자주 참석하지는 않았다. 그보다는 다양한 네트워킹 행사를 선호했다. 그러한 네트워킹 행사들은 세션이나 워크숍보다는 근사한 저녁 식사와 파티에 더 집중했다. 그런데 당시 해당 콘퍼런스에는 XP 워크숍이 있었다. 컨설트잇은 윈도우 XP를 기반으로 하는 여러 시스템을 유지보수하고 있었기 때문에 데이비드는 XP 워크숍이 매우 유용하겠다고 생각했다. XP 전문 지식을 활용하면 계약을 연장하도록 영업할 수 있을 것으로 생각했다. 마이크로소프트는 2014년에 공식적으로 XP 운영체제의 지원을 중단했지만, 데이비드는 여전히 XP를 사랑했으며 고객에게는 새 운영체제로 업그레이드하라고 종용하는 와중에도 XP를 고수했다. 진정한 사랑은 절대 잊히지 않는 법이다. XP를 사용하는 일부 고객에게 데이비드의 도움은 대단히 가치가 있었다. 지원이 종료된 운영 체제를 보증해주는 컨설팅 회사가 없었기 때문이다. 그는 워크숍에 참가할 생각에 전에 없이 들떠서 즉시 노르웨이행 항공권과 호텔을 예약했고, 자신이 전문가가 될 거란 사실을 회사에 있는 모든 이에게 확실히 알렸다. 하지만 워크숍은 그의 예상과 다르게 진행되었다. 언제나 그렇듯 데이비드는 몇 가지 지레짐작을 했고, 세부 사항을 신경 쓰지 않은 채 가장 멋진 정장을 입고 월요일에 워크숍에 나타났다. 그런데 그 워크숍은 윈도우 XP에 관한 것이 아니었다. 예상했겠지만, 애자일 콘퍼런스에는 애자일 방법론을 다루는 몇몇 워크숍이 있었다. 그중 하나가 XP, 즉 익스트림 프로그래밍Extreme Programming에 관한 것이었다.

데이비드는 너무 창피한 나머지 빨리 돌아오지도 못한 채 남은 콘퍼런스 기간인 3일 내내 슬픔에 잠겨 나돌아 다녔고 간간이 깜짝 놀랄 만큼 비싼 노르웨이 음식을 먹었다(바이킹이 현대의 외국인을 약탈하는 법을 아는 모양이었다). 그리고 스크럼을 주제로 다루는 한 세션에 참석했다. 마침내 회사로 돌아온 데이비드는 자신의 XP 모험에 대한 자세한 이야기를 듣고 싶어 하는 동료를 만나자, 당황한 나머지 스크럼 마스터가 되려고 간 거라는 이야기를 되는대로 지어냈다. 전체적인 개념을 이해하려고 온종일 온라인 검색을 하고 '초짜들을 위한 스크럼'이란 책을 읽은 데이비드는 결국 그날이 가기 전에 새로운 자신의 역할에 자신감을 얻을 수 있었다. 더닝 크루거 효과[12]였다.

제임스가 뒤로 기댔다. **"…그렇게 된 거죠. 리오, 앞으로는 우리랑 점심을 먹는 게 좋을 거예요. 당신이 모르는 회사 뒷얘기가 많다고요. 데이비드, 저는 당신을 믿습니다. 스크럼을 해보자고요!"**

데이비드는 잠깐 양해를 구하고 커피를 가지러 갔다. 그가 돌아왔을 때 모든 사람이 상세화를 시작할 준비가 된 듯했다. 상세화는 가끔 백로그를 다듬는다는 뜻에서 백로그 그루밍backlog grooming이라 불리기도 했다. 원래 '그루밍'이라는 용어는 호박에 줄 긋듯 사용한 표현이었다. 그러다 2013년 쯤, 그루밍이라는 표현이 아동 착취를 연상시킨다는 이유로 퇴출당하고 말았다. 하지만 데이비드는 개발자를 착취하기 좋아했으니, 이 상황에는 적절한 말이었다. 데이비드가 그루밍하면 제임스와 리오가 상세화했다. HR은 그루밍이란 말을 매우 불쾌하게 여겼다.

데이비드는 자리에 앉아서 컴퓨터를 바라보았다. 화면 보호기가 윈도우 XP 로고로 바뀌어 있었다. 제임스와 리오는 공원에서 술에 취한 십 대처럼 키득거렸다. 데이비드가 한숨을 쉬었다. **"철 좀 들라고요."**

"알겠습니다, 스크럼 마스터님. 할 일을 말씀해주십시오!" 제임스가 고개를 숙였다. '멍청하

---

12 더닝 크루거 효과Dunning Kruger effect는 능력 없는 사람이 자신의 실력을 실제보다 높이 평가한다는 인지 편향의 하나이다. 반대로 능력 있는 사람에게는 과소평가 성향이 있다.

긴.' 리오는 머리 속 생각을 옅은 미소 뒤에 숨겼다. 데이비드가 제임스를 노려보자 제임스는 쭈뼛쭈뼛 목을 문지르며 말했다. "좀 과했나요?"

"아뇨, 제임스. 원한다면 언제든 저를 마스터라고 불러도 됩니다. 그렇지만 업무로 돌아가자고요. 냥말마켓의 예상 납기일을 알고 싶어요. 마지막 안건은 그 성능 문제고요. 언제인가요? 마감일이 필요해요." 데이비드는 모든 업무를 자기식으로 진행했다.

리오가 천천히 숨을 내쉬며 창밖을 내다봤다. "얼마나 걸릴까요? 문자열의 길이가 얼마였더라?"

"갑자기 웬 문자열 길이요? 내가 필요한 건 예상 납기일이에요. 숫자를 줘요. 문자열 말고, 정수로요. 지원에 드는 시간도 빠뜨리지 말고요."

"부동소수점 실수도 안 되겠죠." 제임스가 리오를 향해 윙크했다.

"정확한 일정이 아니라 예상일이라고 했잖아요. 실수 여부는 상관없죠." 리오가 무미건조하게 대답했다.

제임스가 멈칫했다. "솔직히 잘 모르겠어요. 게다가 우리는 마감일, 데이비드의 표현을 빌리자면 '예상 납기일'을 정하지 않았다고 생각했는데요. 스크럼이 어떤지 아시잖아요. 우리가 내놓을 수 있는 최선은 어림짐작한 날짜예요. 그리고 그것도 성능 문제를 어떻게 수정할지에 달려 있고요. 죄송해요."

"솔직히." 리오는 데이비드에게 죄송하지 않았기에 말을 이었다. "제임스에게 결정할 권한이 있다면, 우리는 나중에 은퇴하고 로봇이 세상을 장악할 때까지 이걸 재작성하고 있겠죠. 그가 사용자 그룹에서 들었던 온갖 힙스터 라이브러리를 사용해서요. 세상에서 가장 성능이 좋은 온라인 스토어가 되겠지만, 우리가 임종할 즈음이 되어서야 겨우 배포할 수 있을 거고요. 그리고 마찬가지로, 저는 절대로 지원 업무는 하지 않을 거예요." 리오는 그 점도 확실히 못 박았다.

"어떻게 수정할지는 상관없어요. 돌아가게만 만들어요. 그리고 예상 납기일을 알려줘요. 대충이라도요. 그걸 뭐라고 부르든 말이에요. 그리고 리오, 아키텍트가 아니라면 지원 업무를 해야 해요." 데이비드는 주저 없이 덧붙였다.

리오가 마른침을 삼켰다. "아뇨. 저는 지원 업무는 안 할 거예요. 그럴 순 없어요." 데이비드가 뭐라 하기 전에 리오가 말을 덧붙였다. "그리고 예상 납기일이요? 전 모르겠어요. 제가 모르면 제임스는 더 모를 거고요."

"걸음 수를 측정해서 납기일을 가늠해보면 어떨까요? 여기서부터 세보면?" 데이비드가 손을 내밀어 가리켰다.

"아, 데이비드. 좋은 아이디어네요, 아주 좋아요. 하지만 아쉽게도, 이 회의실을 다 돌아도 납기일을 가늠하기에는 턱없이 부족할걸요!" 제임스가 입술을 꼭 다물고 굳은 미소를 지으며 천천히 고개를 저었다.

"그냥 예전처럼 티셔츠 사이즈[13]를 쓰면 안 되나요? 매번 이렇게 일정 측정 기준을 새로 만들어야 해요? 애자일의 목적에 안 맞는다고요." 리오가 덧붙였다.

"리오 말이 맞아요, 데이비드. 꼭 HR에 알릴 필요도 없고요." 제임스가 말했다.

"음, 외모를 평가했다는 비난을 또 받고 싶진 않다고요. HR에서 요구한 대로 그 뭐냐, 포용성이란 걸 감안해서 큰 사이즈까지 전부 추가했다가는 측정 기준의 의미가 없고요." 데이비드는 '포용성' 부분을 언급할 때 손가락으로 따옴표를 흉내 내며 강조했다.

"좋은 지적이네요, 데이비드. 좋아요. 그럼 HR이 우리 측정 기준에 또 딴지를 걸기 전에 걸음 수로 가늠해보자고요." 제임스가 복도를 슬쩍 살펴보고는 돌아와서 냉풍기가 동선에 걸리지 않도록 옮겨두었다.

리오는 입술을 굳게 다문 채 일어서서 복도를 내려다보았다. **"여기가 빌어먹을 쇼핑몰 전체를 만들던 초기 스토리라고 한다면…"** 리오는 두 걸음 걸어가서 제임스의 맨발을 가리킨 뒤 다시 복도 끝을 향해 손짓했다. **"역시 복도 끝까지 가서 거기 있는 화장실 좀 쓰고 올게요."** 리오가 걷기 시작하자 야윈 골격에 비해 살짝 큰 청바지가 질질 끌리는 소리가 약하게 났다. 리오가 제임스에게 따라오라고 손짓했다. 제임스는 활짝 미소 지으며 잰걸음으로 따라갔다.

"정말요? 저는…" 뭔가 말하려던 데이비드가 휴대전화를 쳐다봤다. 안색이 창백해진 그가 얼굴을 찡그리더니 시선을 돌렸다. "이런 망할." 그가 이메일 앱을 닫았다.

서류	🔔
발신인: 세라	

---

[13] 티셔츠 사이즈 기법은 애자일 방법론의 일종으로 프로젝트의 작업을 완료할 때까지 걸리는 시간이나 작업량을 티셔츠 크기에 빗대서 정하는 방법이다.

"괜찮아요, 데이비드?" 제임스가 천천히 손을 흔들었다.

"아뇨. 하지만 예상 납기일이 나온다면 괜찮아질 것 같네요. 한 방 먹여주자고요. 할 수 있겠어요?"

"저는 아무것도 먹이고 싶지 않은데요." 제임스가 씩 웃었다.

리오의 시야에 데이비드의 눈이 들어왔다. 시선을 피하는 그의 눈에서 눈물 같은 무언가가 반짝이며 불빛에 반사되었다. 젠장, 저 양반 절실하구나. 리오는 복도를 몇 걸음 더 걷고서는 망설이다가 그 자리에 멈춰 섰다. "제가 고칠 수 있어요." 리오가 뒤를 돌아보며 소리쳤다. 제임스는 복도 끝의 블랙홀 속 구원자를 바라보듯 양손을 내밀었다. "정말요, 리오? 중국에서 이걸 고칠 수 있는 특급 프로그래머라도 구한 거예요?"

제임스가 그런 말을 한 건 자기 일을 대신해 줄 외주 개발자를 중국에서 고용했던 한 개발자의 일화[14]를 빗댄 것이었다. 당시 그의 업무 성과가 좋다 보니, 몇 년 동안 아무도 그런 상황을 눈치채지 못했다. 리오와 제임스는 그런 일이 가능하다면 얼마나 좋겠냐고 한참 얘기한 적이 있었다. 물론 농담이었지만. 그래도 혹시나 하는 마음에 그런 일이 가능한지 은밀하게 확인해보긴 했다.

데이비드가 허공에 대고 주먹을 불끈 쥐었다. "그게 바로 내가 말하는 거라고요! 저한테 장난치는 게 아닐 바라요. 결과는 멋질 거예요." 그는 걸음 수를 세어 길이를 측정했다. "3미터. 보폭이 90cm쯤일 테니까."

"…당신 다리로는 아닐 텐데요." 리오가 느릿하게 대꾸했다.

"리오 말은 무시해요. 데이비드. 당신 다리는 훌륭해요! 자전거 타는 보람이 있네요!" 제임스가 엄지손가락을 치켜들었다. 리오가 못마땅하다는 듯 얼굴을 찌푸렸다.

"리오가 할 수 있다고 했으면 할 수 있는 거죠!"

"1미터당 1주라고 가정하고, 제임스가 항상 하던 식으로 원주율을 곱하면…." 전화기를 들어 계산기 앱을 찾는 데이비드의 목소리가 흐려졌다. "두 달에서 두 달 반 정도 걸리겠군요." 환한 미소가 데이비드의 얼굴에 어렸다. "그러면 한 달 반으로 하죠. 드디어 마감일이 잡혔네요!"

"전 예상 납기일도, 마감일도 드린 적이 없는 것 같은데요." 리오가 데이비드를 뚫어져라 쳐다봤지만, 데이비드는 시선을 피하며 회의실로 돌아갔다. "고객사에 이 소식을 전

---

14 '외주 업체에 업무 맡기고 고양이 동영상 감상한 프로그래머 해고'(https://betanews.net/article/573828)

할게요!" 이렇게 소리치는 데이비드의 등 뒤로 그의 그림자가 마치 망토처럼 따라붙었다. 슈퍼빌런은 일정을 남기고 떠났고, 패배한 영웅들은 신음했다.

"교활한 자식." 리오가 중얼거리며 노려보았다. 리오가 가장 아끼는 엄지손가락에 신경질적인 이빨 자국이 났다. 리오가 물어뜯은 피부는 거칠고 건조했다.

옆을 지나치던 제임스가 리오의 등을 찰싹 때렸다. "엄청 재밌을 거예요! 저는 프로파일링을 정말 좋아하거든요. 성능 문제는 재밌다고요!"

"조금만 덜 열정적일 수 없겠어요, 제임스? 제발! 우리는 컨설턴트라고요. 열광적이거나 재밌는 일을 하는 사람들이 아니라요." 리오가 열정가를 피하려 몸을 움츠렸다.

"안 돼요, 그럴 순 없죠!" 제임스는 활짝 웃으며 실수를 떠다니는 소수점처럼 천천히 모퉁이를 돌아 사라졌다.

'2,147,483,647. 문자열의 길이는 그거라고.' 리오는 생각했다.

07 COMMIT
사용자 그룹에 오신 걸 환영합니다

저녁이 찾아오고 사무실의 웅성거림은 잦아들었다. 직원들은 여러 방법으로 피터버러를 탈출했다. 마지막 버스가 떠났고 기차는 그로부터 30분 후에 끊겼다. 피터버러가 해가 진 후에 있을 만한 곳이 아니라는 점을 대중교통이 명확히 보여주었다.

데이비드는 교통 체증을 뚫고 집으로 돌아갔고 리오는 마지막 급행열차를 탔으며 HR은 그날의 감시 장치를 멈췄다.

제임스는 사무실의 공용 냉장고에서 차가운 맥주를 꺼내서 프린터실로 갔다. 그에게 들리는 유일한 소리는 카리브해 테마로 꾸민 한쪽 구석에 자리 잡은 몇몇 동료들(프린터기와 산업용 선풍기)이 내는 소리였다. 따뜻한 오후가 건물 안에 짙고 습한 공기를 남겼다. 제임스는 공기 흐름을 개선하기 위해 냉풍기와 산업용 선풍기를 전략적으로 배치했다.

"여기 분위기 참 마음에 드네요." 열린 문으로 미카엘이 머리를 쑥 들이밀었다. 왁스를 과하게 바른 그의 머리에 조명이 반사되었다.

"와우. 미카엘. 뭐랄까, 정말 대단한데요." 셔츠를 입지 않은 미카엘이 미끄러지듯 들어오는 모습에 제임스는 입을 다물지 못했다. 그의 가슴은 그의 머리만큼이나 번들거렸다. 그 모습은 마치 중년의 위기를 겪고 있는 사내가 마사지를 받다 말고 마사지 숍에서 탈출한 것 같았다.

"아아, 이거 말이죠?" 미카엘은 자기 가슴을 두들겼다. "사무실이 심각하게 덥길래, HR 사람들이 건물을 나서자마자 몇몇은 셔츠를 아예 벗어버렸거든요!" 그의 셔츠가 뒷주머니에 꽂혀 있었지만 다시 입을 생각은 없어 보였다. "우리 열심히 일하는 거 알잖아요. 아키텍처를 설계하는 일이요. 학교에서 그런 일을 해봤는지 모르겠네요?"

제임스는 인쇄물을 모아서 가지런히 쌓아 올렸다. "수업이 몇 개 있긴 했어요. 하지만 전문가는 당신이잖아요. 당신이 작업한 SaaS 시스템 얘기는 들었어요. 메시지 브로커^{Message Broker}는 어떻게 되고 있어요?"

미카엘은 양손을 엉덩이에 얹은 채, 뱃살에 밀려 늘어나기 일보직전인 벨트 아

복복 개발자의 버그 생존기

래로 엄지손가락을 쑤셔 넣었다. 배꼽에는 마치 우물처럼 땀이 가득 고여있었다. "아주 잘 되고 있어요! 매번 절반은 작동해요!" 미카엘이 윙크했다.

"60%라는 말인가요, 앵커맨[15]?"

미카엘은 턱을 문질렀다. "60%일 수도 있겠네요. 그 영화는 본 지 좀 오래됐어요. 하지만 맞아요, 매번 대부분은 작동해요."

50%는 과반이 아니다. 제임스는 예의 바르게 미소 지었다. "잘됐네요, 미카엘. 잘하고 있군요!"

"이 사람아, 젖꼭지 좀 그만 쳐다봐요." 미카엘이 자기 젖꼭지를 손으로 가렸다.

"시선을 떼기가 어렵네요. 그 녀석들이 저를 꽤 공격적으로 쳐다보고 있다고요!" 제임스가 웃었다.

"그래서, 또 사용자 그룹user group이에요? 오픈 소스라는 거요?"

"네! 사무실에서 여는 건 처음이에요. 참가자 수가 엄청날 거 같아요."

"전 그게 뭔지 정말 모르겠어요. 오픈 소스?" 미카엘이 문에 기대자 축축한 피부가 유리에 닿으며 쩍 달라붙는 소리가 났다. "왜요? 뭘 하려고 하는 거예요?"

제임스는 격앙된 한숨을 내쉬며 이마를 문질렀다. "당신도 사용하기는 하잖아요. 안 그래요?"

"오픈 소스요? 아뇨, 전 관심 없어요." 미카엘이 무심하게 대답했다.

"래빗MQRabbitMQ 쓰잖아요?"

"아, 그 래빗이요?"

"네, 그 래빗이요. 당신은 그런 프로그램을 작성할 수도 없고, 작성하려고 하지도 않겠지만요." 제임스가 대답했다.

"필요하다면 작성할 수는 있겠죠. 하지만 지루하잖아요. 그보다 더 나은 할 일이 있으니까요. 에헤이, 젖꼭지 좀 그만 쳐다보라니까요! 물론 당신이 오픈 소스라는 거에 꽂힌 건 알아요. 사무실에 있는 누구나 알죠. 저는 당신과 같은 관점을 공유하지 않을 뿐이에요." 이렇게 말하는 미카엘의 노출된 몸통에는 여전히 땀이 흥건했다.

제임스는 억지웃음 뒤로 이를 악물었다. 미끌거리는 미카엘과 논쟁을 벌여봐야 의미가 없었다. "관점 차이라는 거에 동의하는 걸로 하죠. 전 모임을 준비해야 하니까요. 괜찮

---

15 코미디 영화 '앵커맨'에 등장하는 '60% of the time it works every time.'이라는 유명한 대사를 가리킨다. 60%만 작동해도 항상 작동하는 거나 마찬가지라는 의미이다.

죠?"

"리오도 와요?"

"아뇨." 제임스가 뒤돌아서다 말고 물었다. "그래서 셔츠를 안 입은 거예요?"

"아뇨, 아니에요. 당연히 아니죠." 미카엘은 셔츠를 집어 들고 머리 위로 뒤집어쓰더니 좁은 네크라인으로 머리를 빼내려 안간힘을 썼다. "지원 업무 기대돼요?"

제임스는 조명을 끄고 미카엘을 지나 문밖으로 나갔다. "네, 저는 고객들을 좋아해요." 제임스는 프린터실에 남겨진 미카엘을 돌아보지 않은 채 그를 향해 엄지손가락 치켜들었다.

"알다시피 전 지원 업무를 할 필요가 없어요. 아키텍트니까요. 알죠?" 미카엘은 프린터실에서 멀어지는 제임스를 향해 소리쳤다.

"알아요. 그 얘기 아까 했어요!" 제임스가 되받아쳤다.

"아 네, 제가 얘기했죠!"

갓 인쇄한 스티커를 손에 든 제임스는 'New.Lib.JS 사용자 그룹에 오신 걸 환영합니다!'라고 적힌 화려한 색상의 포스터와 함께 신입 회원과 기존 회원을 환영할 준비를 마친 채 문 옆에 서서 기다렸다.

그는 비건 및 글루텐 프리 옵션이 있는 베지테리언 피자와 맥주, 탄산음료를 주문했고 당연히 약간의 간식도 빼놓지 않았다. 자신의 짧고 검은 곱슬머리를 손질하고 '기계식 키보드 – 내가 일하는 소리를 모두가 들을 수 있도록!'이라고 적힌 깨끗한 티셔츠를 입었다. 그의 생일에 리오로부터 선물 받은 것이었다. 티셔츠를 받을 때는 무척 놀랐는데, 두 사람은 친구가 아닌 데다 대부분의 일에 의견이 갈리는 편이었기 때문이다. 이 둘 사이의 공통점이라고는 유머 감각과 데이비드를 그다지 좋아하지 않는다는 사실뿐이었다. 그를 싫어하는 건 아니지만, 좋아하는 건 확실히 아니었다. 데이비드는 설명할 수 없을 만큼 짜증 나고 오만하고 거들먹거렸으며, 남의 이야기를 아주 잘 들어주는 편이 아니었고, 그들의 전문적인 의견을 존중하는 태도도 보이지 않았다. 그런 점만 빼면 괜찮은 사람이었다.

데이비드는 사용자 그룹에 참가한 적이 없었고 리오도 마찬가지였다. 다만 리오의 경우에는 사회 불안 장애가 있는 듯했다. 아니면 그냥 스웨덴 사람의 특징일지도 몰랐다. 어쨌거나 스웨덴 사람들은 사회적 거리 두기를 유난히 잘하는 것으로 유명하니까.

몇몇 사람이 도착하기 시작했고 스티커는 빠르게 사라졌다. 그런 건 보통 좋은 징조였다. 그들이 이 행사에 등록할 때 사용한 앱은 사람들이 어디에서 왔는지를 알려주므로, 사용자 그룹에 참석하고자 멀리서 온 사람들도 있다는 걸 알수 있었다. 그들에게 스티커나 무료 음식 같은 증정품을 나눠준다면 좋아할 터였다.

데이비드는 배고픈 개발자와 유아기의 아이에게는 공통점이 있다고 말했다. 제임스는 아이가 없었지만 대학에 다닐 때 개최한 행사에 음식을 후원해줄 곳을 찾지 못한 적이 있었기에, 개발자들은 배가 고프면 행사를 즐기지 못한다는 사실을 잘 알고 있었다. 따라서 뭐든지 아는 체하는 동료의 조언이 아닌 자기 경험을 바탕으로, 제임스는 마이크로소프트의 후원을 받아 풍성한 음식을 준비했다. 마이크로소프트의 클라우드 서비스 등을 언급하겠다는 모호한 약속을 하는 대신(공정한 거래 같았다) 스티커가 든 상자, 음식, 애저^{Azure} 무료 체험권을 받았다. 체험권을 써서 서비스에 가입한 사용자가 서비스 이용 기간이 끝나고 고아가 될 디스크^{orphaned disk}를 삭제하기 깜빡한다면(깜빡할 게 분명했다), 맨 처음 만든 디스크에 대한 사용료가 필히 청구될 것이었다.

"안녕하세요, 제임스!" 가장 먼저 도착한 머런은 손이 맞닿기 50미터 전부터 악수하려고 어색하게 손을 내밀고 있었다. 그는 솔기만 겨우 붙어 있을 정도로 해진 백팩을 오른쪽 어깨에 멨는데 어깨에서 서서히 미끄러지는 참이었다. 같은 팔에는 노트북도 들려 있었는데 아마도 백팩이 '물건을 나른다'는 일생의 유일한 사명을 포기했기 때문인 듯했다.

"어서 와요, 머런. 일찍 올 줄 알았어요." 제임스는 미소를 지으며 애매하게 남은 2미터의 거리를 좁혀 마침내 그와 악수했다. 머런은 그의 손을 꽤 오래 잡고 있었다.

"맡은 세션은 준비됐죠?" 제임스는 그의 옆에 있는, 입구에 세워진 높은 탁자에 놓인 스티커를 정리하는 척하며 손을 빼냈다.

"네, 준비됐어요!" 머런의 얼굴이 환해지며 눈이 반짝였다. "교수님이 프로젝트 학점을 막 공지하셨는데 A를 받았어요. 믿어지세요? 부모님이 아주 자랑스러워하세요!"

머런과 제임스는 이전 사용자 그룹 모임에서 만났다. 그 모임에서는 민망한 해

프닝이 있었다. 머런이 북아프리카에 위치한 에리트레아에서 왔다는 걸 우연히 들은 제임스가 그에게 프랑스어로 말을 걸려 했던 일이었다. 제임스가 할 수 있는 프랑스어가 'Les clés sont sur la table(열쇠는 탁자 위에 있습니다)', 'Bonjour(안녕하세요)', 'Comment allez-vous(어떻게 지내시나요)?' 뿐이었다는 건 중요하지 않았다. 프랑스 여행 시 유용할 거라고 학교에서 가르쳐준 표현들이었다. 머런은 제임스의 행동을 선의로 받아들였고, 자신은 프랑스어를 할 줄 모르며 영어와 학교에서 배운 약간의 독일어만 할 줄 안다고 설명했다. 형을 따라온 그의 남동생 요나스는 고등학생이었는데, 머런만큼 예의 바르지 않았고 농담조로 제임스를 식민주의자라고 불렀다.

머런은 영재였고 몇 가지 인기 있는 오픈 소스 라이브러리와 웹사이트를 운영했다. 오늘 그는 YouJShouldKnow에 대해 발표할 예정이었다. YouJShould Know는 사용자가 선택한 일시 이후에 나온 모든 자바스크립트 라이브러리 목록을 보여주는 웹사이트로, 해당 라이브러리로 수행한 작업과, 그 라이브러리가 인기인 이유에 대한 개요도 함께 보여주었다. 그게 주된 용도였지만 부차적인 용도는 순식간에 변한 생태계로 개발자를 깜짝 놀라게 해 심장마비를 일으키는 것이었다.

"요나스는 어디 있어요?" 주위를 둘러본 제임스는 더 많은 회원이 입장하는 걸 바라보며 물었다. 몇몇은 그에게 인사를 건넸고 다른 사람들은 바로 음식이나 맥주로 향했다.

학생과 학생이 아닌 사람을 구분하기는 쉬웠다. 학생들은 항상 음식으로 먼저 향했고 늘 마지막까지 남아 있다가 남은 음식을 집에 가져갔다. 제임스는 내일 점심때 데이비드와 리오에게 주려고 피자를 숨겨두었다.

"요나스는 오늘 못 와요. 시험에 낙제해서 수학과 프로그래밍 점수를 올릴 때까지는 외출 금지예요. 우린 당연히 체육은 포기했거든요."라고 말하며 머런은 웃었다. 요나스는 통통한 편으로 운동과는 거리가 멀었다. "제가 해줄 수 있는 게 있으면 좋겠지만, 알다시피 걘 형 말은 안 듣거든요." 머런은 어깨를 으쓱하며 입술을 비죽 내밀었다.

제임스는 자신을 따라 회의실로 오라고 손짓했다. 회의실이 사람들, 그리고 피자와 맥주 냄새로 채워지자 그들은 프로젝터를 설치하기 시작했다. "뭘 말하는지 완전 잘 알아요. 저도 여동생이 한 명 있는데 걔는 날 짜증 나는 자랑쟁이라고 생각하거든요." 제임스가 자기 경험을 공유하자 머런은 고개를 끄덕이고 긴장한 표정으로 청중을 바라보았다. 대학에서 발표하는 것과는 다른 느낌이었다.

"이제 시작할 타이밍인가 봐요." 선풍기가 최대 출력으로 작동하는 사이 머런이 거의 들리지 않을 정도로 속삭였다.

"뭐라고 하는지 안 들려요!" 누군가 뒤에서 소리쳤다.

"선풍기를 끌 수 없을까요?" 어떤 목소리가 물었다.

제임스가 앞으로 나가서 말했다. "자, 선풍기냐 죽음이냐 둘 중 하나예요. 저도 선풍기가 마음에 들진 않지만 지금은 그 덕분에 저희가 살아 있는 거라서요. 머런이 목청을 높여서 발표해야 할 수는 있지만 제가 인턴으로 있는 동안 사망자를 내면 안 돼요. 브리스틀로 돌아갈 순 없거든요."

"브리스틀이 뭐가 문젠데요?"

"피터버러가 약간 나아요. 그게 문제죠." 제임스는 대답하고 조명을 껐다. "머런, 당신 차례예요. 당신의 마법 같은 사이트로 우리를 현혹해봐요!"

08 COMMIT 잘 가 데이비드

"또 늦었네. 애들은 벌써 잠들었어." 세라는 푹 꺼져버린 수플레처럼 보였다.

데이비드는 팔을 긁적이며 세라의 눈을 피해 이리저리 둘러봤다. 촉촉하지만 날카로운 그녀의 시선이 둘 사이의 무거운 공기를 꿰뚫었다. 데이비드는 기껏해야 어어 하는 소리만 낼 뿐이었다. "미안해. 회사에서 마무리할 일이 있었어. 새 기능을 배포했거든. 잘 알겠지만."

"잘 알지. 배포가 빨리 되는 법 없는 거. 나도 여러 번 해줬잖아, 기억나지?" 세라가 내뱉듯이 말했다.

데이비드가 고개를 끄덕이고는 자기 구두를 내려다보았다. 세라는 자기 일이 있으면서도 여러 번 그를 도와줬다. 함께 살 때도 그랬다.

"내일 애들 데리러 와. 출근하기 전에. 새뮤얼을 데리러 간다고 조퇴한 것 때문에 직장에서 또 문제가 생겼어." 세라가 문을 잡았다.

"세라⋯. 미안해. 일정이 꼬여서 그랬어."

"아까는 배포 때문이라며?" 세라는 이맛살을 찌푸리며 고개를 저었다. "언제나 그렇듯이, 내 시간이 덜 소중했던 거겠지. 내일 새뮤얼 축구 시합이나 잊지 마." 세라는 한발 물러서 문을 닫으려 했다.

"꼭 기억할게."

세라가 잠시 멈칫했다가 다시 앞으로 나왔다. "내일 당신이 뭘 망치든지 난 도와주지 않을 거야. 전화기도 꺼둘 거고."

"아무 문제없을 거야! 당신은 내가 새뮤얼을 축구 연습에 데려가는 것 하나도 제대로 못 할 거 같아?" 데이비드는 딱딱한 목소리로 큰소리를 쳤지만 눈은 여전히 마주치지 못했다.

"지난번에는 완전 개판이었잖아?" 세라가 쏘아붙였다.

"뭐? 아닌데?"

"새뮤얼을 내려주고는 그대로 가버렸잖아!" 평소 차분하던 세라의 목소리가 갈라졌다.

"그럼 어떻게 해야 하는데? 걔네 팀까지 쫓아가?"

"이제 2살 반밖에 안 된 아이라고, 데이비드! 그냥 내려놓고 가면 안 되지!"

"그럼 뭐 때문에 그 돈을 내는데?"

"이제 겨우 두 살이라고! 혼자 놔두면 안 되는 거야!"

"반년은 또 어디 갔는데?"

"잘 가, 데이비드. 이제 난 당신의 프로젝트 리더가 아니니까 당신 똥은 당신이 알아서 치워."

세라가 문을 쾅 하고 닫았다. 데이비드는 문 앞에 잠시 서 있었다. 한 노인이 그를 빤히 쳐다보며 지나갔다.

"문이 망가졌으면 살살 닫아야지!" 데이비드가 불안한 미소를 지으며 설명조로 말했다.

"성난 마누라가 면전에 대고 문을 세게 닫은 모양이구먼."

"그랬나 보네요. 근데 문이 말썽이긴 해요!"

"마누라가 말썽인 게 아니고?"

"이봐요, 프로이트 씨. 남의 일에 신경 끄시죠?" 데이비드가 씩씩거리며 계단을 내려가자, 노인은 마치 그 자리에 없었던 것처럼 재빠르게 코너를 돌아 사라졌다. 데이비드는 안심했다. 그는 한 번도 몸싸움에서 이겨본 적이 없었고 상처를 남기기에는 그의 얼굴이 너무 소중했다.

데이비드는 얼굴을 문지르고는 천천히 숨을 들이켰다. 세라가 자기를 집 안에 들여보내 주기를, 그리고 그녀의 새집을 보여주기를 바랐다. 그럴 가능성은 없겠지만.

데이비드는 발을 질질 끌며 자전거가 있는 곳까지 와서 짐칸을 바라보았다. 안에는 곰 인형과 빨간 카드가 들어 있었다. 그는 자전거를 몰고 좁은 길을 따라 내려갔다. 위층 창문 너머에서 두 그림자가 내뿜는 숨이 유리를 뿌옇게 만들고 있었다.

09 COMMIT 백쟁기 공주와 치과 의사

햇볕에 익어 버린 리오는 치과 안에서 그늘을 찾아내 눈을 감고 에어컨 바람을 쐬며 열기를 식히고 있었다. 그녀는 어림짐작으로 예상 납기일을 잡은 이후 불안함을 느끼고 있었다. 일정을 맞출 수 있을지 확신은 없었지만, 이상하게도 그녀 자신을 안전지대 밖으로 밀어낼 그 약속을 해야만 할 것 같았다.

리오는 퇴근할 무렵 데이비드 옆으로 다가갔다. 그는 반짝이는 껍질로 갈아입은 모습이었다. 스스로 '기능성 의류'라 주장하는 그 옷을 입은 데이비드는 지나치게 압축되어 보였다. "그 옷의 기능이라는 게 몸을 압축시켜서 천천히 죽이는 건가요?" 리오가 물었다.

"하고 싶은 말이 뭐죠, 리오? 나 애들 데리러 가야 해요. 안 그러면 세라가 나를 잡아먹을 거란 말이에요."

리오가 자기 몸무게를 한쪽 발에서 다른 쪽으로 옮기더니 뒤통수를 긁으며 말했다. "고객 지원이요. 그거 전 못하겠어요. 얼마나 싫어하는지 알잖아요."

"싫어도 소용없어요. 모두가 해야 하는 일인데요. 뭐, 전부는 아닐 수 있겠지만, 개발자는 전부 다 해야 해요."

"솔직히 자원 낭비 아니에요?" 리오가 물었다.

"감당할 수 있는 수준이에요. 당신이 그렇게 비싼 인력은 아니잖아요." 데이비드가 리오를 빤히 바라봤다. "안타깝지만 대체 불가능한 인력도 아니고요."

리오가 앞머리에 살짝 가려진 눈썹과 미간을 찡그렸다. 삐져나오는 땀 한 방울을 손으로 훔치며 말했다. "그럼 미카엘은요? 비싸고 대체 불가능한 인력이란 말이고요?"

"네, 맞아요. 우리 회사에는 아키텍트가 두 명밖에 없어요. 그리고 조만간 한 명이 될 예정이고요. 우리에게 큰 문제예요."

"미카엘이 했던 작업 본 적 있어요? 실제로요?" 고객 지원 업무에서 빼 달라고 설득할 수 있기를 바라며 리오가 물었다.

"내가 판단할 일도 아니고, 규칙을 만드는 것도 내가 아니에요. 당장은 아키텍트가 한 명 부족해요. 한 명만으론 부족하다고요."

리오가 탁 트인 사무실을 둘러봤다. 한쪽 구석에서는 미카엘이 화이트보드 옆에서 무언가 큰 소리로 말하고 있었다. 거기엔 다이어그램 하나와 남성 성기 두 개가 그려져 있었다.

"이 상황이 엿 같겠죠. 알아요. 근데 저 지금 가봐야 해요." 리오가 이 상황에 전혀 만족하지 못한다는 걸 데이비드도 알 수 있었다.

"잠시만요!" 리오는 그의 팔을 잡았다가 그가 돌아서자 바로 놓았다. 그리고 주변을 둘러보고 말을 이었다. "만약에…. 제가 시니어 업무를 더 하면요?"

"당신은 시니어 개발자잖아요. 시니어 업무는 원래 당신 일이고요. 멜빈을 대신할 사람을 데려오면 도움이 될 것 같은데요. 아니면 전에 미카엘 면접을 봤던 것처럼 채용을 도와줘도 좋겠죠."

"결과가 안 좋았잖아요." 리오는 신음 소리를 냈다.

"어쨌든 미카엘은 여전히 근무하고 있잖아요. 긍정적인 결과예요." 데이비드가 자전거를 열린 문 쪽으로 끌고 갔다. "이제 가봐야 해요. 멜빈이나 미카엘과 얘기해서 그 사람들이 성능 문제를 도와줄 수 있는지 확인해봐요. 한시가 급하잖아요."

데이비드가 나가고 문이 닫힌 뒤에도 리오는 오랫동안 그 자리에 서서 백팩의 스트랩을 만지작거렸다. 지나치게 만져댄 나머지 많이 헤진 걸 알면서도, 건조한 손가락과 뜯어진 손톱의 움직임을 멈출 수가 없었다. 얕은 숨소리가 복도에 메아리쳤고 현기증이 일었다. 미카엘이 손을 흔들고 있었다. 빌어먹을 고객 지원.

치과에서도 내내 그 대화만 머릿속에 맴돌았다. 어쩌면 그녀의 적성에는 개발자가 안 맞는 건지도 모른다. 고객 지원 업무조차 견딜 수 없는데 그걸 피할 수 있을 만큼 귀중한 자원이 되지도 못했다니. "우리 딸, 그게 맞는 길인지 모르겠다. 우리 가족은 기술과 어울리지 않아. 우린 예술과 열정을 창조하는 집안이잖니." 부모님의 목소리가 리오의 머릿속에 울려 퍼졌다. 연락이 뜸해지기 전까지 질리도록 들은 말이었다.

통로의 시계가 복도의 시계와 어긋난 채 째깍거리고 있었다. 리오는 지금껏 이 치과에 시계가 몇 개 있는지 의식한 적이 없었다. 벽마다 하나씩 걸린 시계는 마치 리오의 강박적인 사고를 자극하려고 오늘 설치한 것 같았다. 역설적이게도 치과 의사인 마틴은 진료 시간에 늦었다. 그녀의 눈에 들어오는 시계만 해도 네

개였는데, 모두 제시간에 온 그녀가 무익한 노력을 했다는 듯 조롱하고 있었다. 마틴은 그날 마감 시간 무렵 늦게 그녀의 진료를 보기로 했었다. 그녀는 스케일링을 할 예정이었고 대부분의 사람과 달리 치과에 가는 것을 꺼리지 않았다. 그리고 마틴은 괜찮은 사람이었다. 이상하지만, 괜찮았다.

젊고 작은 금발의 여성이 모퉁이를 돌아 나와서 다정하게 리오를 환영했다. "라르손 씨, 맞죠?"

리오가 땀에 젖은 손바닥을 내밀어야 할지 고민하며 자리에서 일어났다.

위생사는 리오에게 따라오라고 손짓했다. "전에 오신 적 있으시죠? 제 이름은 헬렌이에요. 이 병원에는 얼마 전에 왔고요." 다행히 악수는 없었다. "마틴 선생님이 늦었으니 오늘은 스케일링을 직접 하겠다고 하셨지만 제가 퇴근 전에 한번 보러 들를 수도 있어요. 여기 앉으세요. 바로 오실 거예요."

소독된 흰 방은 아늑했다. 리오에게는 자기 집이 연상되는 느낌이었는데, 조금 더 깨끗하고 고양이 털이 훨씬 적었다.

이때 마틴이 천천히 걸어들어오면서 리오를 빤히 바라봤다. "어서와요, 리오. 아주 오랜만이네요."

"그건 죄송해요. 그래도 치실은 했어요."

"음, 보면 알겠죠." 그가 자리에 앉았다. 리오가 인체공학적인 의자일 거로 생각했던 그 의자였다. 하지만 부품 몇 개가 빠진 듯 보였다. 어쩌면 마틴은 의자를 만들 때 자기 팀의 도움을 받지 못했을지도 모르겠다. 리오는 피식 웃다가 마틴이 자신을 응시하고 있다는 걸 알아채고 얼굴이 붉어졌다.

"요즘 운동하세요?"

그럴 리가. 운동은 평생 해보지 않았던 그녀다. "아니요, 더워서요. 여기까지 자전거 타고 왔거든요." 사실이긴 했다. 부끄러울 정도로 느긋한 페이스로 타긴 했지만.

마틴은 머리를 앞으로 내밀고 턱을 숙인 상태에서 눈도 깜빡이지 않은 채 리오를 계속 뚫어져라 쳐다보았다. 그녀의 고양이 라이언이 집사에 대한 못마땅함을 표출할 때의 눈빛과 비슷했다. 그는 고개를 옆으로 기울이고는 애써 웃어 보였다. "좋아요, 늦봄의 스케일링을 해봅시다."

그는 마스크를 쓴 뒤 입 부분이 뚫린 천으로 리오의 얼굴을 눈 아래부터 턱까지 덮었다. 마틴의 이마에 흥건하게 흐르는 땀방울이 맺혀서 금방이라도 리오에게 떨어질 듯했다. 마틴은 "초음파를 사용할 거예요."라고 중얼거리며 스케일링을 시작했다. "초음파 스케일러라고 하는 거예요. 전기를 기계 에너지로 바꿔서 초당 5만 번 진동해요. 대단하죠. 작은 물방울이 만들어져서 세척도 도와주고요." 그가 신나서 계속 떠드는 동안 리오는 신나게 잤다. "리오?" 마틴은 보호 시트를 제거하고 의자 등받이를 일으켰다. "마지막으로 한 번 헹구세요."

정신을 차린 리오의 얼굴이 붉어졌다. 또 잠들어 버리다니 믿을 수가 없었다. 치과에서 항상 잠드는 유일한 사람이라니.

"치아가 정말 하얗군요." 마틴이 앞으로 몸을 기울이며 그녀의 치아를 칭찬했다. 리오는 칭찬받을 수 있게 치아를 잘 보여줘야 할 것만 같았다.

그녀는 치아를 한껏 드러내며 억지로 미소를 지었다. 콜게이트[16]가 자랑스러워할 만한 미소였다. "감사합니다?"

"근데, 알고 있을지 모르겠지만 치아가 쟁기처럼 생겼네요."

리오는 팔짱을 끼고 눈썹을 들어 올리며 그를 바라봤다. 이건 또 무슨 소리람?

"치아 본을 떠도 될까요?" 마틴은 대답을 기다리지 않고 재빨리 사라졌다. 리오는 그를 기다리며 인터넷에서 쟁기가 정확히 어떤 모양인지 찾아봤다. 다양한 쟁기가 있었지만 어떤 것도 리오의 치아처럼 백옥 같지는 않았다. 돌아온 마틴이 본건 거울 앞에서 입 체조를 하는 리오였다.

"아, 스트레칭 중이었네요, 좋습니다. 이제 그 예쁜 입술이 트지 않도록 립밤을 바를게요. 모형 반죽이 꽤 커서 집어넣기 까다로워요. 일단 입 안에 다 들어가면 그 뒤엔 괜찮을 거예요. 1, 2분 정도 물고 있으면 오늘 할 일은 다 끝납니다."

그는 조금 과할 만큼 행복해하며 립밤을 발랐고 리오는 마지못해 모형 반죽에 맞춰 입을 최대한 넓게 벌렸다. 어렸을 때 가지고 놀던 점토 놀이용 반죽을 입에 넣은 기억이 떠올랐다. 냄새까지 똑같았다. 점토 반죽이 그리워졌다. 나중에 한 덩이 얻어갈지도 모르겠다.

마틴이 모형 틀을 앞뒤로 꼼지락거리며 흔들어 흡입기를 빼냈다. "자, 완벽해요!" 그는 마치 상당한 크기의 귀중한 다이아몬드를 다루듯 빛을 등지고 치아 본을 높이 들었다.

COMMIT 09 밝혀지는 공주의 치아

---

16 치약 제조업체로, 슬로건은 '자랑스러운 미소smile with pride'이다.

헬렌이 들어와서 한쪽 구석에서 마틴과 들리지 않게 작은 소리로 대화를 나눴다. 들어왔을 때처럼 빠르게 나갔다가 다시 들어오는 그녀의 손에는 전문가들이 쓰는 커다란 디지털카메라가 들려 있었다.

"그 멋진 치아 사진이 필요해요." 마틴은 이렇게 말하고 추가 조명을 켰다.

헬렌과 마틴의 지시를 따르자니 글래머 모델이 된 것 같은 기분이었다. 치아 글래머 모델이라. 새로운 커리어가 될 수 있을까.

미소 짓느라, 그리고 이런 괴상한 경험을 하느라 지친 리오가 나머지 사진은 다음에 찍자고 양해를 구했다. 고양이 밥을 주러 집에 가야 한다고 핑계를 댔다.

"아, 그러시겠죠." 마틴이 대답했다. 헬렌은 이미 자리를 떠났지만 카메라는 마틴에게 있었다. 그는 카메라를 노트북 가방에 간신히 집어넣었다. 그 옆에는 치아 본이 투명한 상자에 담겨 있었다. 그는 제대로 된 카메라 가방을 하나 사야겠다고 말하며 리오와 함께 밖으로 나왔다.

마틴은 사무실 문을 잠그고 경보기를 켜면서 제안했다. "치아 교정 한번 생각해보세요, 투명 교정기도 있어요. 눈에 띄지도 않고 당신의 미소를 완벽하게 만들어줄 거예요." 그녀는 고개를 끄덕이고 계단으로 직행했다. "제 차는 차고에 있어서요. 곧 또 봐요, 리오!"

리오는 계단을 내려갔다. 쟁기 모양이라니. 하지만 아주 하얗다니. 백쟁기 공주와 치과 의사. 나중에 그 이야기를 책으로 쓸 수도 있겠다. 턱이 아팠다. 이 세상 어딘가에 나의 치아 사진과 모형을 가진 치과 의사가 있었다. 그런 생각을 하며 자전거를 타고 집으로 돌아가는 백쟁기 공주는 즐겁고 흥미로운 감정과 약간의 불안을 느꼈다.

10 COMMIT 캐시가 왕이지

라이언은 창가에 앉아 높이 솟은 호두나무를 느긋하게 바라보고 있었다. 바람에 나무 이파리가 살짝 떨렸다. 늘 비슷한 회색빛의 우중충한 하늘 뒤로 숨은 햇살은 라이언이 절실히 원하던 창가 휴식을 선사했다. 책상 앞에 앉은 리오는 여러 차례 라이언을 키보드로부터 떨어뜨려 놓다 못해 결국은 라이언에게 물을 뿌리고야 말았다. 리오에게는 라이언에게 베풀 인내심이 없었다. 스케일링 이후 치통이 찾아왔고 앞니의 뿌리가 혀끝에 날카롭게 닿는 게 느껴졌다. 치아 사이의 빈 곳이 계속 신경에 거슬러서 작은 손거울을 동원해서 확인했다.

"리오, 거기 있어요?" 제임스의 목소리를 들은 리오가 거울을 내려놓고 모니터로 눈을 돌렸다.

"네, 네. 여기 있어요."

"어떻게 진행하는 게 좋을까요? 당신이 드라이버[17] 할래요?"

두 사람은 페어 프로그래밍을 하면서 함께 캐시 솔루션을 작성해야 했다. 하지만 둘 다 협업에 능숙하지 않았다. 그들은 혼자 일하는 방식을 선호했으며, 상대가 내비게이터인 상황에서 코드를 입력하는 드라이버 역할을 맡고 싶지 않았다. 데이비드는 그 유명한 워크숍에 다녀온 뒤로 익스트림 프로그래밍에 빠져들었고 이후 그 방법론의 일부를 실행했다. 단, 스스로에게 직접적인 영향을 미치지 않는 부분에 한해서만 말이다.

"그냥 복사해서 붙여 넣으면 되는 해결책이 있으면 좋겠네요." 리오가 한숨을 쉬고는 라이언의 주의를 끌어서 재빨리 껴안으려 했다.

"전에도 해봤던 거잖아요, 기억나요?" 제임스가 화면 공유를 중단하고 카메라를 켰다. 제임스 뒤편으로 보이는 거실은 깜짝 놀랄 정도로 스타일리시했다. 코냑 가죽 소파 뒤편의 아트월에는 흥미롭고 영감을 주는 다양한 작품들이 전시되어 있었

---

17 페어 프로그래밍pair programming이라는 소프트웨어 작성 기법에서 한 사람은 코드를 직접 입력하는 드라이버driver가 되고, 다른 한 사람은 입력된 코드를 지켜보면서 바로 리뷰하는 내비게이터navigator 역할을 맡는다.

다. 뱅크시의 작품도 눈에 띄었는데 리오는 그게 원작인지 궁금했다. 리오는 잠시 자기에게도 우아한 집이 있었으면 좋겠다고 생각했다.

"이 문제를 빠르게 해결할 라이브러리가 있을 거예요. 최신 라이브러리를 공부하는 사용자 그룹이 있지 않아요?"

제임스가 웃었다. "그런데 자바스크립트만 본단 말이죠. 우리 서비스는 자바스크립트를 잘 안 쓰잖아요. 혹시라도 당신이 사용하고 싶다면…."

"그럼 됐어요." 리오가 라이언을 붙잡고 다소 강압적으로 무릎에 앉히자 라이언이 쉭 하는 소리를 냈다. "얘는 아주 왕자님이라니까요." 리오가 덧붙였다.

"그보다는 왕처럼 보이는데요."

리오가 잠시 멈칫했다. 라이언은 무릎에서 뛰어내려서 주방으로 도망쳤다. 왕이라. 젠장. 캐시야말로 왕이지. CacheIsKing.

"또 멍때리는 거예요, 리오? 진통제라도 먹고 잠 좀 자는 게 어때요. 캐시 쪽은 내가 다시 작성해볼게요. 시간이 얼마나 걸릴지도 가능하면 알려줄게요." 제임스가 제안했다.

"그냥 캐시를 지우면 어떨까요?" 리오가 숨을 죽였다. 그녀가 그 주에 했던 제안 중에 가장 어리석은 것이거나, 아니면 가장 훌륭한 것이리라.

"캐시 삭제 버튼처럼요?" 제임스가 소리 내어 웃었다.

"맞아요, 하지만 자동화하는 거죠. 여러 규칙으로 정의하고요. 프로파일링으로 얻은 수치^{metric}를 얻었잖아요. 그걸 활용하면 적절한 규칙을 찾을 수 있을 거예요. 아니면 머신러닝을 사용해도 되죠."

리오가 활짝 웃으며 손을 비볐다. 기분이 한결 나아져서 적어도 10분 동안은 이를 핥지 않았다. 그녀의 커피가 테이블 위에 덩그러니 놓여 있었다. 리오는 제임스의 반응을 기다리는 동안 머뭇대며 커피를 한 모금 홀짝였다. 리오의 새하얀 치아에 관해 마틴이 했던 말이 떠올랐다. 커피에 우유를 조금 더 넣었다. 혹시 모르니까. 그녀에게는 약간의 카페인과 좋은 비트가 필요했고 코딩을 하고 싶었다. 흔치 않은 기분이었다. "이봐요, 제임스. 어떻게 생각해요?"

"음, 머신러닝은 좋아하지만 우리가 해본 적은 없잖아요. 그런 복잡한 솔루션에 쓸 시간이 있을지도 모르겠고요. 그렇지만 당신의 아이디어는 마음에 들어요. 캐시를 비운다는 게 마음에 좀 걸리지만요."

리오가 눈을 크게 뜨고 진심으로 활짝 웃었다. "좋다는 거죠? 지금 우리가 어떤 일에 의견이 일치한 거 맞죠?" 리오는 의자에 등을 기댄 채 장난기 넘치는 꿍꿍이가 있는 표정으로 빙빙 돌았다. 리오의 등 뒤로는 캄캄한 방이 비쳤고, 나무에서 뻗어 나온 짙은 녹색 잎으로 가려진 창문을 제외하면 빛을 내는 건 모니터뿐이었다. 마치 마임이나 마술 쇼처럼 어둠 속에서 리오의 얼굴만 둥둥 떠다니는 듯했다. 리오는 좋아하는 검은색 티셔츠를 입고 있었다. 티셔츠에는 숫자 1이 흰색으로 크게 쓰여 있고, 작게 '딱 한 비트 앞'이라는 문구가 적혀 있었다.

"지금 엄청 신나 보이네요. 좀 무서운걸요. 저 지금 떨고 있다고요." 제임스가 손톱 물어뜯는 시늉을 했다.

"그만 좀 놀려요!"

"장난이에요. 그래서, 그 사악한 계획이 뭔데요?"

"잠시만요."

"좋아요. 기다리는 동안 우쿨렐레라도 연주하고 있을게요."

제임스는 화면 밖에서 작은 기타처럼 보이는 물건을 가져와서 연주하기 시작했다. 리오는 마이크를 끄고 비트버킷Bitbucket [18] 로그인에 필요한 정보를 찾기 위해 이메일을 뒤졌다. 비트버킷 웹사이트에서 자주 쓰는 비밀번호 세 개를 차례로 하나씩 넣어보다가 세 번째에 겨우 성공했다. '비밀번호 업데이트 좀 해야겠는데.' 로 그인을 하니 거기에 CacheIsKing 저장소가 보였다. 5년 전 당시 C# 최신 버전 으로 마이그레이션한 이후 쳐다보지도 않았던 코드였다. 똑같은 작업을 다시 하고 빌드 자동화 도구를 설정해야 할 수도 있었다. 그래도 할 만했다. 최근 몇 년 사이 가장 흥분되는 순간이었다.

리오가 웹 카메라를 향해 손을 흔들었다. 하지만 제임스는 눈을 감은 채 연주하 느라 그녀를 보지 못했다. 리오가 와트/루멘 변환을 확인하지 못한 탓에 야간 공사 현장만큼이나 밝은 빛을 내는 거실 천장 조명이 켜졌다. 덕분에 제임스가 연주를 멈췄다. 리오가 음성을 다시 켰다.

"어, 이사했어요? 새집으로요?"

"아뇨?"

"엄청나게 비어 있는 것처럼 보이는데요."

---

18 깃허브GitHub와 유사한 깃Git 기반 소스 코드 저장소 서비스이다. 지라Jira를 만든 아틀라시안Atlassian에서 운영한다.

"비어 있는 걸 좋아하거든요!" 리오가 스스로를 변호했다.

"리오가 작성한 단위 테스트처럼 말이죠." 제임스가 윙크했다.

'씨, 엿이나 먹으라지.'

"이것 좀 봐요." 리오가 화면을 공유했다. "대학 시절에 만든 라이브러리가 있어요. 거의 최신 버전이고요. 아까 말했던 거예요."

"말도 안 돼!" 제임스가 몸을 앞으로 기울였다. 금방이라도 리오의 아파트로 뛰어 들어 올 것 같았다. 그가 제어 권한을 요청했고 리오는 수락했다.

"대학교 마지막 과제였거든요!"

제임스는 README 파일을 읽었다. "다양한 어댑터를 통해 내부 또는 외부 캐시에 접속하여 구현에 상관없이 해당 캐시를 손쉽게 삭제할 수 있게 해주는 라이브러리. 사용자 정의 규칙을 지원하지만 기본값은 머신러닝을 사용해 캐시 삭제를 지속적으로 최적화합니다."

제임스는 미소를 지었다. "상당히 좋아 보이는데요, 리오! README 파일에 철자 검사가 필요할 수도 있겠지만 이건…." 몸을 앞으로 기울이고 입을 벌린 채 계속해서 코드를 읽느라 그의 목소리는 점점 작아졌다. 제임스는 꽤 오랜 시간을 들여 코드를 집중해서 살펴보았고 코드에 매료되기 시작했다. 중간중간 "아, 오오, 알겠어, 좋은데." 같은 추임새도 곁들였다. 가장 리오의 마음에 들었던 건 "기발하네!"였다.

"이런 말을 하게 될 줄은 몰랐는데요, 리오. 이건 정말 대단한 물건이네요. 감동했어요."

"그래요?" 리오가 더 해보라는 식으로 미끼를 던졌다.

"테스트가 없는 거 같긴 한데, 학교에서 작성한 거잖아요. 그때는, 그러니까 공룡이 활보하고 코볼이 대장이던 시절에는 아무도 테스트를 하지 않았으니까요. 역사책에서 그렇다고 읽었어요." 제임스는 잠시 숨을 고르더니 사과했다. "아까 놀린 건 미안해요. 테스트가 있었으면 더 좋았겠지만 그래도 훌륭해요. 우리 작업에 써먹을 수 있겠어요. 알 게 뭐야. 한 번 시도해보자고요."

라이언은 리오의 관심을 끌려고 야옹거렸지만, 리오는 의자에 앉아서 춤을 추느라 바빴다. 좋았어! "휴스턴, 해결책이 있다고요! 조금 이르지만 맥주로 자축해볼까 해요." 그녀는 냉장고로 달려갔다가 집에서는 맥주를 마시지 않는다는 걸 깨닫고 그 대신 와인을 가져왔다.

"와인 마시는 시간?"

"그래요! 전 지금 이게 필요하다고요. 이가 아프거든요."

"마틴이 뭐라고 할 것 같아요?"

리오가 레드 와인을 바라보며 웃었다. 제임스와 데이비드는 리오의 치과 이야기를 좋아했다. "또 이상한 소리나 하겠죠." 리오가 빙그레 웃고는 지난번 사진 촬영을 떠올렸다. "어쨌든, 해보죠! 제 발머 피크^{Balmer's peak}는 지금이라고요." 리오가 술잔을 가리켰다.

"좋아요, 좋아. 리오가 드라이버이자 내비게이터인 거 같네요. 원한다면 단독으로 작업해도 돼요. 고자질은 안 할 테니까."

"고마워요. 풀 리퀘스트가 올라가면 알려줄게요. 코드 리뷰가 좀 필요할 테니까요. 아주 오래된 코드인데, 손 본 것도 벌써 몇 년 전이예요."

"좋은 시간 보내요!" 제임스가 화면을 껐다.

리오는 냉장고에서 치즈를 조금 가져와서 와인을 조금 더 마셨다. 이거 하느라 오늘 밤은 새워야 할 테니 음식을 좀 주문해 둬야겠다고 생각하는 그녀의 얼굴엔 미소가 떠올랐다. 자발적으로 밤을 새우는 건 꽤 오랜만이었다.

'이걸로 모든 게 바뀔 거야. 누가 대체 불가능한 사람이 아니라고?'

리오는 잔을 채우고 거기에 반사된 자기 모습을 향해 축배를 들었다.

'이것도 설계해보시지, 미카엘.'

11 COMMIT

완벽한 프로그래밍의 날

리오에게 프로그래밍이 함께하는 완벽한 하루란 이런 느낌이다.

지난밤 숙면을 취한 후 아침 일찍 일어난다. 꿈에서는 자신의 모든 프로그래밍 문제를 해결한다. 평온한 상태로 충분한 휴식을 취했으며, 눈을 뜬 후에도 머릿속 가득한 아이디어가 사라지지 않는다. 자신이 알고 있는지도 몰랐던 요가 루틴으로 침대에서 스트레칭한다. 열린 창을 통해 새소리가 들려오고, 부드러운 플리스 후드 티셔츠와 바지를 입고 침실에서 주방으로 나온 그녀의 몸을 부드러운 바람이 어루만진다. 오늘 입은 옷은 지난밤에 기적처럼 세탁되고 건조되었다 (비록 리오는 몇 달째 티셔츠를 세탁하는 대신 새로 샀지만).

갓 구매한 커피 원두(물론 공정 무역 인증받은 원두)를 갈아서 집에 커피 향을 퍼트린다. 완벽한 방향제다. 그녀의 집에 방향제가 필요하다는 건 아니다. 집은 반짝반짝할 정도로 깨끗하고 먼지 뭉치는 보이지 않는다. 싱크대 옆에는 오래 방치한 피자도 없고 재활용할 종이가 산처럼 쌓여 있지도 않다.

직접 만든 커피는 달콤하지만 쌉싸름한 향을 내뿜는다. 버터 향, 손가락에 닿는 온기, 커피 머신이 증기를 내뿜는 소리. 아드레날린을 일깨우는 사랑의 노래.

아침으로 만든 완벽하게 구워진 크루아상 두 개와 스크램블드에그가 혀끝에서 녹아내리며 입안을 가득 채운다. 전혀 느끼하지도 않다. 멋진 코드로 가득한 날을 보낼 준비를 마쳤다. 책상 앞으로 춤추듯 향하여 의자를 빙글 돌린다.

컴퓨터는 이미 모든 업데이트를 끝냈다. 윈도우는 물론 비주얼 스튜디오마저도. 디스크 공간이 부족할 일은 없다. 모든 것이 예상대로 작동한다. 파일은 저장해 둔 그 자리에 그대로 있으며 밤새 업데이트를 마쳐서 디스크 공간을 더 확보한 컴퓨터는 심지어 조금 더 빨라졌다.

아이디어와 열정이 충만한 상태로 자리에 앉는다. 커튼을 닫아 조도를 낮추고 100% 충전된 헤드폰을 쓴다. 블루투스 문제가 전혀 없는 헤드폰으로 그녀가 좋아하는 플레이리스트가 울려 퍼진다. 귓가엔 덥스텝[19]을, 옆에는 커피를 둔 채

주니어 개발자의 버그 성공기

---

19 2000년대 초반 런던 남부에서 시작된 일렉트로닉 댄스 음악 장르

아이디어와 해답을 폭발적으로 쏟아낸다. 리오는 WASD 키보드를 빠르게 타이핑한다. 키보드에서 손을 떼서 마우스를 사용할 일은 없다.

모든 에디터가 문제없이 움직이고, 죽는 프로세스도 없다. 리오가 모든 것을 완벽하게 통제하고 있으므로 프로세스를 죽일 수 있는 건 리오뿐이다. 한나절이 지난 뒤에야 배꼽시계가 울린다. 점심 겸 저녁으로 피자를 주문한다.

손에 들린 피자 조각은 끈적이지도 기름지지도 않다. 물론 고가의 키보드에 떨어지지도 않는다. 피자를 먹으며 달콤하고 멋진 코드 작성을 이어가다가 가끔 얼음처럼 차가운 콜라를 마셔 열을 식힌다. 컴퓨터는 냉각이 필요 없다. 크롬에 탭을 100개쯤 띄워놓아도 컴퓨터는 즐겁게 가르랑거리는 소리를 낼 뿐이다. 마치 온종일 아무런 말썽도 일으키지 않고 혼자서도 잘 노는 그녀의 고양이 라이언처럼.

밤이 깊어지면 와인을 마시고는 이내 발머 피크에 도달하고 레벨은 1000이 되어 오래 지속되는 높은 아드레날린 상태를 보상으로 받는다.

리오가 지성을 동원하여 그녀 인생의 가장 커다란 퍼즐을 함께 맞추는 동안, 무한히 공급되는 갖가지 달콤한 간식과, 짭짤하고 새콤한 감자튀김이 리오의 미뢰를 자극하여 집중력을 유지하도록 도와준다. 자정 직전 끊임없는 에너지 흐름이 약해지기 전에, 리오는 풀^{pull}과 리베이스^{rebase}를 실행한다. 어떤 충돌도 없다. 그녀가 오늘 작성한 모든 코드가 문제없이 동작한다. 단 하나의 충돌도 없고 실패하는 테스트도 없으며 빌드 경고도 없다. 그리고 당연히 모든 빌드는 자동화되어 있다. 이제 뜨거운 물에 여유롭게 샤워한 후 잠자리에 든다. 바로 잠에 빠져 숙취도 피로도 없이 다음 날 아침 일어난다.

리오의 걸작, 그녀의 모나리자가 이렇게 완성되었다.

리오는 마이그레이션을 끝낸 라이브러리를 클라이언트 프로젝트에 추가했다. 앞서 묘사한 것처럼 매끄럽게 진행되지는 않았다. 더 많은 욕설과 땀, 그리고 고통이 따랐다. 하지만 꿈은 꿀 수 있는 거니까. 집이 멋지거나 깨끗하지 않을 수도 있지만, 어차피 청결이라는 건 주관적인 게 아닌가. 라이언은 당연히 냥아치처럼 굴었지만 대체로는 완벽한 프로그래밍의 날에 가까웠다. 리오는 신이 나서 테스트할 수 있는 첫 번째 버전이 완성됐다고 제임스와 데이비드에게 알렸

다. 그리고 그대로 침대 위로 쓰러졌다. 옷을 갈아입지도 않고, 침대 옆 탁자에
는 피자를 남겨둔 채였다. 라이언이 평소처럼 엉덩이로 리오의 얼굴을 깔고 앉
으며 자국을 남겨 우위를 드러냈다.

12 COMMIT 누가 이걸 보겠어요?

숙취는 현실이었다. 발머 피크는 끝났고, 험난한 밤을 보낸 리오의 몸과 간은 벌을 받고 있었다. 세상이 살짝 빙빙 돈다고 느끼며 리오는 기차에 올랐고 고통스럽게 자전거를 몰아 사무실에 도착했다. 리오는 수영에 관한 환상이 있었다. 손가락 사이를 미끄러지듯 지나가는 시원한 물의 부드러움과 시원함을 느끼면서 수정처럼 맑은 호수에 떠 있는 자신을 상상하곤 했다. 하지만 지금은 자기 땀에 절어 수영하는 것 같았다. 그녀의 몸은 지난밤 과음의 잔재를 강력하게 거부했다. 예전에는 꽤 마실 수 있었지만 25살 이후로 무언가 변했는지 지금은 와인 한 잔을 떠올리기만 해도 숙취가 생길 정도였다. 그래도 그럴 만한 가치는 있었다. 다시는 안 마셔야지. 스스로 재차 다짐하는 그녀였다.

"괜찮아요, 리오? 몰골이 엉망인데요." 그녀를 지나치던 데이비드는 돌아보지 않을 수 없었다.

"걱정해줘서 고마워요." 그녀는 중얼거리며 앞머리를 옆으로 쓸어 넘기고 티슈로 얼굴을 툭툭 두드렸다.

"제임스가 좋은 소식이 있다고 하던데, 이따가 봐요!" 그는 멋진 칭찬을 남기고 도망쳤다.

리오는 휴대전화를 꺼내 셀카 모드로 카메라 앱을 켰다. 아쉬운 대로 거울로 쓸 만했다. 리오의 모습은 정말 엉망진창이었다. 이 정도면 어떤 필터로도 구제할 수 없었다.

"리오!" 제임스가 복도를 뛰어왔다. 손에는 아이스커피 두 잔이, 팔에는 도넛이 담긴 봉투가 끼워져 있었다. 흥분한 리오의 위장이 꼬르륵거렸다. 봉투에 붙은 작은 창 너머로 보이는 도넛은 맛있어 보였다. 봉투 바닥은 기름으로 얼룩졌고 제임스의 셔츠에도 자국이 남았다.

"리오는 제 영웅이에요!" 제임스가 리오에게 커피를 건넸다. "어서요! 축하해야죠!" 첫 번째 문으로 들어선 제임스가 봉투를 열었다. "초록색 도넛은 라임 맛이고, 빨간색은 딸기 맛이에요."

의자에 등을 기댄 제임스가 책상에 다리를 올렸다. "커밋한 거 봤어요. 멋지던데요! 깔

꼼하고 구성도 잘 되었고요. 그 정도 실력을 감추고 있는 줄 몰랐어요." 제임스가 웃었다.

사실은 모든 걸 올바른 순서로 작업한 것처럼 보이게 만들고 각 변경 사항에 대해 완벽한 커밋 메시지를 작성하려고 몇 시간 동안 모든 걸 재작업했다. 리베이스도 해야 했다. 첫 번째 버전은 엉망진창 뒤죽박죽이었지만 그걸 굳이 제임스에게 알릴 필요는 없었다. 제임스는 커밋에 대한 강박이 있었고 모든 변경 사항이 작고, 구조적이며, 시간순으로 잘 정돈되어야 했다. 로직을 확인하는 테스트를 많이 마련해 두는 것도 선호했다. 제임스가 지난 밤 화상 회의에서 테스트가 부족하다고 지적했던 걸 기억하지 못하는 건 리오로서는 다행이었다.

"문제가 하나 있긴 한데 말이죠." 제임스가 리오의 생각을 방해했다. '안돼.' 리오는 도넛을 하나 집고 네 조각으로 나누어 냅킨 위에 올려두었다. 커피 한 모금에 한 조각씩 먹을 생각이었다.

"그 라이브러리, 네임스페이스가 MachineLearningAssigmentTest1(머신러닝과제테스트 1)이더라고요."

리오가 미간을 찌푸리고 아래를 내려다보며 고개를 저었다. "맞아요, 좀 피곤했거든요." 둘 다 웃었다. "또 그랬네요?"

리오는 개발자 1년 차에 자신의 첫 번째 애플 애플리케이션을 출시할 당시, 설정을 잘못해서 앱 이름을 FirstApp1으로 출시했었다. 리오는 그 사실을 눈치채지 못했고, 자신의 실수를 알아차렸을 즈음에는 이미 여러 리뷰가 달리고 유명해진 뒤였다.

"게다가 저는 그 코드 저장소 접근 권한도 없어요. 찾을 수 없다는 404 오류가 나더라고요."

"제대로 본 거 맞아요? 그거 비트버킷에 있는데요." 리오가 물었다.

"어. 우리 그것도 써요?"

"아뇨. 학교에서 계정을 만들어 준 게 거기라서요. 그렇지만…" 생각에 잠긴 리오의 목소리가 잦아들었다. 수정이 필요할 것 같았다. "깃허브로 옮겨야겠네요. 저장소를 복제하는 대신 패키지에 의존성을 걸어야겠어요."

"멋지네요. 몹 프로그래밍mob programming을 좀 해보죠." 제임스가 말했다.

"우린 둘밖에 없잖아요. 그럼 몹이 안 되죠." 리오가 까불듯 대답했다.

"페어 프로그래밍이죠. 근데 몹이 더 재밌게 들리잖아요. 지금 당장은 할 일이 없거든요. 아까 빌드를 실행했는데, 운이 좋으면 한나절 걸릴 거예요. 미카엘이 설정한 거죠. 멜빈이었으면 좋았을 텐데요." 마우스를 잡은 제임스가 Wu Tang LAN[20]이란 이름의 와이파이에 컴퓨터를 연결했다. "와이파이 이름을 또 바꿨어요?"

리오가 눈을 가늘게 뜨고 어깨를 으쓱거렸다. "아마도요?" 커피를 다 마시고 마지막 도넛 조각까지 먹은 리오는 청바지에 손을 문지른 후 키보드를 잡았다. 기분이 한결 나아졌다.

"사용자 그룹은 어땠어요?" 저장소를 옮기며 리오가 물었다. 그녀는 깃허브에 로그인한 뒤 저장소를 새로 만들었다. "CacheClear로 할까요, CacheIsKing으로 할까요?"

"CleverCacheClear, 줄여서 CCC는 어때요? 사용자 그룹은 잘 진행됐어요. 발표자 머런이 인상적이었어요. 어린 학생을 돕는 청소년 그룹을 만드는 일을 논의했어요. 머런의 동생이 사용자 그룹에서 다루는 내용을 어려워하는데, 사실 그 내용이 초보자에게 적합하지 않잖아요."

"도대체 그런 온갖 일을 할 시간은 어디서 나요? 이제 네임스페이스 이름을 변경할 수 있을 거예요." 리오가 키보드를 제임스 쪽으로 밀었다. 코드 저장소는 검은색 에디터에 열려 있었다. 제임스가 눈을 가늘게 뜨고 화면을 바라보았다.

"빌드하는 동안이나 긴 회의에 참석했을 때 계획을 세워요. 아니면 다들 탁구를 치거나 플레이스테이션 게임을 할 때요." 제임스는 몇 초 정도 걸려서 변경 사항을 작성했다. "됐어요. 이제 클라우드로 갈 준비가 됐네요."

키보드를 다시 가져온 리오는 난생처음 한 가지 작업을 주거니 받거니 하며 함께 일하는 게 자연스럽다고 느꼈다. 평소대로라면 싸우거나 혼자 작업하거나 키보드를 진작에 낚아챘으리라. 리오는 코드를 새 저장소에 푸시하고 패키지를 작성할 준비를 마쳤다.

"아, 씨." 리오는 문서를 확대했다. "여기 좀 보세요. '깃허브 패키지는 기존 리포지토리별 요금제를 사용하는 계정이 소유한 프라이빗 리포지토리에서 사용할 수 없습니다.'라는데요?" 마음에 들지 않았다. "제길. 그냥 공개 저장소로 바꿔야겠네요."

"그래도 괜찮겠어요? 당신 코드니까 하는 말이에요. 제가 보기엔 꽤 괜찮아요. 저는 다른 사람이 신경 쓰여서 공개 못 하겠더라고요."

어깨를 으쓱한 리오가 그대로 실행했다. "뭐, 누가 이걸 보겠어요?"

---

20 미국 힙합 그룹 'Wu-Tang Clan'을 의도한 말장난

13 COMMIT 감투가 꽤 많은 사람이라고요!

데이비드는 계단 위로 날듯이 뛰어올라 자기 집으로 향했다. 승전가를 흥얼거리는 그의 목소리가 복도를 울렸다. 유난히 습한 오후의 케임브리지에서는 보기 드문 광경이었다. 이웃들은 그가 다시 약을 시작한 게 분명하다는 결론을 내리고 그가 춤을 추며 본인들 집 앞을 지나가기 전에 빠르게 숨었다. 아파트 꼭대기에 도착한 데이비드는 빨간색 문을 힘껏 열고 집안으로 뛰어들었다. 그는 마치 서커스에서 탈출하는 아티스트의 마술처럼 단 한 번의 움직임으로 순식간에 재킷, 신발, 노트북 가방을 벗어 던졌다.

데이비드는 휴대전화를 꺼내서 에어팟을 연결한 뒤 망설임 없이 브라이언에게 전화를 걸었다. 그는 복도 거울에 비친 자기 모습에 감탄하면서 간간이 앞뒤로 서성댔다. '이봐, 당신! 그래, 당신 말이야!' 데이비드는 거울 속 자신에게 손가락질하며 윙크를 날렸다. '당신, 참 멋지네! 그 태닝한 피부를 잘 유지하라고!'

희미하게 들리는 "여보세요?" 소리에 그는 거울에서 떨어졌다. '빌어먹을 블루투스 연결이 계속 끊어지는군.' 그는 자신의 에어팟을 탁자 위로 던졌다. 에어팟은 마치 솔이 없는 두 개의 전동 칫솔모 같았고 충전기는 꼭 치실 용기 같았다. 거참, 웃기는군.

"브라이언이에요? 안녕하세요, 브라이언! 컨설트잇의 데이비드예요." 데이비드는 말을 이어가기 전에 잠시 멈추고 물을 한 모금 마셨다. 테이블 위에 하루인지 한 달인지 모를 기간 동안 방치했던 물이었다. 맴도는 열기에 물의 절반은 이미 증발했고 작은 거품이 맺혀 있었다. 그 미심쩍은 물 옆에는 곰팡이가 핀 커피 컵 여러 개와 음식을 담았던 접시, 면 요리 배달 용기, 두 개의 너겟, 반쯤 먹은 소시지가 놓여 있었다. "아주 좋은 소식이 있어요! 제가 성능 문제를 해결해서 쇼핑몰을 일찍 배포하게 됐습니다!" 데이비드는 거울로 돌아와서 자기 머리카락을 감상했다.

문밖으로 나가는 복도에서 양치질하는 그의 아침 루틴 때문에 거울에는 흰 얼룩이 잔뜩 튀어 있었다. 얼룩은 거울에 눈이 내리는 듯한 풍경을 연출했고, 2주에 한 번 아빠를 만나러 온 아이들은 아빠가 준비를 마칠 때까지 기다리며 눈송이를 한두 개씩 긁어내곤 했다.

"네, 제가 직접 성능 문제를 확실히 고쳤어요." 말을 이어가는 데이비드의 얼굴은 살짝 붉어졌다. "네, 그럼요. 저도 코딩하죠. 알다시피 저도 개발자예요. 감투가 꽤 많은 사람이라고요!"

자전거 헬멧 컬렉션과 틴더 프로필 사진에 쓰고 나온 카우보이모자를 계산에 넣지 않는다면 데이비드는 감투는커녕 모자 하나도 없었다. "쉽지 않았어요. 복사와 붙여 넣기로 만든 오래되고 엉망진창인 코드를 고쳐야 했지만 결국 해냈죠."

'내가 마감과 빠른 납품을 위해 밀어붙이지 않았다면 그들은 해낼 수 없었을 거야. 코딩은 누구나 할 수 있지만, 동기를 부여하고 프로젝트를 이끄는 건 아무나 못 하지.'

"얼추 최대 2~3주 정도 필요해요. 네, 알죠. 하지만 이번에는 진짜 마감일이에요. 지금까지 우리 팀 때문에 실망할 일이 있었던 건 죄송해요. 하지만 이번엔 상황이 다르고 제가 직접 더 개입했어요. 매처럼 주시하고 있거든요." 데이비드는 매처럼 깍깍거리는 소리를 내려다가 사실은 매 흉내를 잘 낼 수 없다는 걸 빠르게 깨달았다. 그는 사자 소리를 훨씬 더 잘 냈다. 고양이 소리도. 고양이는 쉬웠다. 어떤 야옹 소리든 낼 수 있었다. 데이비드의 아들 새뮤얼은 그가 내는 사자 소리를 좋아했다.

"물론이에요. 그렇게 하시죠. 다음 주에 회의 초대장을 보낼게요. 이제 유치원에 아이들을 데리러 가야 해서 이만 끊겠습니다."

대화를 마친 그는 세련된 비즈니스 캐주얼 차림에서 아빠다운 복장으로 빠르게 옷을 갈아입은 뒤 노트북 등의 전자기기를 막내가 찾을 수 없도록 맨 위 선반으로 옮겼다. '조그만 도둑놈 같으니…' 그리고 들어올 때처럼 빠르게 계단을 뛰어내려갔다. 마치 마법사처럼 들어왔던 사람과는 다른 사람이 되어서 떠났다.

아빠로 변신한 데이비드는 버스 뒷자리에서 빈자리를 발견했고 나이 든 이웃에게 고개를 끄덕여 인사한 뒤 휴대전화를 꺼냈다.

"여보세요, 제임스. 아까 브라이언에게 전화해서 우리가 성능 문제를 고쳤고 일찍 납품할 거라 알려줬다는 걸 말해주려고 전화했어요." 그는 휴대전화를 손으로 가리고 노부인에게 입 모양으로 '죄송합니다'라고 벙긋댔다. 그녀는 입술을 꼭 다물고 몸을 돌려 스쳐 지나가는 바깥 세계를 흐릿한 눈빛으로 응시했다. "네, 네. 아직 여러분이 새 마감일을 정하지 않은 건 알지만, 해결책이 분명히 있으니 작업을 일찍 마무리해야 해요. 그냥 그렇게 되도록 해봐요. 테스트는 제가 도와줄게요." 순간 진동이 울려 확인하니 리오에게서 걸려

온 전화였다. 젠장. 리오를 통화 상대에 추가했다.

"데이비드, 당신. 브라이언에게. 뭐라고. 했죠?"

제임스가 한숨을 쉬었다. "우리가 납품을 일찍하는 모양이예요…."

데이비드가 물었다. "두 사람 지금 같이 있어요?"

리오는 화가 난 듯 낮은 목소리로 말했다. "네…. 하지만 통화는 계속하되 이 방에서는 나갈 수 있으면 좋겠군요. 소리를 질러버릴지도 몰라서요."

제임스가 웃었다. "저는 인턴이라서 어쨌거나 괜찮아요. 언제든 학교로 되돌아가서 연구라는 그늘에 몇 년 더 숨을 수 있거든요." 그는 목소리를 낮췄다. "하지만 데이비드, 우리 정말로 시간이 모자라요. 그런데 팀을 대표해서 일정을 더 줄이겠다고 새로 약속해버리면 어떡해요."

"그냥 그렇게 되도록 만들어요." 데이비드가 대답했다.

"만약 그 망할 지원 업무에서 저를 빼준다면…."

"리오, 아키텍트만요. 아키텍트만 면제라고요." 몹시 화가 난 데이비드는 똑같은 이야기를 반복하는 데 지쳐 아빠 모드로 돌아갈 준비를 하고 있었다.

"저도 이제 아키텍트예요. 제기랄. 아닌가요? 미카엘이 그 작은 래빗을 불량한 브로커로 만든 것보다 훨씬 대단한 일이라고요." 리오는 더 이상 참지 않았다.

"만약 당신이 이걸 작동시키고 프로덕션에 배포한다면 당신을 멜빈 자리에 앉히는 걸 생각해볼게요. 개발 관리자가 동의한다면요. 하지만 보여줄 것이 있어야 해요. 프로덕션이어야 한다고요."

제임스가 목청을 가다듬었다. "음, 우린 프로덕션밖에 없는데요. 개인 로컬 환경 다음에는 바로 프로덕션이거든요."

"전 거기에서 작동하는 걸 보고 싶은 거예요." 데이비드가 말했다.

"제가 문제를 고치면, 지원 업무는 안 해요. 맞죠?" 리오는 확답을 원했다.

"제가 처음에 한 말, 제대로 들었잖아요."

두 사람이 주고받는 빈정거림은 데이비드가 내릴 정거장을 지나칠 뻔할 때까지 계속됐다. "잠깐만요." 데이비드가 외쳤다. "실례합니다! 멈춰주세요! 저 여기서 내려야 해요!" 버스가 끼익하는 소리를 내더니 쿵 하는 울림과 함께 급정거했다. "이만 끊을게요!" 그는 전화를 끊고 버스에서 내렸다. 이메일 알림이 눈에 들어왔다. 브라이언은 조금 전 통화 내용에 신이 나서 데이비드가 새로운 성능 지표를 보내주길 원했다. 상황이 다시 좋아지고 있었다. 그는 울타리 건너편에서 그가 있는 쪽으로 뒤뚱거리며 걸어오는 새뮤얼에게 손을 흔들어주었다. '어쩌면 올해 연봉이

인상될지 몰라. 나한테 정말 필요하다고.'

"안녕하세요, 매닝 씨!" 꽃무늬 원피스를 입고 분홍색 앞치마를 두른 부드러운 인상의 여성이 문을 열고 마침내 죄수를 석방하듯 새뮤얼을 밖으로 내보냈다. "새뮤얼이 다시 흙을 집어먹고 있어요." 새뮤얼 방향으로 고개를 끄덕이며 짓는 사랑스러운 미소 때문에 그녀의 얼굴에는 자잘하게 주름이 잡혔다. 인생이 남기는 흔적이겠지, 유치원에 있는 아이 한 명마다 하나씩. 새뮤얼은 입가를 닦고 순한 얼굴로 아빠를 바라보았다. 흙은 제대로 펴지지 않은 마스크 팩처럼 새뮤얼의 얼굴을 뒤덮고 있었다.

"무슨 말씀인지 알겠네요. 새뮤얼, 이리 온. 형 데리러 가자." 그에게는 확실히 연봉 인상이 필요했다. 아마도 그의 막내아들은 특별한 아이일 확률이 상당히 높았다.

14 COMMIT 최악의 시나리오

프랭크가 만든 끈끈한 시럽은 따뜻한 물과 잘 섞이지 않았다. 섞일 리가 없었다. 리오는 두 층으로 나뉜 액체에 스푼을 꽂아 넣은 채 표면에 떠오르는 시럽 방울을 바라보았다. 그녀는 필사적으로 스푼을 휘저었다.

프랭크가 리오 앞으로 뛰어들어 호들갑을 떨듯 양손 엄지손가락을 치켜들었다. "축하해요!"

리오가 삼킨 커피는 신발 밑창에 묻은 껌처럼 목구멍에 들러붙었다. 그 향과 농도가 마치 곰팡이와 오래된 가죽 같았다. 리오는 콜록거리다가 씩씩거렸다. "저임신 안 했어요." 얼굴이 벌게진 리오가 말했다.

"그 얘기가 아니에요. 임신 안 한 거 알아요. 혼자 그런 일을 저지를 타입이 아니잖아요." 프랭크가 집어 든 컵에 커피를 쏟아부었다. "그 쇼핑몰 축하한다고요. 데이비드에게 코딩을 허락했다고 해서 의외였어요. 알잖아요, 지난번 일도 있었는데. 그날 참 고객 지원 전화를 많이 받았었죠."

커피를 한 모금 더 삼킨 리오가 맛 때문에 몸서리쳤다. "데이비드한테 코딩 허락한 적 없는데요. 그가 아무것도 코딩하지 못하게 막은 지도 벌써…" 리오가 휴대전화에서 메모장 앱을 열었다. "오늘로 61일째네요. 앞으로도 그럴 거고요."

프랭크가 턱을 긁적였다. "음. 데이비드는 자기가 코드를 작성했다고 하던데요. 자기가 성능 문제를 해결했다고요."

리오의 눈이 번쩍 뜨여 눈동자가 오레오 쿠키만큼이나 커졌다. "뭐라 그랬다고요?"

"자기가 코드를 작성했다고요. 코드를 작성하면서 며칠 밤을 고생했다고 그러던데요. 데이비드 알잖아요. 맨날하는 그 과장 가득한 독백 있잖아요. 중간 정도까지만 듣다 말았는데 데이비드는 아마 내가 안 들었단 것도 모를걸요." 프랭크가 어깨를 으쓱했다.

"뭐 이런!" 보기 드물게 리오의 목소리가 커졌다. "데이비드가 제 공을 가로챈 거예요! 자기 팀에 전문가가, 유능한 인물이 있다는 걸 잊었거나 잊은 척하는 모양이군요. 내가 아무리 잘해도 탐탁지 않게 여기겠죠!" 리오의 눈이 초점을 잃고 흐려졌다. 컵을 조리대에 내리치는 그녀의 눈에서 눈물이 떨어졌다. "**전 이제 지원 업무에 갇힌 채로 로봇에게 제 자리**

를 뺏길 날만 기다리겠죠! 그러고는 평생 제 직업과 인생을 혐오하며 결국 혼자 쓸쓸히 늙어버리고 말 거라고요. 염병할 데이비드." 리오의 분노는 사그라들 줄 몰랐다.

"아이고. 엄청나네요. 너무 신경 쓰지 마세요, 제 일이 당신에겐 최악의 시나리오군요." 프랭크는 두 손을 들었다. "그래도 너무 최악의 상황을 생각하지는 말자고요." 프랭크는 리오 뒤에 있는 누군가를 향해 손을 흔든 뒤 리오를 지나치며 그녀의 어깨를 두드렸다. "가봐야겠네요. 지원 호출이에요. 그 사이트 작업은 훌륭했어요. 그리고 데이비드에게 맞서기 전에 한숨 좀 돌리세요." 프랭크는 모퉁이를 돌아 사라졌다. 그가 사라진 자리에는 커피 컵만 덩그러니 남았다.

화가 난 리오는 전투에서 패배하고 돌아오는 병사처럼 쿵쿵거리며 자신의 피난처로 향했다. 패배감과 분노가 들끓었지만, 장애인용 화장실이 비어 있다는 사실에 감사했다. 화장실에 들어간 그녀는 한 시간 정도 마음을 가라앉히며 노트북을 열고 작업했다. 대부분은 다른 프로젝트에 있는 EmailUserPassword 메서드를 복사해서 붙여 넣는 일이었다. 로그인 부분에 문제가 많았고, 고객들이 오류 메시지에 관해 묻는 문의 전화가 많았다고 프랭크가 불평한 적이 있었다. 리오는 IgnoreError 메서드를 추가하고 '로그인 오류는 무시할 것'이라는 주석을 달아두었다.

리오는 휴대전화를 꺼냈다. 잠금화면은 활성화되지 않았고 휴대전화는 몹시 뜨거웠다. 그녀는 전화기를 턱에 갖다 댔다. 어쩌면 이렇게 해서 어느 날 암에 걸리거나 5G 칩이 이식될지도 모를 일이었다. 어둑한 욕실 조명 아래에서 메시지 앱이 반짝였다. 공허한 '읽음' 표시가 답장을 기다리고 있었다.

> **아빠**　🔔
> *리오나르다, 바쁜 건 알지만 혹시 이메일이 안 가는 거니?*
> *보고 싶구나.*

리오는 휴대전화를 집어넣고 손을 씻었다. 거울에 비친 자기 모습을 바라보고 한숨을 쉬고는 화장실 상담소를 떠났다. 모든 중요한 사고가 그곳에서 마무리되었다.

15
COMMIT

아주 악취가 나네요

리오는 화장실을 빠져나오며 자신이 그 안에서 노트북과 함께 상당한 시간을 보냈다는 걸 아무도 눈치채지 못하길 바랐다. 사실 화장실에서 시간을 보내는 게 리오만은 아니었다. 화장실 바닥에는 누가 갖다 놓았는지 사탕 포장지와 고양이처럼 보이는 아마추어 수준의 그림이 그려진 공책이 있었다. 하지만 그녀의 바람과 달리 안타깝게도 화장실이 개방형 사무실을 마주하고 있는 데다가 근무 시간이 끝날 무렵이어서 아무도 눈치채지 않기는 어려울 것 같았다. 제임스가 리오의 이름을 크게 부른 것도 도움이 되지 않았다.

"리오! 여기 있었네요! 사라진 줄 알았잖아요! 설마 또 프랭크 커피를 마신 거예요? 아니면 어디서 시원찮은 초밥이라도 먹었나?"

리오는 주춤하며 대답했다. "아뇨. 괜찮아요. 그냥 잠시 개인적인 시간이 필요했어요."

제임스는 콧잔등을 찡그렸다. "얼굴이 빨갛고 땀도 약간 난 거 같은데요."

'그런 걸 대체 왜 지적하지?'라고 생각하며 리오가 말했다. "굳이 언급해줘서 고맙네요, 제임스. 제가 추구하는 새로운 스타일이에요. 상기된 얼굴 스타일이죠."

"어쨌거나 지원팀 사람들이랑 같이 펍에 가자고 찾고 있었어요. 펍을 좋아하지 않는 건 알지만 그래도 일 끝나고 같이 가면 좋을 것 같아서요. 이번에 해낸 훌륭한 성과를 축하해야죠. 진짜로요."

"아, 고마워요. 그런데 전 잘 모르겠어요." 리오는 입술을 깨물고 손에서 미끄러질 뻔한 노트북을 부여잡았다. 그녀는 사무실 공간을 훑어보았다. 하찮은 일개미들이 각자 할 일을 하고 집을 짓느라 바빴다. "미카엘도 같이 가나요?"

"아닐 거 같은데요? 미카엘이 오면 좋겠어요?" 제임스가 물었다.

"그럴 리가요. 와봐야 성능 라이브러리에 대해 궁금하지도 않은 조언을 늘어놓겠죠. 전 지금 아키텍트는 상대하고 싶지 않아요." 아키텍트라는 단어를 말할 때 그녀는 손가락으로 따옴표를 그리며 빈정거렸다.

제임스는 리오와 함께 사무실을 다시 한번 훑어보았다. 미카엘은 보이지 않았다. 제임스는 눈살을 찌푸리며 계속 둘러봤다. "무슨 말인지 알아요. 성능 문제를 논의하기 딱 좋은 사람이라고 보긴 어렵죠."

리오는 킥킥거리면서 고개를 끄덕였다.

"그건 함께 간다는 뜻인가요?" 제임스가 그녀를 따라 웃었다.

"모르겠어요. 사람들하고 어울리는 건 좀. 알잖아요?" 리오는 어깨를 으쓱했다.

"부담 갖진 말아요. 하지만 재밌을 거예요. 머런도 올 거고요. 아시죠? 제가 말한 사용자 그룹의 그 사람이요. 리오를 만나고 싶어 해요. 제가 당신이랑 일한다고 했더니 좋아서 방방 뛰던걸요. 그 친구도 사람들하고 어울리는 거 꽤 어려워하는 편이라 공통점이 있을 거예요."

"와, 그건 그냥 이상한데요. 방금 한 말로는 가고 싶은 마음이 전혀 생기지 않는 거, 알죠?"

"다음 청소년 그룹 회의를 계획하는 거 좀 도와주세요. 첫 회의는 아주 엉망이었거든요. 아주 바보 같은 짓을 해버렸어요." 제임스가 말했다.

리오는 얼굴에 흘러내린 머리카락을 쓸어 넘기며 반쯤 미소를 지었다. "오, 그 얘기는 더 듣고 싶네요!"

"물론 그렇겠죠! 그 얘길 더 들으려면 당신 팬부터 만나봐야 할 거예요. 머런도 그 자리에 있었는데 그날 벌어진 상황을 좋아하지 않았거든요." 제임스가 덧붙였다.

"제가 화해의 선물인가요?" 그녀는 여전히 히죽대며 말했다.

"네, 맞아요. 가장 좋은 선물이죠." 제임스는 미소를 지으며 대답했다.

엘리베이터 도착음이 울리자 모두 지상층으로 내려가기 위해 열다섯 칸의 계단 대신 엘리베이터에 끼어 탔다. 리오가 업무 외 행사에 참여하는 건 이번이 두 번째였다. 면접에 참여하고 이루어진 업무 외 모임을 계산에 넣는다면 말이다. 몇 년 전에 있었던 일로, 미카엘의 기술 면접을 마친 후였다. 프론트엔드 팀이 '낡았다'는 이유로 두 달 만에 세 번째로 프론트/엔드로 바뀐 즈음이었다. 앵귤러에서 리액트로, 렉탱귤러로, 콤팩트로 옮긴 셈이었다. 당시 제임스는 재학 초기에 이른 인턴십으로 팀에 합류한 지 얼마 안 된 때였고 그 면접에서 리오를 도왔다.

"환영해요." 데이비드는 총 다섯 번의 모든 면접에 끼어들었는데, 그게 마지막 면접이었다.

"…데이비드, 기술 면접에 참여할 필요는 없다니까요." 데이비드가 들어오자마자 리오가 말했다. "요리사가 많으면 수프 맛이 떨어진다고요."

데이비드가 눈살을 찌푸렸다. "주방장은 저예요. 여러분은 보조고요."

리오는 눈을 홉뜨고 빈 의자를 향해 고개를 끄덕였다. 그녀는 데이비드를 향해 손짓했다. "이 사람 전에 만나봤죠? 프로젝트 리더가 프로젝트 매니저 겸 프로젝트 오너가 되었어요. 솔직히 그 둘의 차이는 아무도 모르지만요."

미카엘은 진땀을 뻘뻘 흘렸고 불안한 미소가 그의 얼굴을 스쳤다. 그날 업무가 끝날 무렵에 진행된 다섯 번째 면접이었고, 어찌 된 일인지는 모르겠지만 이들은 깜빡하고 그에게 음식을 제공하지 않았다.

"쉬는 시간 좀 드릴까요?" 리오는 잔에 물을 채워서 미카엘 쪽으로 내밀었다.

"전 괜찮아요. 좋습니다. 그냥 좀 부담스러워서요. 어젯밤에 잘 자지 못했어요. 악몽을 꿨거든요." 그는 윗입술에 고인 땀을 삼켰다.

"그래요?" 그의 꿈에 관심 있는 사람은 아무도 없었지만, 내심 궁금하다는 듯 반응해주었다.

그는 초조한 듯 웃었다. "당신이 제게 다시 전화하는 꿈을 꿨어요, 데이비드."

"그건 정말 악몽이었겠어요." 리오가 물 잔 뒤로 숨긴 미소가 뜻하지 않게 굴절되며 캐리커처럼 확대되었다.

"그리고 면접이 두 번 더 있다고 말했어요. 전 '으아, 안 돼요!'라고 했죠." 그는 자기 머리카락을 쥐어뜯는 시늉을 했다.

데이비드는 그리 즐겁지 않은 듯 낮은 목소리로 답했다. "그럴 수 있죠. 큰 회사들도 다 그렇답니다. 면접을 여러 번 보죠."

컨설트잇도 오피스 바^{office bar}와 플레이스테이션을 갖춰 두긴 했지만 구글이나 마이크로소프트 같은 회사는 아니었다. 마라톤 면접은 컨설트잇과 대기업의 몇 안 되는 공통점 중 하나였다.

"그냥 농담이에요. 전 괜찮아요. 시작하시죠." 미카엘은 물을 크게 한 모금을 마시고 낄낄 웃으며 말했다. "입을 못 다물어서 큰일이에요."

"턱이 빠졌어요?" 데이비드는 의자를 뒤로 굴렸다.

리오는 천천히 하품했다. "데이비드, 그냥 비유였…잖아요."

"지금 나한테 욕하려고 했죠?"

"비유라고요, 비유. 턱이 빠졌다는 소리가 아니라 말이 많다고요. 됐어요. 넘어가죠." 리오가 설명했다. 이런 분께서 퍽이나 코드를 작성하시겠다고 그녀는 속으로 생각했다.

데이비드는 고개를 끄덕이고 의자를 다시 안쪽으로 끌고 들어왔다.

리오는 알록달록한 에디터를 외장 모니터로 끌어와서 몇 분 동안 해상도에 맞는 글꼴 크기를 알아내려 노력했다. 코드를 확대했다가 축소하는 어지러운 과정을 거친 끝에 코드에는 큰 글꼴을, 나머지에는 전부 작은 글꼴을 적용했다. "윈도우는 글꼴 크기에 있어서 친절한 법이 없네." 리오는 중얼거리며 아랫입술을 깨물고 10단계나 깊은 곳에 있는 폴더 하나를 찾아내 열었다. 여러 매니저와 헬퍼, 몇 개의 유틸리티 클래스가 있었다.

"자, 이게 우리 옛날 코드예요. 전 레거시나 빈티지라고 부르는 걸 더 좋아하지만요."

제임스가 웃었다. "빈티지, 그 표현 마음에 드네요."

"네, 아니면 레트로라고 불러도 좋아요. 재사용 여부나 연식에 따라 다르겠지만, 우리가 어떻게 부르든 간에 대개 그냥 오래된 쓰레기에 지나지 않거든요. 하지만 빈티지라는 표현을 가장 좋아해요. 원래 상태로 보존하기 위해 우리가 애쓰고 있는 건 분명하니까요."

제임스는 화면 위쪽을 가리키며 말했다. "하지만 레트로도 남아 있죠. 스택 오버플로에서 붙여 넣은 부분에는 출처 URL을 주석으로 남겼났네요. 부끄러운 줄도 모르고요. 리오가 작성한 코드죠?"

리오는 탁자 아래에서 제임스를 발로 걷어차고 미카엘 쪽으로 돌아서 마우스와 키보드를 그쪽으로 밀었다. 이들은 전에도 미카엘이 작성한 코드를 본 적이 있었다. 사실 미카엘의 과제 역시 다른 지원자들의 코드처럼 이미 관리 플랫폼에 추가되었다. 관리 플랫폼은 이미 누더기가 되었고 문제가 많아 보였지만, 어쨌든 비용 없이 해결되었다. 시간을 비용으로 치지 않는다면.

"읽고 피드백 좀 주세요." 리오가 모니터 쪽으로 손짓했다.

정적이 흘렀다.

"오" 미카엘이 얼굴을 찌푸렸다. "알겠어요. 오, 안 돼요. 오, 오." 부엉이처럼 그는 몇 분 동안 오, 오 소리를 반복하더니 얼굴을 찡그렸다. "코드에서 아주 악취가 나네요."

"어떤 부분이요?" 리오는 그의 얼굴이 펴지길 기다렸지만, 몇 초가 고통스럽게 더 지날 때까지 그의 얼굴은 펴지지 않았다.

미카엘은 깔끔하게 손질된 손으로 큰 원을 그리면서 화면의 테두리를 두르는 시늉을 했다. "스태틱static이요, 스태틱이 너무 많아요. 그게 바로 코드 악취예요."

"어째서요?" 리오가 물었다.

"그냥 그런 거예요. 누구나 다 아는 거잖아요." 흔들림 없는 답변이었다.

"설명 좀 해주세요."

미카엘은 조용히 아래위로 스크롤했다. 바빠 보였다. "그냥 저라면 이렇게 안 할 거예요. 악취가 심해서요."

"스태틱이 간혹 쓰인다면, 어떤 이유 때문일지 얘기해 줄 수 있을까요?" 제임스가 물었다.

미카엘은 난폭하게 고개를 저었다. "저라면 절대 허용하지 않을 거예요. 그냥 지워버리죠."

"거기서 초래되는 결과가 있을까요?" 리오가 커피를 손에 들고 뒤로 기대며 물었다.

"네, 코드가 더 나아질 거예요." 미카엘이 으르렁거리듯 답했다.

제임스는 입을 벌렸으나 아무 말도 하지 않았고, 행여 발로 차일까 봐 다리를 최대한 리오와 멀리 떨어진 곳으로 옮겼다.

리오가 화면을 넘겨받아 맨 위로 스크롤했다. "좋아요. 여기 이 부분으로 넘어가죠. 생성자^{constructor} 부분이요."

"네, 그게 코드 악취예요." 미카엘이 팔짱을 꼈다.

"어떤 부분이요?"

"생성자요. 변수가 너무 많아요. 악취가 나요." 그는 악취를 날려버리듯 자기 코앞에서 손을 휘저었다.

"본인이라면 어떻게 하겠어요?" 또다시 리오가 물었다.

"저라면 그렇게 안 하죠."

'별 도움이 안 되는 답변이군.' 리오는 생각했다. "제안할 거라도 있으신가요?"

"그렇게 하지 말아야죠." 오만한 대답이었다.

"좋아요. 악취 나는 코드에서 잠시 떨어져서 숨 좀 쉬게 해 드리죠." 리오는 제임스 쪽으로 고갯짓하며 그에게 질문하라고 권했다.

미카엘은 숨을 잔뜩 들이쉬었다가 입술을 오므리며 뜨거운 숨을 내쉬었다. "아이고, 살았네!"

"성능 얘길 해보죠." 제임스가 제안했다.

"성능 중요하죠!" 미카엘이 외쳤다.

'얼씨구?' 리오는 생각했다. "네, 정말 중요하죠. 미카엘 씨는 성능 문제를 어떻게 프로파일링하나요?"

"제가 뭘 어떻게 하냐고요?" 미카엘이 대꾸했다.

"성능을 어떻게 평가하고 측정하냐고요." 리오는 강조하며 질문을 되풀이했다.

"경험을 통해서요. 느리게 느껴진다면 느린 거죠." 그는 사무적으로 답했다.

"기준은요? 벤치마크는?" 리오에게는 정확한 기준이 필요했다.

"전과 후의 느낌을 비교해요." 미카엘은 자기 머리를 톡톡 두드렸다. 리오는 그 텅 빈 방에서 울리는 노크 메아리를 분명 들은 것 같았다. 그 방에선 '악취 나는 코드'라는 제목의 망가진 레코드가 끊임없이 돌고 있으리라.

"도구는 안 써요?" 그녀가 물었다.

"가끔 휴대전화에 있는 스톱워치 기능을 쓰긴 했죠."

제임스와 리오는 시선을 교환했다.

"네, 네. 그럼 디버깅은요? 디버깅은 어떻게 해요?" 리오는 더 강조하며 물었다.

"전 그런 걸 안 만들죠." 미카엘이 말했다.

"뭘요?"

"버그요."

면접을 끝낸 데이비드는 엄청나게 만족했다.

"유독 순조로웠네요! 완벽한 컨설턴트예요!"

"헛소리 수준이 뛰어나서요?" 리오는 노트북을 덮고 메모를 살펴본 뒤 돌돌 말아서 쓰레기통으로 던졌다.

"로마식으로 해보죠. 다들 엄지손가락 드시고, 업? 다운? 합격이에요, 탈락이에요?" 데이비드는 열정적으로 엄지손가락을 치켜들며 자기 표를 던졌다.

제임스와 리오는 동시에 엄지손가락을 아래로 내렸다. "저는 반대예요." 리오는 다른 한 손의 엄지손가락도 내리며 고개를 저었다. 제임스가 고개를 끄덕이며 말했다. "안 돼요. 반대표가 네 개라고요."

일주일 후 미카엘이 채용되었다. 리오에게 설명할 수 없는 사랑의 열병에 빠진 이 아키텍트는 제임스에게 "리오가 분명히 끼를 부렸어요."라고 말했다. 제임스는 격하게 고개를 저으며 분명 그렇지 않을 거라고 단언했다.

알림을 켠 적이 없어서요

펍은 어두웠고 곰팡이와 오래된 맥주 냄새가 또렷하게 감돌았다. 천장에 달린 노란 스포트라이트 조명이 내는 어두컴컴한 불빛은 이미 지나간 유통기한과 어두운 구석에 숨어 있는 사람들을 가려주었다. 끈적한 바닥 때문에 발길이 떨어지지 않는 건지 한번 들어온 손님은 오래 머물렀고 펍에 상주하는 초파리들은 들어오는 손님들에게 정중하게 거리를 지켜주었다.

리오가 피터버러에서 펍을 찾은 건 이번이 처음이었다. 사무실에서 나올 때는 10명 정도 되는 무리가 함께 나와 각자의 하루와 지난 몇 주간의 날씨를 이야기하며 출발했지만 모퉁이를 돌 때마다 하나둘 빠져나가 펍에 도착했을 즈음 남은 사람은 리오와 UX 담당 스테판, 회계부의 어맨다, 제임스, 이렇게 4명뿐이었다. 어맨다는 남편의 퇴근을 기다리다가 함께 차를 타고 갈 생각이었고, 스테판은 대체로 조용하게 조심스러운 태도를 유지했다. 어쩌면 사용자 경험이 그의 유일한 사회적 경험일지 몰랐다.

제임스가 혼자 열심히 떠들었지만, 리오는 주의를 기울이지 않았다. 이들은 끈끈한 바 테이블에 몸이 닿지 않게 조심하며 일렬로 자리를 잡았고, 큰 소리로 바텐더를 불러 음료를 주문했다. 스테판은 초파리가 이스트균의 과일 향에 특히 매력을 느낀다는 이야기를 꺼냈다. 발효 음료에는 초산에스테르를 생산하는 특정 유전자가 있어서 거기서 나는 향이 초파리를 끌어들이고, 이를 맛본 초파리는 그 자리를 떠나지 못한다는 이야기였다. 초파리가 선호하는 술의 도수는 6%, 리오가 선호하는 도수의 절반이었다. 스테판은 낯선 사람들과 대화하기 위해 정보를 활용하는 편이어서 리오가 초파리를 손으로 쫓는 모습을 불필요한 정보를 꺼낼 기회로 보았다. 사회성이 부족한 사람이 사회성이 부족한 다른 사람과 대화하는 방식이었다.

"리오, 뭐 마셔요?" 제임스가 외쳤다.

"그냥 맥주요. 결속력도 다지고 재밌는 이야기도 들으려고요. 여기는 와인을 제대로 숙성하는 게 아니라 그냥 오래 방치하는 모양이에요." 먼지 쌓인 선반 맨 위 가장자리에 놓인 와인은 마치 약간 자살 충동을 느끼는 듯 우울한 모습으로 아슬아슬하게 균형을 잡고 있었다. 금방이라도 마법의 가루와 산산이 조각난 꿈을 흩뿌리며 세상과 작별할 준비를 하는 듯 보였다. "우리가 이 가게 평균 연령을 확실히 낮추고 있네요." 리오는 가늘게 뜬 눈으로 펍 내부를 훑어보았다. 손님은 대부분 70대 이상의 남성으로 보였다.

스테판이 고개를 끄덕였다. "손님이 그나마 얌전한 곳은 여기뿐이에요. 피터버러의 다른 펍에 비해 싸움이 거의 없는 편이죠."

'다들 싸울 기운이 없는 모양이지.' 리오는 맥주로 쟁반의 균형을 맞추고 제임스를 따라 더 안쪽으로 들어갔다. 안쪽 테이블에는 한 젊은 남자가 앉아 있었다. 휴대전화에서 나온 빛이 얼굴을 밝히며 머리 주변으로 희미한 후광을 만들고 있어서 명확히 보이는 건 그의 얼굴뿐이었다. 어두운 피부와 이목구비에 짙은 색상의 오버사이즈 블레이저와 청바지 덕에 다른 부분은 잘 보이지 않았다. 그는 자기 휴대전화를 뚫어지게 응시하며 천천히 턱을 문지르다가 제임스의 목소리를 듣자마자 벌떡 일어나 느긋하지만 따뜻한 미소를 지으며 손을 내밀었다. 리오는 그 사람이 이미 맥주를 두세 잔쯤 마셨다는 걸 알 수 있었다.

"이 펍에서 가장 어린 손님, 머런을 소개할게요." 제임스는 싱긋 웃었다. 머런은 장난스럽게 주먹으로 제임스의 어깨를 쳤다.

일행들은 돌아가며 머런과 악수하고 자신의 이름을 큰 소리로 말했다.

"안녕하세요. 전 리오예요." 그는 리오와 악수할 때 몸을 앞으로 기울이고 다른 쪽 손을 가슴에 얹으며 그녀와 눈을 마주쳤다. 그는 블레이저 속에 밝은 노란색 티셔츠를 입고 있었다. '정말 독특한 조합이군.'

"만나서 반가워요. 제임스에게 당신 얘기 많이 들었어요." 제임스는 그가 수줍어한다고 했었다. 그리고 그가 그녀를 무척 만나고 싶어 하니 먼저 말을 걸어달라고 부탁했다. '연애 감정은 아니에요!'라고 제임스가 장담했었다.

"리오! 라르손!" 머런은 눈이 동그래져서 리오의 손을 잡았다. 나머지 일행은 그녀를 배신하고 조용히 옆에 서서 어색한 기운이 퍼져나가는 걸 지켜보았다. 리오는 땀이 모여 있는 눈썹을 치켜올리며 못마땅하다는 듯 제임스를 바라보았다. '무슨 일이 일어나고 있는 거냐'며 따지는 듯한 표정이 감춰지지 않았다. 만약 이 미성년자처럼 보이는 사람과 소개팅해주려는 시도라면 제임스를 죽여야 할지도 모르겠다. 진짜 부질없는 행위고 둘 다 그런 일에 적합한 인물도 아니었다.

"자, 자! 다들 자리에 앉죠! 감자튀김이나 땅콩이라도 주문할까요?" 제임스가 머런을 안으로 밀자 그는 균형을 잃고 자기 의자로 쓰러지며 마지못해 리오의 손을 놓았다. 리오는 자기 손을 주무르며 자리에 앉았다.

"뭘좀 먹을까요?" 리오는 테이블 위 망가진 메뉴판을 보았다.

제임스는 웃었다. "퇴근 후에는 먹기보다 마셔야죠. 그리고 여기서 뭘 먹는 건 추천하지 않겠어요."

"남편이 와서 가야 해요. 원한다면 나가는 길에 이쪽 테이블로 종업원 보낼게요… 리오?" 휴대전화로 문자 메시지를 보내던 어맨다가 일어나며 말했다. 신경 쓰는 사람은 없어 보였고 어맨다는 손을 흔들며 펍의 어둠 속으로 사라졌다.

리오가 파르메산 치즈를 올린 치킨커틀릿을 주문하는 동안 머런은 그녀와 눈을 마주치려 노력했다. 리오는 평소 지루하게 살았고 관심을 받는 데 익숙하지 않았기에 주변에 불편한 기운이 가득 차서 숨쉬기 어려울 지경이었다. 알코올이 약간 도움이 되는 것 같아 음식이 도착하기 전에 맥주를 마셨다. 리오는 양해를 구하고 맥주를 한 잔 더 사러 갔다. 뉴스를 읽고 이메일을 확인하고 늑장을 부리며 바에서 맥주 반 잔을 마시다가 주문한 음식이 테이블로 나오는 걸 보고 자리로 돌아갔다.

"가신 줄 알았어요!" 머런이 얼른 리오에게 다가와서 어맨다가 앉아 있던 리오 바로 옆 자리로 옮겨왔다.

리오는 치킨커틀릿을 내려다봤다. 마치 모든 걸 태워 버릴 듯한 온도에 3시간 동안 구워지려고 천 번도 넘게 다시 일어난 불쌍한 불사조 같았다. 치킨은 벽돌만큼이나 딱딱하고 축축했으며 어찌 된 일인지 허여멀겠다. 감자튀김은 산패한 기름을 눈물처럼 뚝뚝 떨어뜨렸고 구석에 몰려있는 샐러드는 빛깔 없이 축 늘어진 모습이 꼭 경고라도 하는 듯했다. 다음은 당신 차례라고.

"음, 전 안 먹을래요. 먹고 싶은 분?"

"제가 주방으로 돌려보낼게요. 당신을 위해서요." 머런은 의욕적으로 이야기하며 그릇을 들었다.

"절대 안 돼요. 너무 이상해요. 농담이에요?" 리오가 물었다.

"죄송해요….". 그는 자리에 앉으며 그릇을 옆으로 밀었다. "그냥 팬이라서 그랬어요."

"무슨 팬이요?" 그녀는 이해할 수 없다는 듯한 표정이었다.

"당신이요." 머런이 말했다.

테이블이 조용해졌다. 펍 내부 어딘가에서 두 노인이 논쟁을 벌이고 있었다. 주방에서는 무언가를 부수는 소리가 났고 스피커는 지지직거렸다.

리오는 뺨에서 나는 열 때문에 증발해버릴 것 같았다. "전⋯ 무슨 말씀인지 정말 모르겠네요."

제임스가 거들었다. "스웨덴 사람들 팬이에요? 그 얘길 하는 거예요?"

"아니에요! 제 말은, 스웨덴 사람들도 괜찮은 사람들이긴 한데요." 그는 자기 오른쪽 뺨을 문지른 후 테이블의 아주 살짝 갈라진 틈을 다시 만지작거렸다. "그게 아니라 라이브러리 때문이에요. 전 많은 프로젝트를 유지 보수하는데 당신이 작성한 건 정말 멋있었어요. 제임스가 당신이 그걸 만들었다고 말했을 때 전 농담하는 줄 알았어요. 모든 사람이 메인테이너가 누구인지 찾고 있거든요."

"무슨 라이브러리요?"

"CacheIsKing이요." 그는 어떻게 모를 수 있냐는 듯 감탄을 섞어 말했다.

리오는 제임스를 바라보았고 제임스는 그녀만큼이나 혼란스럽다는 듯 어깨를 으쓱했다.

머런은 자기 휴대전화를 리오 쪽으로 밀어주며 물었다. "이거요. 이거 당신 거잖아요. 맞죠?"

리오의 눈에 들어온 것은 자신의 저장소였다. 그녀의 저장소는 맞지만, 그녀가 기억하는 그대로는 아니었다. 저장소는 수백 명의 팔로워, 엄청난 양의 이슈와 포크, 풀 리퀘스트가 있었다. 그녀는 테이블의 한쪽을 부여잡고 마음을 진정시키려 노력했다. 호흡이 가빠졌고 얼굴에 열이 올랐다.

"괜찮아요?" 뒤에서 들리는 목소리에 리오는 화들짝 놀랐다. 걱정하는 듯한 남자의 목소리였다.

"저는, 아니⋯ 그냥 가벼운 공황 발작이 온 것뿐이에요." 리오는 서둘러 답하다가 너무 사적인 얘기를 했나 싶어 후회했다.

"아⋯ 치킨 때문인가요?" 머런은 혼란스러운 듯 물었다.

리오는 몸을 돌리며 조명이 어두워서 자신의 붉어진 얼굴을 아무도 보지 못했을 거라 굳게 믿었다. 남자는 토사물 같은 녹색 바탕에 겨자색 글씨가 쓰인 티셔츠를 입고 있었다. 펍에서 파는 티셔츠였다. 그 티셔츠의 디자이너는 색맹인 게 분명했다. 본인은 사랑스러운 갈색 티셔츠를 디자인하고 있다고 생각했겠지. 갈색은 누가 입어도 잘 어울리니까. 사실은 토사물 같은 녹색이었지만.

제임스는 키득거렸다. "공황 발작을 일으킨 건 치킨 같네요. 리오는 우리에게 정체를 들킨 걸 부끄러워하는 슈퍼스타고요."

스테판은 접시를 자기 쪽으로 당겼다. "제가 감자튀김을 먹을게요. 치킨은 미라가 되었으니 영면을 방해하지 않는 게 좋겠어요." 종업원은 조용히 멀어졌고 리오는 손으로 머리를 감쌌다. "이집트식으로 미라를 만들려면 2개월 이상 걸린대요. 아셨어요?"

"그렇다면 이집트 치킨이네요. 프라이팬에서 최소한 두 달은 있었던 것 같으니까요." 리오는 머런에게 휴대전화를, 스테판에게 접시를 넘겨주었다.

제임스는 그녀의 팔을 잡아당겼다. "이거 좀 봐요." 그는 눈이 휘둥그레져서 자기 휴대전화를 빤히 보고 있었다. 리오는 손가락 사이로 살짝 보았다. "뭘 더 보고 싶은 생각은 없는데요…."

"이건 분명 보고 싶을 거예요!" 제임스가 외쳤다.

제임스는 저장소의 인기를 보고 약간의 조사와 빠른 온라인 검색을 통해 그 라이브러리가 스택 오버플로에서 진짜 큰 인기가 있다는 걸 확인했다. 성능 캐시 문제를 어떻게 처리할지 묻는 게시글에 리오의 라이브러리를 사용하는 방법과 라이브러리 링크가 적힌 답변이 수천 번 추천받고 승인되어 상위에 올라가 있었다. 그 아래 또 다른 답변에는 사용 예시를 올린 블로그 글과 상세한 문서가 있는 포크 저장소(그리고 대기 중인 PR)가 링크되어 있었다. 그 질문은 그 주의 인기 질문과 답변 목록에 올랐고 그 달의 인기 질문 답변 후보였다. 리오는 믿을 수 없다는 듯 순위를 바라보며 중얼거렸다. "알림을 켠 적이 없어서요…."

"이메일도 전혀 안 읽잖아요." 제임스가 덧붙였다. 그리고 그 말도 사실이었다. '제가 이메일을 빨리 읽지 않고, 답도 하지 않으면 굳이 저한테 이메일을 보낼 사람이 있겠어요. 봐요. 저한테는 지원 업무가 정말 어울리지 않는다고요!' 리오는 자신의 이메일 습관에 대한 질문을 받을 때마다 이렇게 대꾸했다.

머런은 한동안 아무 말없이 리오를 응시했다. 스테판은 그가 눈을 깜빡이지 않는다고 걱정했다. 눈에 좋을 리가 없다면서.

머런은 목을 가다듬고 멈추었던 말을 이어갔다. "저한테는 정말 신나는 일이에요. 실제로 다른 메인테이너를 만나는 일은 드무니까요. 게다가 그런 메인테이너가 아가씨라니 정말—"

"여성이죠. 고마워요—" 리오가 정정했다.

"여성이라니 정말 멋져요. 오픈 소스 커뮤니티에 여성은 흔치 않잖아요. 하지만 걱정 마세요. 비밀은 아무에게도 밝히지 않을게요."

"내가 여성이라는 게 비밀이라고 보긴 어려워요." 리오가 답했다.

리오는 청바지, 티셔츠, 스니커즈 때문에 자기가 손해를 보고 있는 건 아닌지, 잠시 자기 스타일에 의문을 품었다. 그리고 본인은 그런 문제를 신경 쓰지 않으며 이 주제로 아빠와 수없이 논쟁했다는 사실을 떠올렸다. 아빠는 항상 그녀의 선택에 대해 걱정했다. 정확히는 선택을 너무 적게 한다는 걱정이었다. 아빠는 이를 인생의 특정 영역에 대한 무관심이라고 표현했다. 당시에는 멋 부리는 애들이 괜찮은 선택이라 여기던 맘 핏 청바지나 기발한 메시지가 적힌 딱 달라붙는 티셔츠가 의식적이고 실용적인 선택이었다. 착용감이 편한 스니커즈는 그다지 실용적이지 않은 색상이었어도 대부분의 드레스 코드에 잘 어울렸다. 화려한 행사에는 좀 안 어울릴 수도 있었지만, 어차피 그런 행사에는 초대받은 적이 없었다. 어쩌면 이제는 초대받을지 모르겠다. 어딘가에 바보 같은 이유로 유명해진 바보 같은 라이브러리에 상을 주는 시상식이 있다면 말이다.

그녀는 이메일을 확인했다. 뭔가 놓친 게 있을까? 깃허브 알림을 켜두지 않은 건 꽤 확실했지만, 며칠 동안 이메일을 확인하지 않았다. 제임스는 그녀가 이메일을 확인하는 것을 보고 그녀 쪽으로 기대며 낄낄댔다.

이상한 뉴스레터와 아빠가 보낸 '차라도 한잔하자'는 미확인 이메일을 빼면 그녀에게 온 유일한 이메일은 치과의사가 보낸 것이었다.

"오, 치과의사 마틴인가요? 제발 또 이상한 이야깃거리가 있다고 말해줘요." 제임스는 손뼉을 치며 말했다.

"아마 아무것도 아닐 거예요." 리오는 이거면 조금 전 존재가 드러난 팬덤에서 화제를 돌릴 수 있을지 모른다는 걸 깨달았다. 그녀는 머런 때문에 소름이 끼쳤고 모두 약간 취기가 오르고 있었다. 마틴의 이메일을 열어보기도 전에 휴대전화가 진동하자 리오는 꺅하고 소리를 질렀다.

제가 보낸 이메일 봤어요? – M.J.

"말도 안 돼…" 리오의 목소리가 사그라들었다. 그녀는 휴대전화를 붙잡은 채 말했다. "방금 자기가 보낸 이메일을 읽었냐고 묻는 메시지를 보냈어요. 지금 시간이 밤 9시 16분인데요!"

제임스가 헉하는 소리를 냈고, 스테판은 고개를 저었으며, 머런은 스테판을 쳐다보며 입 모양으로 무슨 일이 일어난 거냐고 물었다. 스테판은 회사에 있는 모두를 즐겁게 해줬던 치과의사 얘기를 머런에게 빠르게 업데이트해주었다. 그런 얘기를 리오가 직접 하는 일은 거의 없었다. 이런 정보는 대개 사무실 가십을 좋아하는 제임스가 간접적으로 전해주었다. 마틴은 이 경로를 통해 새로운 고객을 꽤 얻었다. 이 이상한 치과의사가 누구인지 모두가 궁금해했다. 리오는 사무실 가십을 좋아하지 않았지만 자기 인생에 대해 나눌 게 별로 없었기에 이런 사건들을 제임스, 데이비드에게 계속 공유했다. 그녀는 첫 번째 이메일을 보았다.

✉️ **마틴 ▶ 리오**　　　　　　　　　　　　　　　　　　　　— ↗

리오 씨, 안녕하세요.
당신의 치아가 멋진 하루를 보내고 있길 바랍니다! 우리가 만든 아름다운 치아 모형을 스캔하고 치아를 조정했어요. (만약 당신이 치아를 교정하기로 해서) 당신의 잠재력을 온전히 발휘하면 어떻게 될지 보여주려고요.

그는 틀니처럼 보이는 사진 3장을 첨부했다. martin_the_man_81@freeemail.com이라는 개인 이메일 계정으로 보낸 이메일이었다. 두 번째 이메일에는 이전에 보낸 이메일을 읽었는지 묻고 너무 부담을 느끼지는 말라고 했다. 그녀의 미소는 완벽하게 하얗고 사랑스러웠다. 하지만 형태는 개선될 여지가 있었다. 그녀가 어색하게 활짝 웃고 있는 새로운 이미지가 첨부되어 있었다. 미소는 더 크고, 치열은 더 고르게 조정되어 있었다. 무시무시한 미소였다.

제임스는 입을 가리고 그녀의 휴대전화를 가리키며 물었다. "저런, 그건 도대체 뭐예요? 전에 치아 모형 제작했다던 때 찍은 거예요?" 그는 자지러지게 웃다가 실수로 맥주를 넘어뜨렸다. 맥주가 사방으로 흐르자 모두가 테이블에서 멀찍이 떨어지며 어이없는 상황에 웃음을 터뜨렸다. 아까 왔던 종업원이 테이블로 돌아와서 치킨을 가져갔다. 리오는 너무 웃겨서 뺨에 눈물이 흐를 정도로 웃었다.

"저 사람이 망할 치킨을 가져갔어요! 박물관에 전시하려나 봐요!"

"성공적인 전시를 위해 건배하죠! 제가 한 잔씩 더 주문할게요!" 제임스는 비틀비틀 걸어서 바 쪽으로 향했고 나머지 사람들은 옆 테이블로 옮겼다.

새 맥주를 받아 든 리오는 일행들과 건배하며 내일 분명 후회할 거라고 생각했다.

17 COMMIT 회사에 늦었다

리오는 뱃속 깊숙이 깊은 구덩이가 생긴 듯 불안감을 느끼며 일어났다. 무언가 잘못되었다는, 재난이 일어났다는 끔찍한 느낌 말이다. 밤새 땀을 흘려서 축축해진 침대 시트에서 탈출하려 몸을 뒤척이며 억지로 눈을 뜨고 방을 훑어봤다. 방은 고요했고 공기 중에 아른거리는 알코올의 톡 쏘는 냄새가 험난했던 어젯밤을 냉혹하게 상기시켰다. 그녀는 숙취 불안을 극도로 싫어했다. 필름이 끊기지 않았고 환상적인 저녁이었다. 그녀가 몇 년 만에 경험한 최고의 저녁이었다.

그들은 펍이 문을 닫을 때까지 돌아가며 술을 사고 카드 게임을 하고 헛소리를 지껄였다. 머런은 (함께 셀카를 찍자고 하긴 했지만) 더 이상 소름 끼치게 굴지 않았고 스테판은 술이 들어가니 놀라울 정도로 사교적이고 수다스럽게 변했다. 사무실에서는 스테판의 존재를 인식하지 못했다. 그녀는 평소 고객 지원부터 디자인, 프런트엔드, UX와 관련 있는 모든 것과 거리를 두려고 했기 때문에 스테판을 마주칠 일이 거의 없었다. 알코올이 그녀의 마음을 흐리게 만든 탓일지 모르지만 스테판은 그녀의 기억에 카리스마 있고 재미있는 인물로 남았다. 그들은 마틴의 이메일을 소재로 상당 시간 동안 이야기했고 스테판은 똑같이 흥미로운 경험을 할지가 궁금하다며 스케일링을 예약했다.

그들은 피터버러의 청소년이 애용하는 맥도날드에서 마음껏 먹으며 자리를 마무리했는데, 지금까지 먹은 중 최고의 저녁이었다. 그녀는 세트를 하나 더 주문해서 집으로 가져왔다. 침대 끝 너머를 슬쩍 보았다. 시야에 들어오기도 전부터 포장해온 음식 냄새가 코에 들어왔다. 모양이나 냄새 모두 어제만큼 맛있게 느껴지지 않았다.

그녀는 목이 타는 듯한 갈증을 해소하기 위해 비틀거리며 침대에서 일어났다. 그녀가 입고 잔 티셔츠, 속옷, 양말을 제외한 나머지 옷은 주방 옆 바닥에 있었다. 전자레인지에 비친 자기 모습이 눈에 띄었다. 끔찍했다. 머리는 까치집보다 훨씬 더 헝클어져 있었다. 마치 라쿤이 먹이를 찾아 그녀의 머리를 샅샅이 뒤진 것 같았다.

술에 취해 집에 돌아왔으니 (자전거를 타고도 무사했던 게 정말 이상했다) 라쿤이 파티를 열어도 몰랐을 것이다.

그녀는 물 두 잔을 벌컥벌컥 들이켜고 소파에 몸을 던졌다. 예상대로 편두통이 스멀스멀 올라왔고 이른 아침 햇살에 공포가 밀려왔다. 회사에 늦었다. 또.

그녀는 프랭크의 커피를 떠올리며 커피를 두 배로 진하게 내렸다. 막 내린 커피와 지난밤 사 온 맥도날드 세트에 들어 있는 미지근한 다이어트 콜라를 번갈아 마셨다. 버거는 못 먹었지만 감자튀김은 먹었다. 속옷 차림의 그녀가 거실 한쪽 구석 바닥에 앉아서 눅눅해진 감자튀김을 먹는, 이 수치스러운 순간을 아무도 모르길 바라며.

머리가 윙윙거리고 계단이 흔들렸지만, 리오는 평소처럼 메리 할머니에게 온 우편물을 가지고 계단을 오르내렸다. 그녀는 꼭대기에서 멈춰 몸을 앞으로 기대고 계단 사이 빈 곳을 향해 구역질을 했다. 지금은 메리를 만나기 좋은 시점이 아니었다. 자신의 정체를 드러내고 싶지 않았다. 특히 이렇게는 말이다. 꼭대기 층은 조용하고 이상할 정도로 쾌적했다. 어제 갖다 둔 메리의 우편물은 문 반대편에 들어가고 없었다. 리오는 신문, 고지서 두 장, 엽서 한 장을 문 앞에 떨어뜨렸다. 손등으로 이마의 땀을 훔치고 주변을 빠르게 둘러본 후 조용히 구토를 반복하며 계단을 살금살금 내려왔다.

역에서부터 자전거를 타고 오노라니 기분이 조금 나아졌다. 샤워와 신선한 공기가 도움이 되긴 했지만 갑작스러운 라이브러리의 인기로 엄청나게 커진 숙취 불안까지 떨쳐버리지는 못했다. 리오는 자신이 그 라이브러리를 작성했다는 걸 알고 머런처럼 스타를 만났다고 흥분하는 사람들이 생길까 봐 두려웠다. 그녀는 머런이 자기 남동생이나 학교 친구 같은 사람들에게 이야기해서 소문이 퍼질 거라고 확신했다. 생각하면 할수록 자신의 트래픽 없는 인생을 지키기 위해 라이브러리를 지워야 한다는 확신이 강해졌다. 그녀는 현재에 만족했고 변화를 원하지 않았다.

리오는 아무도 마주치지 않고 자기 자리에 도착해서 의자에 등을 기대어 잠시 졸았다. 졸고 있는 도중에 제임스가 와서 그녀가 침 흘리고 코 고는 모습을 보며 즐거워하다가 커피와 도넛으로 그녀를 깨웠다.

"아아, 설탕. 저한테 필요한 거예요." 그녀는 속삭이듯 말했다. 그들은 시끄럽고 끔찍한 음악 때문에 밤새 큰 소리로 떠들었다. "새로 들인 습관이에요? 커피랑 도넛을 사 오는 거? 마음에 드는데요!"

제임스는 그녀 옆에 있는 의자에 앉아서 등을 기댔다. "당신이 어떨지는 몰랐지만, 제 상태나 모두 어제 마셔댄 양을 생각하면 나만큼 필요할 거라고 생각했어요. 스테판은 심지어 출근을 못 했어요. 좋은 사람을 하나 잃었네요. 원래 한 사람만 남겨두고 떠나면 안 되는 거지만, 병가를 간절히 원한 건 스테판이었으니 어쩔 수 없죠."

데이비드의 빠른 발소리가 복도에 울렸다. 그는 회의실을 슬쩍 보고 쾌활하게 물었다. "스크럼할 시간인가요?"

"당신의 에너지는 지금 우리에게 과해요, 데이비드. 우린 죽어가는 중이에요. 리오를 봐요. 살아 있는지도 모르겠어요." 제임스는 리오를 가리켰다. 그녀는 탁자 끝에 자리를 잡고 몸을 앞으로 숙여서 탁자 가장자리에 이마를 대고 앉아서 도넛을 먹고 있었다. 숙취가 재발했다.

데이비드는 몸을 굽히고 탁자 아래를 보았다. "우린 언제나 죽어가는 중이죠, 제임스. 인간이 원래 그래요." 그는 재킷을 벗으며 말을 이었다. "냉풍기 좀 고칠 수 있나요, 제임스?"

제임스는 더욱 거칠게 숨을 몰아쉬며 천천히 고개를 저었다. "못합니다, 선생님. 전 이 회의를 고통스러워도 빠르게 끝내고 싶어요. 더워서라도 일찍 끝내겠죠."

리오는 몸을 일으켜서 남은 커피를 마셨다. "어쩌면, 혹시 어쩌면요. 오늘은 데일리 스크럼을 건너뛸 수 있지 않을까요? 지난 몇 주 동안 똑같은 일을 해왔잖아요. 새로울 게 없어요. 일찍 퇴근하시죠."

"신사 여러분 다 왜 그래요? 왜 또 아침으로 도넛을 먹고 있는 거예요? 무슨 일 있어요?" 데이비드가 물었다.

"또 HR 문제를 일으킬 셈이에요, 데이비드?" 리오는 얼굴을 찡그렸다.

"이런. 신사, 사람, 숙녀 여러분, 뭐라고 불러드려요?" 데이비드는 두 손을 들었다.

"왜 그냥 여러분이라고 하지 않는 거죠?" 제임스가 제안했다.

데이비드는 그런 생각을 해본 적이 없었다. 그는 턱을 문지르고 천장을 올려다보며 머릿속에서 여러 문장을 시뮬레이션했다. 괜찮을 것 같았다.

"한번 해보죠. 여러분 왜 그래요? 싱겁네요. 저한테는 안 맞아요."

"회의 안건은 그걸로 끝이에요, 데이비드. 집에 가죠." 리오는 일어나며 들었던 두 손을 극적으로 떨어뜨렸다.

"웃기네요. 만담 콤비, 농담은 이제 그만하고요. 오늘은 좋은 소식을 가져왔어요. 제가 어떤 앱의 라이선스를 샀거든요." 데이비드가 말했다.

"멋지네요! 앱에 대해 더 말해줘요." 제임스는 눈이 휘둥그레져서 활짝 웃으며 말했다. 그는 도넛을 하나 더 집어서 크게 베어 물고 등을 기대며 기다렸다.

리오는 입술을 깨문 채 문 옆 액자에 기대어 서서 휴대전화 화면을 스크롤하며 중얼거렸다. "깃허브에서 이메일을 미친 듯이 보내잖아? 도대체 무슨 일이지? 저장소를 없애야겠어."

데이비드는 컴퓨터 전원을 연결하고 브라우저를 열어 탭을 살펴보기 시작했다. "모두 여기 좀 주목할래요? 지금 앱을 찾고 있는데… 여기 어디 있을 텐데… 여기 있네요!" 그는 거대하게 빛나는 토마토가 있는 웹사이트를 보여주었다. "이제 뽀모도로라고 부르는 기법을 쓸 거예요."

"아, 안 돼." 제임스는 크게 한숨을 쉬었고 리오는 눈썹을 치켜올리며 휴대전화를 치웠다. 그녀는 데이비드가 이번에는 어떤 생각을 한 건지 궁금해졌다. 몇 주에 한 번씩 있는 일이었다. 데이비드가 어떤 기사를 보았거나 누군가와 밥을 먹은 다음 날, 회사에 와서 모든 걸 바꿀 만한 놀라운 새 아이디어가 있다고 신나서 알리는 일. 실제 그 아이디어가 실행으로 이어진 적은 거의 없었다. 그는 아이디어에 빨리 빠지는 만큼 빠르게 흥미를 잃었다. 제임스는 이를 콘퍼런스 주도 개발이라고 불렀다. 콘퍼런스의 세션에서 소개한 내용에 푹 빠져서 그걸 반드시 해야 한다고 우기는 개발법.

역설적이게도 제임스가 새롭고 섹시한 라이브러리와 프레임워크에 사랑에 빠지는 방식도 이와 똑같았다. 차이가 있다면 데이비드는 여기서 한 걸음 더 나아가 가장 무모한 아이디어를 내고 벌어질 문제를 예측하지 못하는 점뿐이었다.

리오는 제임스를 바라보았다. 그는 항상 최신 기술에 훤했고 리오는 제임스가 설명하는 버전을 먼저 듣고 싶었다. "이 기법은 주방용 타이머 같은 타이머를 써서 짧은 시간 동안 일하는 거예요. 이걸 뽀모도로라고 불러요. 이 기법을 발명한 사람이 토마토처럼 생긴 주방용 타이머를 썼기 때문이죠. 고급 타임박싱 기법이고 지금 데이비드는 우리에게 이 기법을 쓰라고 강요할 참이고요."

리오는 진심으로 감동했다. "고마워요, 제임스. 온갖 최신 정보를 어떻게 다 아는지 모르겠어요."

"환상을 깨고 싶진 않지만, 제가 태어나기 전부터 있었어요." 제임스가 답했다.

"스트레스받을 거 같은데…"

데이비드가 몸을 앞으로 기울이며 말했다. "…아니면 우리를 재촉해서 일을 빨리 끝내게 해줄 좋은 방법일 수도 있죠."

"우리라는 말에 당신이 포함되는 일은 거의 없죠, 데이비드." 리오가 능글능글하게 덧붙였다.

"글쎄, 전 프로그래머가 아니잖아요. 아닌가요?"

"얼마 전에는 프로그래머였잖아요. 프랭크와 고객사의 말에 따르면요." 리오가 눈을 희번덕였다.

침묵이 방을 채웠다. 리오가 데이비드를 바라보았지만 그는 잽싸게 눈을 피했다. 제임스는 빈 커피 컵과 도넛 종이를 모아서 쓰레기통에 버렸다. 그는 자리로 돌아와 한숨을 쉬며 물었다. "그럼 말해봐요. 어떤 토마토가 이번 달 우리 프로그래밍 운명을 결정하는 거죠?"

데이비드는 목을 가다듬고 남은 에너지를 모아서 말했다. "제가 애자일 콘퍼런스에 갔을 때…"

"…뜻하지 않게요…."

"…네트워킹을 했어요. 알다시피 전 친구 사귀는 걸 좋아하니까요. 발표자 중 한 명과 얘기를 나눴는데 그 사람에게 집중력, 업무 처리량, 생산량을 개선하는 게 증명된, 이 멋진 앱이 있었어요. 그 후로 이메일을 보냈는데 어제 스피닝 수업 끝나고 우연히 마주친 거예요. 우린 공통 관심사를 계기로 친해졌어요. 둘 다 건강을 관리하고 자전거 타는 데 진심이거든요. 그리고 성과가 우리에게 얼마나 중요한지에 관한 얘기도 나눴어요. 운동선수처럼 전문가답게 성과를 내는 거요. 운동선수가 아닌 사람도 마음을 먹으면 운동선수가 될 수 있잖아요." 데이비드는 잠시 멈추고 사람들이 그의 마지막 문장을 바로잡아주지 않기를 바랐다.

리오는 반쯤 잠든 것 같았고 제임스는 다리를 넓게 벌리고 팔짱을 낀 채 천장을 바라보고 있었다. "할인을 받아서 우리가 쓸 라이선스를 샀죠! 이제 이 앱의 마법 같은 부분을 소개할게요." 그는 테이블 위에서 빠르게 드럼 소리를 냈지만 두 동료 다 미동도 없었다. "자, 조금 더 신나 할 수 없어요?"

"없어요!" 그들은 입을 모아 답했다.

"알았어요. 그럼 보여줄게요." 멋진 토마토로 장식된 웹사이트를 찾아가서 로그인하고 파일을 하나 다운로드했다.

"보아하니 아직도 비밀번호를 바꾸지 않았군요." 제임스가 말했다.

데이비드는 설치 파일을 실행하며 답했다. "여러분은 이 정책을 어떻게 우회하는지는 모르지만, 두 분과 달리 전 제 비밀번호를 6개월마다 한 번씩 업데이트해야 해요."

"제가 보기엔 기본 비밀번호의 마지막 숫자에 그냥 1을 더하고 있는 것 같은데요."

"이 시스템에는 새로운 비밀번호죠. 나에겐 익숙하면서 동시에 새로운 비밀번호고요. 회사도 좋고, 나도 좋은 거죠. 자, 이제 앱 설치가 끝났어요!" 그는 설정을 열고 토마토를 25분 간격으로 설정했다. "우리는 당연히 추천하는 기본 설정대로 25분으로 설정할 거예요. 작동 방식은 이래요. 앱을 설치하고 타이머를 시작하고 시간이 다 되면 설정해둔 시간 동안 컴퓨터가 잠길 거예요."

리오는 두 눈썹이 이어져서 성난 일자눈썹으로 보일 정도로 미간을 찡그렸다. "제가 뭘 하는 중이면요?"

"하던 걸 멈춰야죠. 알겠어요? 그게 핵심이에요. 쉬어야 한다는 거. 그러면 더 효율적으로 일하겠죠…."

리오는 미친 짓이라고 생각했다. "…아니면 스트레스를 받거나요. 안 좋은 아이디어 같아요. 저한테는 이렇게 잘게 나눌 업무가 없어요. 화장실에 가기 전에 무슨 일을 하고 있었는지 기억하는 데에도 30분은 걸려요. 제임스, 저 좀 도와줘요."

제임스는 고개를 젓더니 "그다지 돕고 싶지 않은데요? 쉬는 시간이 평소보다 더 늘어날 것 같아서요."라며 활짝 웃었다. 리오는 웃음이 나지 않았고 애원하듯 그를 바라보았다. "알겠어요. 농담은 그만할게요. 우리는 개방형 사무실에서 일해요. 우리는 어차피 몇 분마다 한 번씩 주의가 흐트러지고 방해를 받아요."

데이비드는 제임스를 가리켰다. "아하, 그 문제에 대한 해결책도 있어요!" 그는 돌아서 그의 컴퓨터를 바라보고 뭔가를 찾으려 했지만 컴퓨터가 잠겨 있었다. "아, 이러기야?"

제임스와 리오가 웃었다. "잘 작동하고 있나 봐요. 쉬는 시간을 즐기세요!"

데이비드는 얼굴이 붉어진 채 전원 버튼을 누르고 컴퓨터를 재부팅했다. "어쨌든 우리는 설정을 수정할 수 있어요. 제가 모자를 여러 개 샀어요. 일할 때는 모자를 쓰는 거예요. 누군가 모자를 쓰고 있으면 그 사람을 방해하면 안 되는 거죠."

"그러면 복장 규정을 어기는 거 아닌가요?" 리오가 물었다.

"우린 면제예요. 소프트웨어 개발자들은 원하는 걸 입을 수 있어요. 타당한 이유가 있다면요!"

"그러면 냉방 프로젝트부터 시작하는 게 좋을 거예요. 섭씨 40도에 하루 8시간 모자를 쓸 생각은 전혀 없어요."

데이비드는 자기 시계를 보더니 "회의에 가야 해요. 제임스, 이 프로그램 삭제하는 것 좀 도와줄래요? 회의 중에 잠기면 안 되니까요."

"어림없죠. 회의를 짧게 하는 방법을 배울 훌륭한 기회예요. 게다가 이건 우리가 한 일의 공을 가로챈 것에 대한 인과응보예요." 리오가 무덤덤한 어조로 말하며 데이비드와 다시 한번 눈을 맞췄다. "토마토랑 좋은 시간 보내요. 분명히 직접 고칠 수 있을 거예요. 프로'구라'머잖아요."

"이번 한 번만 도와줄게요. 토마토 이리 주세요." 제임스가 데이비드의 컴퓨터를 가져왔다.

"고마워요, 제임스." 데이비드는 중얼거리며 시선을 낮췄다. "리오, 한 시간 정도 시간 있어요? 할 얘기가 있어요."

리오는 천장에 닿을 듯 눈썹을 들어 올렸다. "저요? 잘 모르겠어요, 데이비드. 저한테 시간이 있나요? 알다시피 고객 지원하느라 바쁘거든요."

"그 문제에 대한 얘기예요. 5분 후에 봐요."

18 COMMIT 사무실의 팩맨

멜빈의 몸매는 완벽했다. 완벽한 원이었다. 사무실의 팩맨이었다. 아기처럼 행복하게 하루 일정을 우적우적 먹어 치웠다. 그는 로비에 있는 소파에서 데이비드 옆에 앉아 손을 흔들며 웃고 있었다. "리오! 반가워요! 이 얘기 좀 들어봐요!" 리오가 인사를 건네거나 앉기도 전에 멜빈은 그의 무용담 하나를 풀어놓았다. 멜빈이 웃을 때마다 몸뚱이 전체가 같이 웃으며 우울증 약을 복용한 산타처럼 들썩였다. 리오는 소파에 남은 몇 센티미터에 간신히 몸을 구겨 넣고 멜빈 옆에 앉아 그의 말이 끝나기를 기다렸다.

멜빈이 웃음 사이사이 숨을 헐떡이며 소매로 이마의 땀을 훔치는 동안 데이비드는 멜빈 왼쪽에서 그를 피하며 조용히 앉아 있었다. "그렇게 우리 스스로 DDOS 해버린 거예요. 분산 서비스 거부 공격^{Distributed Denial of Service attack}, 우리가 우리한테요!"

홍역 같은 전염성을 가진 멜빈의 웃음소리였지만 데이비드는 면역을 기른 듯했다. 리오가 웃음을 터뜨리자 얼굴에 자잘한 주름이 잡혔다. "제대로 분산된 것 같지는 않네요. 그러면 CDOS인 거 아닐까요? 집중 서비스 거부 공격^{Centralized Denial of Service attack}이잖아요?"

"맞아요, 하하! 그렇겠네요!" 멜빈이 낄낄거리며 무릎을 치는 탓에 데이비드가 소파에서 거의 밀려날 뻔했다. 멜빈이 몸을 돌려 리오를 바라봤다. 좀 과하게 가까웠다. "그 코드 리오가 작성한 거 아니에요?"

리오는 상기된 얼굴로 어깨를 으쓱였다. "제가 했을 수도, 아닐 수도 있죠." 무한 루프에 빠진 끝없는 재시도. 그녀는 결코 잊지 않았다. IgnoreError 메서드를 쓴 건 좋지 않은 생각이었을지도 모르겠다. 어쩌면.

데이비드가 목청을 가다듬었다. "제가 이 회의를 요청했어요. 왜냐하면 멜빈이, 리오 당신도 알다시피, 우리 곁을 떠나게 됐잖아요."

"이런 데이비드. 죽는 게 아니라고요!" 멜빈이 빙긋 웃었다.

"그편이 나을걸요." 데이비드가 답했다.

"데이비드, 육아휴직이에요." 멜빈이 한 번 더 웃었다.

리오가 몸을 뒤로 기대고 멜빈을 바라봤다. "저는 멜빈이 큰 병에 걸린 줄 알았어요. 다른 사람들 말하는 게 그랬거든요. '멜빈에게 이제 두 달밖에 안 남았다니!' '너무 슬프네. 멜빈이 보고 싶을 거야.' 다들 그렇게 말했다고요." 리오가 높은 목소리로 말을 이어갔다. 성대모사를 잘하지는 못했다.

"데이비드. 당신도 애들이 있잖아요." 멜빈이 팔꿈치로 데이비드를 찔렀다.

"그런데 육아휴직은 한 번도 안 썼고요. 당신 아내가 어땠을지 알겠어요. 애들하고 몇 년 지내면 어른처럼 말하는 법을 까먹게 돼요. 질병 같은 거죠. 사람이 완전히 달라진다니까요."

멜빈이 미소를 지었다. "리앤은 일하는 걸 좋아하고, 저는 아기가 생긴 뒤로는 아이와 집에 있는 게 더 좋아요. 누가 안 그러겠어요. 아기들은 미치도록 사랑스러운데요! 안 그래요?"

리오와 데이비드는 침묵을 지켰다.

"어쨌든" 데이비드는 또 목청을 가다듬었다. "회사에 아키텍트가 한 명 더 필요해요. 미카엘이 버스에라도 치이면 아키텍트가 한 명도 없으니 개발자들이 몹시 당황해서 우왕좌왕할 거예요."

"그런 일은 없을 거예요, 데이비드. 아키텍트가 없어도 코드를 작성할 수 있어요. 심지어 데이비드도 코딩할 줄 알잖아요?" 리오가 데이비드를 바라봤다.

데이비드는 리오를 무시하는 대신 팩맨을 봤다. "리오가 아키텍트가 되면 좋을 것 같아서요. 결정된 건 없고 그냥 생각이지만요. 멜빈, 인증 마이그레이션을 넘겨줄 수 있어요?"

리오가 얼어붙었다. 나비넥타이를 한 고양이 수천 마리를 안고 있는 느낌에 버금가는 알 수 없는 행복함이 그녀 내면에서 터져 나왔다. 그녀는 모두를 품에 안았다. 물론 사람이 아니라 마음 속 고양이를 안았다는 말이다. 그녀의 얼굴에 미소가 번졌다. 크고 밝은 미소가. 포커페이스는 어디에도 없었다. 멜빈이 리오를 향해 웃고 그녀의 어깨 양옆을 붙잡았다. "새로운 아키텍트 친구! 물론이죠! 한 번 해봅시다!" 그가 윙크했다. "그리고 다시 시도해 보고, 또 시도해 봐야죠. 그리고 어떻게 하냐 하면… 또 해보죠."

19 COMMIT 나중에 살펴보면 돼

리오가 복도에서 제임스를 기다렸다. 왔다 갔다 하면서 계속 라이브러리에 관해 생각했다. 펍에서는 그냥 약간 재밌는 일이라고 생각했지만, 사람들이 그 라이브러리를 작성한 게 자신인 걸 알게 된다고 생각하니 두렵고 불안했다. 알림을 스크롤하는 리오의 손은 말 그대로 떨리고 있었고 너무 불안해서 알림의 내용을 읽을 수가 없었다.

"안녕하세요! 절 기다린 거예요, 아니면 데이비드? 데이비드는 저쪽에 있을 거예요." 제임스는 자신의 맨체스터 바지에 묻은 도넛 부스러기를 털어내면서 땅에 떨어지는 모습을 지켜봤다. "저건 개미들 줄 거예요." 제임스는 웃으면서 리오의 대답을 기다렸다. 리오는 들여다보던 휴대전화를 재빨리 치웠다.

"제임스를 기다렸어요. 부탁 하나 하려고요. 괜찮다면요."

"물론이죠. 뭔데요?"

리오가 숨을 깊이 들이쉬고 오른쪽 팔을 문질렀다. 팔을 문지르자 심하게 물어뜯은 손톱이 티셔츠 소매에 보풀을 일으켰다. "어젯밤 기억해요? 그 라이브러리에 관해 알게 된 거요. 아직 자세히 살펴보지는 않았는데 봐야 할 거 같아요. 근데 혼자는 못 할 거 같아요. 불안해서요. 전에 말한 적이 없을 텐데 저한테 문제가 좀 있거든요. 불안 장애 문제요. 그리고…" 다시 숨을 깊이 들이쉬고 발끝을 바라봤다. 하얀색 스니커즈에 반사된 빛에 눈이 부셨다. 제임스는 노트북 전원선을 만지작거리며 닫힌 문 옆에 조용히 서있었다. 그는 리오와 시선을 맞추려 바라봤다. 리오가 잠깐 고개를 들었다. 제임스가 다른 회의실 쪽으로 고갯짓을 했고 두 사람은 함께 천천히 걸었다. 묘한 친밀감이 느껴졌다. 감각이 예민해졌는지 리오의 귀에는 제임스 신발이 질질 끌리는 소리, 그녀의 양말이 나무 바닥에 조용히 스치는 소리가 들렸다. 바쁘게 일하고 대화하고 타이핑하는 사무실에서 나는 소리도 배경음처럼 들렸다. 탕비실 어딘가에서는 누군가 원두를 갈고 있었다. 프랭크일까. "…어떻게 해야 할지 모르겠네요. 도움이 필요해요." 리오가 말을 이었다. "손잡아 줄 사람이 필요하다는 말이에요. 비유적으로요."

"좋아요. 기꺼이 도와줄게요. 근데 그건 안 됐네요. 불안 장애요. 큰 문제잖아요. 이해해요. 하룻 밤 사이에 받은 것치고는 엄청난 관심이었죠. 근데 전에 얘기한 적 있어요. 사회 불안 장애가 있다 고요."

"말했다고요?"

"자주 얘기했어요. 사회 불안 장애가 있는 자칭 신경 쇠약자라고요." 제임스가 주먹으로 그 녀의 어깨를 툭 치고 웃었다.

리오가 싱긋 웃고 어깨를 문질렀다. "어쩌면 사회 불안 장애가 있는 사회적 개인일지 도요."

"그럴 수도 있고요. 아니면 사회적으로 내향적인 걸 수도 있죠. 저는 전문가가 아니니까요. 제가 보 기엔 괜찮았다는 것만 말할게요. 이 사무실에 있는 누구도 리오가 신경 쇠약자라고는 생각 안 할 걸요." 제임스는 작은 회의실의 문을 열었다. 리오가 들어가서 테이블 앞에 앉았 다. "그래도 이 방은 조금 시원하네요. 선풍기를 꺼내올까요, 아니면 이대로 괜찮아요?" 제임스 가 문을 닫았다.

"괜찮아요." 리오가 조용히 웃었다.

"좋아요. 그럼 저장소를 살펴봅시다. 어댑터 좀 줄래요?"

"큰 화면은 안 쓰면 안 될까요? 큰 화면에서 볼 마음의 준비는 되지 않은 것 같아요." 리오가 부 탁했다.

"그래요. 그러면 가까이 오세요. 아늑한 분위기에서 조금 읽어보죠." 제임스가 제안했다.

그는 깃허브에서 해당 저장소를 무섭도록 빠르게 찾아냈다. 빠른 검색 한 번 만 에 .NET 분야에서 3번째에 올라있는 것을 확인했다. 페이지 훨씬 아래에서 울 고 있는 마이크로소프트 저장소도 몇 개 보였다.

"순위 좋네요, 리오!"

리오는 대답하지 않았다. 심장은 요동쳤고 앞머리가 이마에 다시 달라붙었으며 당황해서 난 땀으로 뺨이 번들거렸다. 리오는 앞머리를 옆으로 쓸어 넘기고 손 으로 얼굴을 닦아낸 후 이마를 가리키며 말했다. "숙취 때문이에요. 땀이요." 제임스 가 이해한다는 듯 고개를 끄덕였다.

"준비됐어요, 리오? 작은 이슈부터 쭉 훑어볼까요?" 제임스는 리오의 마음에 공감하는 듯 고개를 옆으로 기울이며 따뜻한 목소리로 말했다. 손은 키보드에 얹어져 있 었다.

"시작해보죠." 리오가 불안한 마음에 문을 바라보며 테이블 아래로 손을 문질렀다.

제임스가 일어나 문을 닫았다. 리오가 화면을 볼 수 있게 해주고 천천히 확인할 수 있도록 방해하지 않았다. 그는 테이블 모서리 근처에 잠시 서서 리오가 함께 보자고 불러줄 때까지 기다렸다.

"Sam00은 팬이거나 안티인 것 같아요." 리오가 스크롤하면서 얘기했다. "이 라이브러리를 좋아하는 건지 싫어하는 건지 모르겠지만 의견은 확실히 많네요."

자리에 앉은 제임스가 의자를 리오 쪽으로 끌고 가서 리오가 말한 사용자의 프로필을 보았다.

"그냥 하고 싶은 말이 많은 거 같네요. 리오가 꼭 들어야 할 필요는 없죠. 문법 오류에 관해 돌려 까는 변경 요청이 많은데, 제 의견을 묻는다면 응할 만한 가치가 없다고 하겠어요."

"알아요. 무턱대고 PR을 머지하지는 않을 거예요. 가방에 든 돼지를 사는 꼴이잖아요."

"그거 직역한 건가요? 원래는 자루에 든 돼지[21]잖아요."

"자루가 뭔데요?" 리오가 물었다.

"가방이죠."

"그러니까… 근본적으로는 같은 거죠?"

제임스가 어깨를 으쓱하며 미소 지었다. "당신이 말하는 스웨덴 속담을 좋아해요. 귀엽잖아요."

"아, 그러지 마요. 여성 개발자한테 귀엽다고 하면 안 돼요." 리오의 답은 의도했던 것보다 더 장난스럽게 들렸다.

"안 그랬어요. 리오가 아니라 속담이 귀엽다고요. 맹세컨대 리오 라르손은 결코 귀엽지 않습니다." 제임스는 리오가 익숙하게 봐온 진심 어린 미소와 함께 답했다.

"나빴어요, 제임스." 리오가 제임스의 팔을 꼬집었다.

"그래도 이제 과호흡은 멈췄잖아요? 짓궂은 행동이 효과가 있었던 것 같네요." 제임스가 윙크했다.

리오가 웃었다. 어쩌면 리오는 짓궂은 행동 따위는 신경 쓰지 않았을지 모른다. 리오는 이제 거의 평소처럼 숨 쉬고 있지만, 숨이 얕아지지 않도록 몇 번에 한

---

21 Buy a pig in a poke. 내용물을 보지 않고 무턱대고 충동구매한다는 의미의 속담

번 정도 일부러 더 천천히, 더 길게 숨 쉬었다. 그녀는 노트북을 가리키며 말했다. "이 샘이라는 사람이 문법에 대한 내용 말고도 댓글을 많이 남겼어요. 기능 요청 태그가 붙은 이슈의 절반은 이 사람이 남긴 거예요. 이유는 모르겠지만 화가 났나 봐요."

"뭐, 자기가 어쩔 거예요. 그 사람 라이브러리도 아니잖아요. 그래도 한마디 하자면, 오타가 많기는 많네요." 제임스가 오타 태그로 이슈를 정렬했다.

"사람들이 이름 짓기 어렵다는 말 많이 하는 거 알죠?" 리오가 갑자기 뭔가 기억난 듯이 웃었다. 제임스는 고개를 끄덕여 긍정을 표현하고 리오의 말을 기다렸다.

"프로젝트 진행할 때 이름 짓는 게 진짜 힘들었거든요. 클래스, 변수, 어떤지 알잖아요. 일정 압박도 있었고 밤샘 작업도 수없이 했고요. 그래서 이름을 전부 똥에 관련된 걸로 지어버렸어요. 유치하다고요? 제가 생각해도 그래요. 근데 그때는 스트레스가 심한 상황인데 카페인마저 떨어져 버려서 뭔가 웃기는 게 있어야 그 라이브러리 작업을 계속할 수 있을 것 같았거든요. 마감일이 거의 다 됐을 즈음에는 이미 그런 이름에 너무 익숙해져서 제가 무슨 짓을 저질렀는지 까맣게 잊어버렸어요. 심지어 그런 이름을 자동으로 만들어 주는 똥 이름 생성기 앱도 백그라운드에서 돌리고 있었어요. 마감 한 시간 전에서야 이름 바꿔놓는 걸 깜빡한 게 생각이 났는데 파일 수백 개를 뒤져서 이런 멍청한 이름을 찾아내고 수정할 수 있는 시간이 한 시간밖에 없었어요. 그렇게 멋지진 않았지만 어쨌든 해냈어요. 그런데 마치 새하얀 속옷에 남은 얼룩처럼 흔적이 남아버린 거예요. 드롭박스를 소스 저장소로 사용하고 있었는데 수정하지 않은 버전을 올려버린 거죠. 다행히 강사님이 학생 과제는 하나도 다운로드하지 않고 그대로 다 통과시켰어요. 한 달간 태국에서 지내느라 과제를 아예 제출하지 않은 사람 것도요."

제임스가 웃으며 말했다. "공기 중에 좋은 방귀 냄새가 맴도는 것 같아요. 이제 당신이 더 마음에 들어요. 그리고 그 앱 꼭 공유해줘야 해요. 혹시 모르죠. 이 라이브러리보다 더 대박일지! 대박이 안 나더라도 그 앱을 써야겠어요. 우리가 꼭 도입해야 할 최신 스타일이라고 데이비드를 설득할 수 있을 거예요. 그러면 리오가 아키텍트 자리를 차지하고, 지원 티켓에 치여서 울고 있는 일반 개발자들을 내려다볼 수 있겠죠."

"점심시간에 데이비드랑 네트워킹할 마음은 없는데요. 게다가 이거면 될 거예요. 캐시 솔루션이 저의 탈출 티켓이에요."

그들은 그곳에서 한 시간 정도 앉아서 풀 리퀘스트, 이슈, 포크된 저장소를 훑어봤다. 시작할 때는 어색했지만 리오는 이내 물리적으로나 정신적으로나 더 편안해졌다. 비트버킷 계정을 삭제하지 않았더라면 이름 생성기를 다운로드할 수 있었겠지만 새로 만드는 것도 어렵지 않았다. 어쩌면 조금 덜 유치한 앱을 만들거나 제안하는 클래스 이름 맨 뒤에 매니저, 유틸리티, 헬퍼 따위의 단어를 추가하는 앱을 만들 수도 있을 것이다. 리오가 마지막으로 코드를 확인했을 때 확인한 헬퍼, 유틸리티 클래스, 매니저라는 이름이 붙은 함수는 50개가 넘었다. 제임스는 리오의 풀 리퀘스트를 리뷰하고 다른 헬퍼 클래스를 볼 때마다 클래스 이름에 관해 언급했다. "조금 더 구체적으로 명명할 순 없어요? 이 클래스의 역할이 뭔데요?" 그럴 때마다 리오는 이렇게 답했다. "도움이 되죠." 제임스는 한숨을 쉬고 똑같은 음악을 계속 반복 재생하는 고장 난 녹음기처럼 답했다. "모든 코드가 도움이 돼요. 그게 코드의 존재 이유라고요." 리오는 제임스라면 이름 생성기를 좋아할 거라고 생각했다. 물론 제임스가 신랄한 평가를 내릴 위험도 있었다. 라이브러리에 올라온 많은 댓글을 보면 리오가 앞으로 해야 할 일이 아주 많았다.

11시가 되자 누군가 노크했고, 문 옆에 있는 유리벽 너머에서 손을 흔드는 데이비드의 모습이 보였다. 데이비드는 시계를 가리키며 리오에게 나오라고 손짓했다.

"젠장. 회의에 대한 회의가 또 있었네요." 리오는 못마땅하다는 듯 눈을 치켜떴다.

"재밌네요." 제임스가 미소 지으며 테이블에 늘어놓았던 것들을 정리했다. "사무실 어딘가에 숨어 있어야겠어요. 오늘 밤에 있을 청소년 그룹 모임을 준비해야 하거든요. 이번에는 잘 됐으면 좋겠어요."

리오는 시계를 가리키며 유리벽 너머의 데이비드에게 다섯 손가락을 펴 보였다. 5분. 제임스 쪽으로 돌아선 리오는 어댑터를 상자에 담으며 짐 싸는 걸 도왔다. "그동안 물어볼 틈이 없었는데요. 지난번에 무슨 일이 있었던 거예요?"

제임스는 멈칫했고 당황한 듯 보였다. 자기 구두를 내려다보더니 눈에 보이지도 않는 먼지 뭉치를 발로 툭툭 찼다. "제가 지속적 통합과 배포에 관한 얘기로 행사를 시작했더니 머런은 그게 좀 지나치다고 생각한 모양이에요. 애들이 그 개념을 어려워했고 몇몇은 첫 번째 쉬는 시간에 나가버렸거든요. 나간 아이 중 하나가 머런의 동생이었고요. 정말 그럴 줄은 몰랐어요."

"솔직히 초보에게는 버거운 주제였을 수 있겠어요. 모두가 제임스처럼 최신 정보를 잘 알고 열정적으로 새로운 걸 배우진 않거든요. 게다가 십 대 아이들이잖아요. 파이프라인이 필요한 프로젝트보다는 콘솔 애플리케이션 같은 걸 만지작거리지 않을까요?"

"그럴지도 모르죠. 하지만 학교에서 다루지 않는 걸 알려주고 싶었어요. 제가 학교 다닐 때 배우고 싶었던 거요." 제임스는 진심을 담아 말했다.

"조금 더 작게 시작하는 건 어때요? 아이들에게 뭐가 알고 싶은지 물어보는 건요?" 리오가 사려 깊게 덧붙였다.

"어쩌면 그렇게 해보는 것도 좋겠어요. 오늘 주제는 이미 생각해 두었지만 그게 잘 안되면 방금 말해준 대로 한 번 해볼게요."

리오는 오늘 주제가 뭔지 물어보고 싶었지만 이미 5분이 지났다. 더 있으면 '일부러 살짝 늦는' 수준을 넘어간다. 놓쳐서 문제가 될 만한 얘기가 있을 리 없지만 그래도 회의 중간에 들어가서 파워포인트 프레젠테이션이 중단된다면 보기에 좋지 않을 것이다. 죽을죄나 다름없었다.

"나중에 얘기해요. 오후에 못 보면 월요일에 하고요. 도와줘서 정말 고마워요."

"천만에요."

리오는 서둘러 아까 있던 회의실로 걸어갔다. 테이블 끝에 앉아 외부 화면과 대화하는 데이비드가 보였다.

"늦어서 죄송해요. 카메라 켜져 있나요?" 리오가 속삭였다.

"괜찮아요. 이제 막 오디오 문제를 고쳤거든요. 아직 시작 안 했어요." 데이비드가 답했다.

"안녕하세요? 아, 제가 음 소거였나 봅니다. 좋아요, 모두 모인 것 같으니 지난 회의, 오늘 회의 계획, 그리고 다음 회의 계획에 관해 이야기를 나눠봅시다!"

리오가 데이비드를 보고 미덥지 않은 듯 고개를 저었다. "우린 여전히 회의 얘기만 하나 봐요."

"그냥 좀 맞춰줘요. 돈을 잘 내는 고객이잖아요." 데이비드가 엄지손가락을 치켜세우고 이메일을 열었다. "크고 깨끗하게 잘 들립니다. 여기에 그 유명한 리오도 있고요. 시작하시죠!"

리오의 심장이 빨리 뛰고 금세 땀을 흘리기 시작했다. '라이브러리와 그와 관련하여 일어난 일에 대해 데이비드가 모르면 좋겠는데. 만약 데이비드가 안다면 내 정체를 비밀로 숨길 수가 없을 거야.' 데이비드는 아무 언급도 하지 않았지만 놀릴 거리가 있다는 걸 알았다면 그가 그냥 지나칠 리 없었다. 리오는 노트북을 열고 화면에 띄워진 저장소를 데이비드가 볼 수 없게 각도를 조절했다. 마지막으로 알람을 확인한 지 15분도 채 되지 않았는데 10개의 새로운 알람이 있었다. 리오는 다시 슬쩍 데이비드를 쳐다보았다. 노트북으로 뭔가 바쁘게 하고 있었다. 아마 이메일일 것이다. 리오는 레딧에 로그인한 후 마음을 진정시키기 위해 귀여운 고양이 사진을 검색했다. 문제 하나당 귀여운 고양이 사진 하나씩.

"리오? 리오!"

데이비드가 말을 걸고 있었다는 걸 깨달은 리오는 얼굴이 붉어졌다.

"빙고 용지 인쇄했어요? 이메일은 다 보냈고 이 회의는 한 시간 더 진행하기로 되어 있어요. 리오가 안 도와주면 살아남을 수가 없어요."

리오는 노트북을 내려다봤다. 화면 반쪽에는 이슈 목록이 보였고 다른 한쪽에는 고양이가 있었다. "준비 못 했지만 해결할 수 있어요. 5분만 주세요."

화면에 다른 알림이 나타나자 리오가 그대로 얼어붙었다. '이게 뭐야.' 또 Sam00이었다. 데이비드가 리오를 뚫어져라 바라봤다. 리오는 빙고 생성기를 실행했다. 주말 프로젝트로 만든 프로그램이었다. 몇 가지 버전을 프린터로 전송했다. '젠장.' 라이브러리의 설정으로 갔다. '저장소를 비공개로 설정해야지.' 좋은 생각인지 확신이 없었고 기분도 좋지 않았다. 데이비드가 싹싹 비는 시늉을 했다. 기도하듯 두 손을 모으더니 천장을 바라보며 의자에서 천천히 미끄러져 내려와 바닥에 무릎을 꿇고 속삭이듯 말했다. "제발 살려주세요. 빙고를 주세요. 곧 아키텍트가 되실 리오님."

리오의 심장이 멎는 듯했다. '곧 아키텍트가 되실? 흥정하자는 거야?'

리오가 화면을 바라보며 조용히 답했다. "빙고는 인쇄 중이에요…." '하는 중이라고. 저장소는 일단 비공개로 돌리자. 나중에 살펴보면 돼.' 리오가 버튼을 클릭하고 노트북을 닫은 뒤 출력물을 가지러 갔다. 등 뒤에서는 무릎을 꿇은 데이비드가 기뻐하고 있었다. 바라건대 화상 카메라는 아직 꺼진 상태이기를.

20 COMMIT 스레드

힘든 하루였다. 리오는 너무 지쳐서 그 정도로 하루를 마무리할 생각이었다. 사무실은 부산스러웠고 밀려드는 라이브러리의 알람은 계속 보관 처리를 해도 끊임없이 소음을 발생시켜서 헤드폰을 써도 벗어날 수 없었다. 답장을 보내지도, 보관 처리하지도 않은 채 받은 편지함에 남아 있는 이메일은 마틴이 보낸 이메일뿐이었다. 뭐라고 답장해야 할지 정말 모르겠어서 사진만 몇 번이고 들여다봤다.

리오는 자기 미소를 자세히 보고 그가 보낸 사진 속 모습과 자세히 비교하기 위해 노트북을 들고 두 번이나 화장실로 향했다. 줄리아는 마치 밤도둑처럼 장애인 화장실에 살금살금 들락날락하는 리오를 못마땅한 듯이 쳐다봤다. '장애인 화장실을 그렇게 멋지게 만들지 말 걸 그랬어.' 줄리아는 자신의 양심과 줄다리기했다. 장애인용 화장실은 꽤 넓었으며 도움이 필요할 때 누를 수 있는 버튼이 있었고(쓰이는 일은 없기를 바랐다) 복도 끝에 있는 다른 화장실 두 개보다 인터넷 연결이 조금 더 좋았다. 게다가 점심식사 후 찾아오는 폭탄 같은 소리를 숨길 수 있을 만큼 방음도 잘됐다. 여기에 커피 머신까지 있다면 지상낙원일 터였다. 화장실을 떠날 필요가 없었다.

토마토 문제가 아직 해결되지 않은 탓에 리오의 책상에는 데이비드가 점심시간에 놓고 간 모자가 쌓여있었다. 뽀모도로 앱을 설치하라는 친절한 안내문도 함께였다. 초기 설정을 마치면 데이비드 몰래 앱을 삭제할 수 있다고 제임스가 알려줬지만, 모자는 피할 수 없을 것이다. 괴상한 모자 더미, 즉 스택 위에 반짝이는 왕관이 고고하게 쉬고 있었다. 스택이면 후입선출이지. 리오는 왕관을 쓰고 의자에 주저앉았다. 가짜 속눈썹을 붙이고 벨벳 운동복을 입으면 스타일이 완성될 텐데. 그 정도면 새로운 리얼리티 쇼 '피터버러 사무실의 진짜 주부'의 주인공이 될 수 있을까.

프로덕션으로 빠르게 배포하려고 기다리는 중이었다. 빠르다고 해 봐야 한나절이 걸린다는 뜻이었지만 적어도 파이프라인 부분은 짧았다. 컴퓨터에서 프로덕션으로 가는 과정은 파이프보다는 쥐가 벽을 물어뜯어 만든 구멍에 가까웠다. 제임스는 청소년 그룹의 모임 장소를 준비하기 위해 퇴근했지만, 슬랙을 통해 리오에게 경고했다. "금요일에는 절대로 배포하지 마세요. 주말에 당신이 어질러놓은 걸 치우고 싶진 않다고요." 데이비드와 아주 대조적이었다. "배포는 금요일에 하는 게 제일 좋죠! 고객들이 월요일에 새 기능을 볼 수 있잖아요!" 불이 나더라도 출동 대기 중인 소방관이 없겠지만 데이비드는 촛불을 밤새 켜 두고 팽팽한 긴장감을 즐기는 걸 좋아했다.

"잘 동작할 거 같아요?" 리오는 배포 전에 제임스에게 물었다. 몽키 테스트^{monkey test} **22** 스타일로 여기저기 클릭해보았다. 아무 문제도 일어나지 않았다.

제임스는 새로운 줄에 대한 오류 로그를 확인했다. "괜찮을 거 같아요. 배포해보죠!" 여기서 '배포한다'는 말은 파일을 복사해서 프로덕션에 붙여 넣는다는 뜻이었다. 기존 파일을 새 파일로 교체하는 동안 아무도 온라인 쇼핑몰에 방문하지 않기를 바라면서. 몇 시간 동안 리오가 한 작업이 바로 이거였다. 지루해진 리오는 짐을 챙겼다. 지금 퇴근하지 않으면 치과에 늦을 것이다. 오늘의 백미는 치과 진료였다.

리오가 출입구 바깥에 있는 자전거를 펼치자 하늘이 마치 식료품점에 들어선 굶주린 배처럼 우르릉거렸고 먹구름이 하늘을 가득 메웠다. 빗방울이 리오의 팔에 툭 하고 떨어졌다. 툭. 투둑. '비가 오는구나. 지금쯤이면 배포가 완료됐겠지.' 리오는 불길한 하늘을 마지막으로 슬쩍 본 후 휴대전화를 뒷주머니에 넣고 마틴과 갖는 월간 사교 모임을 향해 페달을 밟았다.

데이비드는 매주 금요일 스피닝 수업을 받았다. 그런데 오늘은 스피닝룸 앞에서 수업이 취소되었다는 사실을 알게 됐다. 화려하지만 매우 기능적인 자전거 복장을 걸치고, 새로 산 스피닝 신발까지 신고 온 날이었다. 새로 장만한 복장이 이토록 환상적인 금요일에 쓸모없어지는 걸 원치 않던 데이비드의 눈에 유산소실 앞에 있는 자전거가 들어왔다. 그는 리오가 성능 문제를 수정한 최신 버전을 배포했다는 사실에 희열을 느꼈고, 클라이언트에게 이 사실을 빨리 알려주고 싶은 마음이 굴뚝같았다. 데이비드는 성공적으로 배포되었다는 알림을 기다리며 수

---

22 시험자가 임의의 값이나 동작을 입력하여 애플리케이션을 테스트하는 방식

시로 휴대전화를 들여다봤다. 노래 두 곡이 지나가고 심장 박동수가 적당히 올라왔을 때 알림이 왔다. 브라이언에게 전화를 걸었다.

"브라이언! 데이비드입니다!" 데이비드는 페달을 멈추고 물을 한 모금 들이켰다. "피트니스 클럽에서 자전거 타는 중이었어요." 숨을 천천히 들이쉬고 내쉬던 중 사레가 들었다. "의료상 응급 상황은 아니에요. 어쨌든…" 당연히 숨이 차올랐다. "…성능 문제 수정한 걸 제가 직접 배포해서 사이트에서 지금 볼 수 있습니다! 시간 맞춰서 배포할 거라고 말씀드렸잖아요. 이런 좋은 소식을 전하기에 금요일만큼 좋은 요일이 없죠!"

데이비드는 주변을 둘러보고 듣는 사람이 없는지 확인했다. 한 노인이 그와 눈이 마주치자 눈살을 찌푸리고 수건을 집어서 서둘러 가장 먼 구석으로 갔다.

데이비드가 앞 지퍼를 아래로 내리자 작고 반짝이는 땀방울이 털 난 프라이팬 위 기름처럼 튀어나왔다. 천천히 땀을 닦아냈다. '나는 땀을 흘린 게 아냐, 빛나는 거지.' "음, 물론, 도움이 좀 필요하긴 했지만 제가 말씀드리고 싶은 건 제가 이 작업에 직접 저녁과 주말 시간을 들여서 최선의 결과를 얻으실 수 있게 했다는 겁니다. 네, 그렇죠! 당연히 축하해야죠!"

자전거에서 뛰어내린 데이비드는 복도에서 서성이며 통화를 이어갔다. "간단하게 사이트를 실행해봤는데 아무 문제 없는 것 같습니다. 문제가 있을 리가 없죠. 좋습니다. 나중에 다시 얘기하시죠! 점심 사주기로 하신 거 잊지 마시고요!" 통화를 마친 데이비드는 다시 자전거에 올랐다. 젖은 수건이 그의 자리를 지키고 있었다.

데이비드는 자전거 옆에 있는 창문을 열었다. 옆 건물 뒤에 숨어 있는 구름이 눈에 띄었다. 어두컴컴하고 우울하며 위협적인 폭우. 다행히 데이비드는 차를 가져왔고 아이들이 오지 않는 주였다. 원하는 만큼 자전거를 타도 괜찮았다. 바브라 스트라이샌드의 「Don't Rain on My Parade(내 행진을 비로 망치지 마세요)」를 재생하고, 지퍼를 올리고 파리를 향해 자전거를 몰았다.

우울한 구름이 하늘을 가득 메울 무렵 제임스는 피터버러의 허름한 잿빛 도서관 바깥에 서 있었다. 제임스는 도서관을 즐겨 찾는 편이 아니었다. 사실 머런이 청소년 그룹 모임을 도서관에서 하자고 제안하지 않았더라면 피터버러에 도서관이 있는지도 몰랐을 것이다. 제임스는 피터버러 어딘가에 '도서관'이라는 글자만 적힌 낡아빠진 간판이 외롭게 서 있는 모습을 한 번도 본 적이 없었다. "인쇄를 하려면 도서관이 있어야죠?" 제임스가 도서관이 있다는 사실에 놀라자 데이비드가 한 말이었다. 회사에서 프린터 옆에 붙어 있던 친환경 메시지 '나무를 살립시다. 인쇄 버튼을 누르지 마세요.'를 없앤 건 몇 해 전이었다. 데이비드의 막내가 태어나고 데이비드가 자전거를 타고 출근하기 시작할 무렵이었다. 이메일 필수 정책에 관해 논의할 때 리오는 제임스에게 '엄밀히 말해 나무 한 그루가 평균적으로 생산하는 A4 용지의 양은 2만 장이므로 이메일로 치자면 엄청나게 긴 분량에 해당하겠다'고 말했었다.

월요일 아침 제임스는 도서관에 전화를 걸었고 쾌활한 사서는 몹시 기뻐하며 전화를 받았다. 한 달간 이어진 침묵을 깬 전화였다. 자신의 일상을 공유하려는 모니카의 일방적인 수다를 30분이나 듣고 난 뒤에야 제임스는 공용 공간에서 어린 학생을 위한 그룹 프로그래밍 수업을 진행해도 될지 물을 수 있었다. 모니카는 술을 제공하거나, 장소를 엉망으로 만들거나, 포르노를 보지 않는다는 조건을 지킨다면 가능하다고 답했다. 참석하는 아이들이 평균 연령 14세의 너드라는 점을 생각하면 확실히 그 공간을 망치거나 파티를 열지는 않을 거라고 장담할 수 있었다. 하지만 생각해보니, 십 대 아이들이 많이 모이면 장소를 엉망으로 만들 가능성도 있었다. 제임스는 참석자 수에 제한을 두지 않았기 때문에 몇 명이 참석하는지 다시 확인해야 했다. 참석자를 확인하는 도중 옆에서 불쑥 목소리가 들렸다.

"이봐, 의료용 대마초 원해?" 젊은 남자, 감지 않은 긴 곱슬머리, 체크 셔츠, 찢어진 청바지. 노숙자인지 힙스터인지 제임스는 알 수가 없었다.

"번지수가 틀렸어. 의료용 대마 피우려 여기 온 게 아냐." 제임스가 웃으며 한숨을 쉬었다. 피터버러에서는 흔한 일이었다. "게다가 당신, 의사처럼 보이지는 않는데."

"댁이 원하면 의료용이 될 수도 있지. 내가 의사 역할을 해줄게." 남자가 활짝 웃었다. "근데 그것도 아닌데 주차장에 이렇게 서 있는 이유가 뭐야."

"도서관에서 뭐 좀 하려고."

"도서관?" 남자는 혼란스러워 보였다. 뒤돌아서 등 뒤에 있는 건물을 바라봤다. "아, 이거 도서관이었지. 근데 도서관을 이용하는 사람은 없는데. 여기는 물건 파는 자리고, 금요일은 내가 판매하는 날이야. 설마 오늘 물건을 팔려는 건 아니지?" 그는 진심으로 걱정하는 듯 보였다. 그저 먹고살기 위해 애쓰는 소상공인이었다.

"아무것도 팔거나 사지 않아. 그러니까 자리 좀 비켜주겠어?"

"알았어." 남자는 옆으로 한 걸음 물러서서 제임스 옆에 있는 주차장을 훑어보았다. 제임스는 길을 건너는 머런을 불안하게 쳐다보았다. 머런이 저 남자가 두려워서 도망가지 않을까 걱정됐다.

머런은 독특한 걸음걸이 덕분에 멀리서도 쉽게 알아볼 수 있었다. 4분의 1은 절뚝거리고, 절반은 천천히 걷고, 나머지 4분의 1은 틱 증상이 나타났다. 그는 등 뒤로 불길하게 다가오는 비를 피하려 서둘러 주차장을 가로지르며 중간중간 제임스, 그리고 힙스터 친구 같아 보이는 사람 쪽을 숫기 없이 바라보았다. 머런은 언제쯤 눈을 마주쳐야 적절할지 늘 헷갈렸다. 너무 일찍 눈을 마주치면 대화할 수 있을 만큼 가까워질 때까지 계속 눈을 마주 보아야 하는 걸까? 아니면 멀리서부터 '안녕하세요'라고 큰 소리로 인사를 건네야 할까? 제임스를 못 본 척할 수는 없어서 휴대전화를 보며 바쁜 척을 했다. 머런은 가까워질 때쯤 손을 내밀었는데 너무 일찍 내민 탓에 양쪽 모두 악수를 기다리는 의미로 오른팔을 뻗은 채 서로를 향해 다가가야 했다.

"참석자가 너무 많지 않으면 좋겠는데." 머런은 초조하게 웃으며 제임스 옆에 선 남자를 바라봤다. "줄리언! 프로그래밍 배우게요?"

"아니, 알다시피 일하는 중이야." 줄리언이 활짝 웃었다.

제임스가 머런을 보았다. 확실히 친구 관계처럼 보이진 않았다. "이 사람을 알아요?"

"네, 마약 파는 사람이에요. 주로 대마초…" 머런이 어깨를 으쓱했다.

줄리언이 몸을 앞으로 기울이며 한쪽 눈을 찡긋거렸다. "…하지만 다른 것도 취급한다고!"

"그러시겠지. 머런이 친구라고?" 제임스가 머런을 향해 몸을 돌렸다. "여기 이용한 적 있어요?"

"아니, 아니에요!" 머런이 두 손을 들었다. "전에 만난 적은 있어요. 피터버러잖아요. 작은 동네라고요. 줄리언, 우리는 밤에 할 일이 있어요. 괜찮으면 비즈니스는 옆 주차장에서 해줄 수 있을까요? 찾는 사람 있으면 알려줄게요."

줄리언은 고개를 끄덕이고 주먹 인사를 한 뒤 뒤꿈치로 우아하게 돌아서서 휘파람을 불며 멀어졌다. 두 사람은 핫도그 가게 옆 주차장에 자리를 잡고 행복하게 손을 흔들어 인사하는 줄리언을 지켜봤다.

머런이 시계를 쳐다봤다. 시간이 다 됐다. "그럼 '쉿'나게 달려볼까요?" 머런이 검지를 입술에 가져다 대었다.

제임스가 눈을 찡그리며 웃었다. "그런 도서관 말장난은 어떻게 생각하는 거예요?"

"인터넷이겠죠?" 머런이 멋쩍은 듯 답했다. 실제로 그는 아이스 브레이킹에 쓸 도서관 말장난을 몇 시간이나 검색했다. 유머가 친구를 사귀는 훌륭한 방법이라는 말은 들었지만 안타깝게도 그에게는 유머 감각이 없었다. 그러나 모두가 알다시피 구글만 있으면 누구나 어느 분야 또는 상황에서든 전문가가 될 수 있다.

재잘거리는 소리와 발소리가 두 사람의 대화를 방해했다. 주차장 반대편에서 한 무리의 아이들이 제임스와 머런 쪽으로 오고 있었다. 아이들은 두어 번 정도 멈춰 서서 휴대전화를 확인하고 주변을 두리번거렸다. 폭풍우가 닥치기 전 피난처를 찾으려 애쓰는 혼란스러운 거위 떼처럼 보였다.

"우리 모임 애들이겠죠?" 제임스가 눈을 가늘게 떴다. 점점 어두워지고 있어서 멀리에서는 나이를 정확히 가늠하기 어려웠다. "쟤들이 찾는 게 약일까, 코드일까?"

"제 동생이 저기 있는 거 같아요. 그러니까 둘 다일 수도, 둘 중 하나일 수도 있죠." 머런이 속삭였다. 머런은 주머니에 손을 넣은 채 몸을 앞뒤로 흔들며 가까워지는 아이들을 바라보았다.

"포스터 봤어요?" 제임스가 머런에게 돌돌 말린 종이를 건네주었다. 종이 겉면은 하얀색이었지만 안쪽은 색상이 화려했다. "스테판이 마무리한 게 점심쯤이어서 메일로 보낼 시간이 없었어요. 무료로 해줬지만 괜찮은 거 같아요!"

"이건 뭐예요?" 손가락으로 제목을 가리키는 머런은 눈에 띄게 화가 나 보였다.

"오늘의 주제! 데드락, 스레드, 병렬성. 제가 좋아하는 주제들이죠."

"14살 애들이에요, 제임스!" 머런이 제임스에게 포스터를 던졌다.

"뭐, 모범 사례를 일찍 접하는 게 좋잖아요." 제임스가 조용히 답했다.

"쟤들이 배운 스레드라고는 유치원에서 바느질 배울 때 몇 수인지 세라고 배운 스레드밖에 없을 거예요!" 머런이 가방을 떨어트리고 고개를 저었다. "콘솔 애플리케이션, 쟤들이 할 줄 아는 건 그것뿐이잖아요."

"거기도 스레드가 있잖아요?"

머런이 다가오는 아이들 무리를 가리켰다. "쟤들은 그걸 모를걸요. 관심도 없을 거고."

거위 떼가 입구에 다다랐고 무리의 대장이 얌전하게 제임스에게 인사했다. 아이는 고개를 숙이고 자기 신발을 바라보았고 따라온 친구들은 그 아이 뒤로 숨었다. "청소년 그룹에 참석하려고 왔어요…." 거의 혼잣말처럼 중얼거렸다.

"어서 와!" 제임스가 아이들을 위해 문을 열어주었다. 아이들은 힙스터와 이국적인 너드에게 납치라도 된 것처럼 주저하며 걸어 들어갔다. 머런은 자기 옷 중 가장 좋은 셔츠를 입었다. 어머니에게 선물 받은 그 셔츠에는 파란 장미와 빨간 장미가 그려져 있었다. 이 셔츠는 제임스의 꽃 모양 문신과 어울렸다. IT 산업에 관심 있는 숙박업소 정원사처럼 위협적인 모습이었다.

"아, 그런데, 스레드에 관해서 얼마나 알고 있니?" 제임스가 무리의 리더와 눈을 마주치며 물었다.

뒤에 서 있던 키 큰 아이가 머리를 긁더니 머런을 향해 몸을 돌렸다. "음, 스레드 카운터의 스레드 말씀하시는 건가요?"

"거봐요!" 제임스가 두 손을 내밀며 머런에게 함박웃음을 지었다. "얘들도 스레드를 알잖아요."

"왜요? 스레드는 왜 물어보신 거예요?" 아이들이 궁금해하는 표정으로 물었다.

머런의 시선은 제임스와 아이를 오고 간 후 제임스에게 돌아왔다. 다른 아이들도 대화를 들으려고 돌아온 탓에 입구가 혼잡했다. 주차장 반대편에서는 줄리언이 설렁설렁 손을 흔들고 있었다. 자기가 파는 물건을 시식한 게 분명했다.

"스레드에 관해 알고 있는 게 정확히 뭐니?" 머런이 말을 이었다.

키가 머쓱하게 큰아이가 머릿니라도 있거나 약이라도 한 것처럼 머리를 긁으며 이렇게 더듬거렸다. "엄마가 스레드 카운트 300~500수 정도가 침구용으로 딱 좋다고 그랬거든요."

"데드락도 모를 것 같은데 어떠니?" 머런이 끼어들었다.

"현관문에 다는 도어락 같은 장치를 말하는 건가요? 이미 잠금장치가 세 개나 있어요. 메인 스트리트가 아니라서 그런 거지만요. 샤디 지역 아시잖아요. 엄마는 내가 자전거 타고 등교하는 것도 안 좋아해요. 다른 애들하고 같이 다니는 거 아니었으면 학교 끝나고 오늘 여기 오는 것도 안 좋아했을 거예요. 어쨌든 그 잠금장치는 알아볼게요."

"안으로 들어가 있어. 우리도 금방 들어갈게." 머런이 허리춤에 손을 얹고 제임스를 쳐다봤다. 그의 어두운 눈이 마침 요동치고 있는 하늘의 색과 똑같았다. "약속했잖아요. 이런 건 좋다고 보기 어려운데요."

"미안해요. 리오한테 캐시 라이브러리에 관해 강연해 줄 수 있는지 물어보려고 했는데 오늘 좀 많이 힘들어했거든요."

"그것도 그리 좋은 생각은 아닌 거 같아요. 어찌 됐든 그 라이브러리가 제거된 이상 애들이 만져볼 코드도 없고요." 머런은 한숨을 쉬었다.

제임스는 머런의 소매를 붙잡아서 그의 얼굴이 자기 쪽으로 향하게 했다. "무슨 뜻이에요?"

"몇 번이나 말했지만 아직 어린애들이잖아요. 캐시가 뭔지도 모른다고요. 아직 그 단계가 아니에요. 기본적인 것부터 배워야 한다고요! 반복문. 자료 구조. 기본 문법!" 머런이 손을 뿌리치고 걸어갔다.

"아니, 라이브러리가 제거됐다면서요?" 제임스가 말을 더듬었다.

"제거됐던데요? 리오가 말 안 했어요?"

모니카가 문밖으로 달려나왔다. 미친 듯이 또박거리는 작은 구두 굽 소리가 그녀의 도착을 알렸다. 허둥지둥 문밖으로 튀쳐나온 그녀는 한 손으로 얼굴에 붙은 머리를 떼어내고 다른 한 손을 공중에 휘저었다.

"아이들만 놔두면 안 돼요! 애들이 70명이나 되는데 저한테만 떠넘기면 어떡해요!" 모니카는 옷매무새를 다듬고 두어 번 심호흡을 한 다음 빨리 안으로 들어가라고 손짓했다.

"70명이요? 우리 모임은 아니에요. 우리는 7명만 들여보냈어요!"

"여기가 주 출입구가 아닌 건 아시죠?" 모니카가 한 팔로는 머런을 밀치고 다른 팔로는 제임스를 잡아당겼다. 작은 체구에 비해 놀라울 정도로 힘이 셌다.

"입구가 또 있어요?" 제임스가 별생각 없이 물었다.

"세 개나 더 있어요!" 대답하는 모니카의 목소리가 떨렸다.

"세 개요?!" 제임스와 머런이 서로를 쳐다보았고 모니카가 그들을 로비로 안내했다. 출입구마다 십 대들이 물밀듯이 밀려 들어오고 있었다.

주변의 소음 때문에 제임스 전화의 착신음은 거의 들리지 않았지만 주머니 안에서 굴하지 않고 진동했다. 제임스는 전화기를 꺼내 들고 구석진 곳에 숨어 전화를 받았다.

"제임스? 맞죠? 염병할! 메시지를 몇 번이나 보냈는지 몰라요. 엿 됐다고요! 배포가 망했어요! 망할 리오한테는 연락도 지랄맞게 안된다고요! 이런 빌어먹을…" 제임스는 데이비드의 말을 하나도 들을 수 없었다. 중간중간 젠장이나 염병 같은 소리만 들릴 뿐이었다. 머런이 우왕좌왕하며 아이들을 모아서 커뮤니티 룸으로 들여보내는 동안 모니카는 손을 흔들고 밀고 소리쳤다. "…사이트가 다운됐다고요! 나는 못 고쳐요! 당신이 고쳐야 해요! 젠장 제임스, 나는…."

"제가 해결한다고요!" 제임스가 전화기에 대고 소리를 질렀다. 의도했던 것보다 더 큰 소리가 났다. 주변이 조용해지고 모두가 제임스를 쳐다봤다.

"안녕…반가워. 모두 커뮤니티 룸에 앉으면 시작할게! 오늘 주제와 관련해서 약간의 변경 사항이 생겼어. 스레드 대신에 배포한 서비스를 롤백하는 방법을 시연해볼까 해. 셜록 홈즈처럼 버그 찾기도 함께 하고 말이야. 재밌겠지?"

침묵만이 공기를 감쌌다. 머런은 아이들 한가운데 서서 입을 크게 벌리고 손을 덜덜 떨며 제임스를 노려보았다. 바깥에는 비가 쏟아지기 시작했고 커다란 창문을 두드리는 무거운 빗방울 소리가 복도에 울려 퍼졌다.

21 COMMIT 당신은 이상해요

"안녕하세요, 리오!" 마틴은 모퉁이를 돌아 나오며 우울해 보이는 리오와 대조되는 환한 미소로 그녀를 맞았다. "오늘은 공주님과 함께하겠네요." 그는 천천히 고개를 숙이며 과장되게 인사했다. 비가 창문을 두드리고 있었다. 리오는 비를 피할 수 없었다. 흠뻑 젖은 옷이 몸에 꼭 달라붙었다. 리오가 한사코 자전거를 대기실로 가져오겠다고 고집한 덕분에 바닥에는 젖은 타이어 자국이 남았다.

"공주요?"

마틴이 자기 머리를 가리킨 다음 리오의 머리를 가리켰다. 리오는 창문에 비치는 모습을 바라보았다. 처음에는 마치 창을 뚫고 들어올 듯 유리를 긁어대는 비에 집중하다가 그다음에는 유리에 비친 자기 모습을 보았다. 앞머리가 마치 헤어밴드처럼 이마에 찰싹 달라붙었다. 그리고 머리 꼭대기에 반짝이는 무언가가 보였다.

'왕관이잖아. 여태 그 빌어먹을 왕관을 쓰고 있었네.'

리오는 재빠르게 왕관을 벗어서 백팩에 던져 넣었다.

"일과 관련된 거예요." 리오가 웅얼거렸다. 몹시 당황스러웠다.

"당황하지 않아도 돼요. 이 작은 피터버러에 왕족이 방문하는 게 흔한 일은 아니죠. 하지만 다음에는 늦으면 알려주세요." 리오의 마음을 읽기라도 한 듯 마틴이 그녀를 향해 검지 손가락을 흔들었다.

"미안해요. 비가 내린 데다가 휴대전화도 젖어버렸어요." 리오는 무죄를 입증하는 증거로 자신의 휴대전화를 내보였다. "켜지지도 않고 전화도 안 돼요."

벽 뒤에 숨어 있던 헬렌이 마술처럼 나타났다.

"제가 고칠 수 있어요! 쌀만 있으면 돼요. 제가 말려드릴게요. 저 뒤에 쌀이 좀 있거든요."

"쌀이요?" 리오의 시선이 핸드폰으로 향했다가 다시 헬렌에게 향했다.

"주변에 갓난아이가 없나 봐요. 아기들이 화장실에 물건 떨어뜨리는 걸 얼마나 좋아하는데요."

헬렌이 리오의 휴대전화를 들고 모퉁이를 돌아 사라졌다.

"오늘 시간 좀 걸릴 거예요, 리오. 어서 들어와요." 리오는 마틴을 따라 진료실로 들어섰다. 휴대전화가 없으니 마치 벌거벗은 기분이었다. 춥고 축축했다. 우울하게 비가 내리는 날의 비참한 공주.

"앉으세요." 마틴이 바지 매무새를 가다듬으며 의자 쪽으로 고개를 까딱하고 자리에 앉았다. 그는 바지가 약간 짧은 탓에 마치 물려받은 옷만 입는 아이처럼 보였다. 발목에는 고양이와 꽃이 조화를 이루고 있는 알록달록한 양말이 자태를 드러내고 있었다. 불쌍한 고양이가 신발에서 빠져나오려 애쓰는 모양새였다. 리오는 자기 스타일을 '약간의 재미를 곁들인 비즈니스 스타일'이라고 설명하던 아빠 생각이 났다. 보수적이고 단정한 옷에 장난기가 엿보이는 화려한 양말을 항상 함께 신는 스타일이었다.

고양이 양말은 HR의 줄리아와 같은 곳에서 구매한 것임이 분명했다. 접힌 부분에 있는 찌그러진 고양이를 보자 냥말마켓이 떠올랐다. 테스트가 없으므로 서둘러서 진행한 배포가 잘 진행되었기를 바랐다. 빌드는 녹색이었고 서비스는 작동했다. 수술 담당 의사인 리오는 기뻤다. 오류도 없었다. 꿈은 이루어진다. 자신의 컴퓨터에서는 문제없이 잘 동작했다. 서버에서 동작 안 할 이유가 없잖아? 리오는 자리에 앉았다. 가슴에 달라붙은 티셔츠에는 재밌는 프로그래밍 농담이 적혀 있었다. .iceberg { position: fixed } .titanic { float: none; } 리오가 좋아하는 말장난 티셔츠였다.

"저는 고양이를 좋아해요. 이 양말은 조카가 저를 위해 골라줬고요." 마틴이 양말을 끌어올려 고양이를 똑바로 펴주었다. "그런데 혹시 추우면 튜닉이라도 드릴까요?"

"네?"

"튜닉처럼 생긴 유니폼이요." 마틴은 자기가 입고 있는 상의를 잡아당겨 보여주었다. "옷장에 한가득 있으니 편하게 말씀하세요. 앞으로 3~4시간은 더 있어야 하는데 추워 보이거든요." 마틴이 리오를 가리켰다. 리오는 점자책이라도 된 듯 소름이 잔뜩 돋은 자기 왼팔을 문질렀다. "바지는 여벌이 없지만 상의는 있어요. 원한다면 셔츠라고 부르셔도 되고요." 마틴은 일어나서 몇 밀리초 만에 비닐 포장 안에 깔끔하게 접힌 파란색 유니폼을 건네줬다. "여기요. 뒤에 있는 방에서 갈아입으세요." 전에도 해본 일인 것 같다. 그 상황을 굳이 상상하고 싶지 않아서 이상한 선물을 받아들이기로 하고 마틴이 마치 치과의 신에게 바치는 튜닉처럼 생긴 제물을 둔 곳으로 천천히 손을 뻗었다. 리오는 재빨리 옷을 갈아입으러 갔다. 티셔츠를 둘둘 말고 그 안에 브래지어를 접어 넣었다. 상반신에 아무것도 입지 않은 채 서서 창문에 비친 모습을 바라보았다. 창밖으로는 굵은 빗줄기가 쏟아지고 있었다. '치과 진료실에서 반나체로 있다니.' 마틴의 컴퓨터 모니터에는 웹캠이 달려있는데 렌즈에 덮개가 씌워져 있지 않았다. 노크 소리가 들려 불안해진 리오는 튜닉을 머리부터 뒤집어쓴 다음 팔짱을 껴서 도드라진 젖꼭지를 가렸다.

"잘 맞아요?" 마틴은 그녀의 엇갈린 팔을 응시하는 것처럼 보였다. 팔 아래에서는 젖꼭지가 탈출하겠다고 위협하고 있었다. 리오는 눈을 피한 채 팔을 문지르고 고개를 끄덕이며 조용히 말했다. "고마워요." 자리에 앉아 점잖게 발목을 꼬고 몸을 뒤로 기댔다. 팔짱 낀 미라같이 보였다.

마틴이 기쁜 미소로 그녀를 바라보았다. 그는 치아 모형 하나를 양손에 들고 있었다. 마틴은 모형이 마치 애완동물이라도 되는 듯 엄지손가락으로 쓰다듬었다. 마틴이 리오 본인보다 리오의 치아 모형에 더 애착을 가지고 장난감 다루듯 만지작거린다는 사실에 리오는 어떤 감정을 느껴야 할지 알 수 없었다.

"좋아 보이네요. 왕관도 계속 쓰고 있었으면 그림이 완성됐을 텐데요." 그는 조심스럽게 치아 모형을 테이블에 내려놓고 마스크를 쓰고 충전재 교체를 준비했다. "당신은 이상해요." 마틴은 마스크 뒤에서 중얼거렸다. 눈이 가늘어졌는데 아마 미소 때문인 것 같았다.

'이상하다고? 내가?' 리오가 눈을 크게 떴다. 몸을 앞으로 기울인 마틴과 눈이 마주쳤다. 그의 이마는 번들거렸고 눈썹 앞에 작은 땀방울이 맺혔다. 입을 한껏 벌린 리오는 그 땀방울이 자기에게 떨어지지 않기를 간절히 바랐다.

"이메일에 답장을 안 하잖아요." 마틴이 마스크 뒤에서 무심한 듯 웅얼거리고 잠시 멈췄다가 도구를 바꿔 들었다. 리오는 대답하지 못했지만 '미안해요'라는 말처럼 들리는 소리를 내려고 했다. 누군가 당신 입에다 드릴을 대고 왜 잠수를 탔느냐 물어보면 할 말은 하나뿐이다. '미안해요.'

"이 얘기는 나중에 해요. 지금은 할 일이 있으니까요." 마틴이 리오의 어깨를 두드리자 이 모든 일이 얼마나 어색한지 리오는 양손 엄지손가락을 들어서 표현했다. "이 치아 모형을 집에 가지고 가봤어요. 자칫 다른 걸 가져갈 뻔했어요. 사진의 영감이 되었죠." 그녀는 모형이 있는 테이블을 보았고 사진 중 하나를 떠올리며 어떤 모형인지 알아보았다. "근데 지금 하는 치료를 마치면 새 모형을 만들어야 해요. 투명 교정기를 하고 싶다면요."

마틴이 잠시 멈추자 리오가 고개를 저었다. "아니요, 괜찮아요. 그냥 쟁기 이빨로 살게요."

마틴이 리오의 어깨에 손을 얹고 걱정하듯 바라보았다. "괜찮겠어요?"

리오가 고개를 끄덕였다.

"치아 본을 하나 더 떠도 될까요? 괜찮다면 몇 개 더요? 연습용으로?"

리오가 마틴을 바라봤다. 마틴도 리오를 빤히 봤다. 모형은 방 건너편에서 웃고 있었다. 마틴은 손을 치웠지만 손의 온기는 그대로 남아서 퍼지고 있었다.

리오가 시선을 피했다. "하나 더 만들고 싶다면 그건 괜찮아요."

"좋아요!" 마틴이 몸을 돌려 장비를 일렬로 배열했다.

모형을 제작하기 시작하자 마스크 뒤에서 마틴의 미소가 커졌다. 이빨이 보이지 않는 오싹한 미소가 점점 커지다가 어느 순간이 되자 마틴은 약한 신음과 함께 힘껏 숨을 내쉬고 등을 뒤로 기댔다. "딱 제가 원하던 거예요!" 그는 눈웃음을 짓고 리오의 어깨에 손을 올렸다. "자, 이제 치료해봅시다." 리오는 고개를 끄덕이고 눈을 감았다.

마틴은 다시 치료를 시작했고 그로부터 한 시간 반 동안 아무 말도 하지 않았다. 중간에 헬렌이 들어와서 리오가 깜빡하지 않도록 리오의 휴대전화를 넣은 쌀 봉투를 리오의 백팩 옆에 두면서 휴대전화를 하룻밤 그 봉투 안에 넣어두라고 알려주었다. 아, 그리고 쌀은 가져도 되고 먹어도 괜찮을 거라고 했다. 그렇게 말하는 건 영국인뿐일 거다.

이보다 더 이상한 금요일이 있을 수 있을까. 머리에 왕관을 쓴 채 폭풍우를 헤치고 자전거를 타고 치과에 오고, 치과 진료실에서는 옷을 벗고 치과 유니폼으로 갈아입지 않나. 치과의사는 내 치아 복제품을 쓰다듬으며 자신의 포토샵 기술에 감동했는지 묻는 데다 휴대전화는 나중에 요리해 먹을 쌀 봉투 안에 들어 있다. 아, 게다가 세상에서 가장 이상한 사람에게 이상하다는 소리를 듣다니!

갑자기 마틴이 의자를 뒤로 젖히고 벽에 있는 시계를 보며 변명하듯 말했다. "저 진짜 가야 해요. 주차 미터기에 등록한 시간이 다 되었어요." 그는 빠르게 마스크와 장갑을 벗고 작별 인사조차 없이 밖으로 뛰쳐나갔다. 남겨진 모형은 불쌍해 보였지만 아직 채워지지 않은 영원한 미소를 짓고 있었다. 리오는 기다렸다. 양말에 있던 고양이를 생각했다. 비가 그쳤는지 궁금했다.

"라르손 양, 제가 이어서 하는 걸 양해해주면 좋겠네요." 키가 큰 금발의 남성이 나타나서 손을 내밀어 악수를 청했다. 그녀는 팔짱을 풀었다. 구강 견인기에 의해 입은 강제로 벌려져 있었다. 타액이 계속 모여서 가능한 한 자주 삼키려고 최선을 다하고 있었지만 빨리 도움을 받기 어려울 때는 치과용 타액 펌프를 꺼내서 직접 사용해야 했다. 그의 손은 단단하고 따뜻했다. 그의 눈은 초록색이었고 눈가에는 잔주름이 많았다.

"한두 시간 안에 마무리할 수 있는지 봅시다. 낯선 사람은 더 이상 들어오지 않는다고 약속해요." 그는 마스크를 내리고 장난스럽게 윙크했다. 그는 견인기를 조정하고 타액 펌프를 건넸다. "알아요, 알아. 얘기하러 온 거 아니에요. 이걸 넣어 봅시다." 흡입기 소리가 벽에 울렸다. "옷이 마음에 드네요. 여기서 일하세요?"

리오가 조심스럽게 고개를 저었다.

"저도 아니에요." 그는 웃으며 드릴 헤드를 바꿨다. 리오의 동공이 두 배로 커졌다. 그는 말을 이었다. "전 헌팅턴에 있는 다른 치과에서 일한다는 말이에요. 마틴이 오늘 도와달라고 부탁했어요. 시간이 오래 걸리는 시술을 할 때는 그렇게 하기도 해요." 그는 웃으며 마스크를 내렸다. "겁나게 해서 미안해요. 갑자기 나타난 일반인은 아니랍니다. 마틴이 미리 알려줬어야 하는 건데 마틴은 좀…" 적절한 단어를 찾으려 고민했다. "…특이하거든요. 알아채셨는지 모르겠지만." 그는 또 윙크하고 마스크를 다시 올렸다. 마틴이 하다 만 시술을 다른 사람이 이어가는 걸 보면서 리오는 불안한 기색을 내비치며 어색하게 웃었다.

"아 참, 제 이름은 브라이언 데이비입니다!" 드릴을 사용하는 중이라 크게 소리쳤다. "데이비 선생이라 부르세요."

한 시간 후 시끄러운 윙윙거림이 멈췄고 견인기가 제거됐다. 리오는 이번엔 잠들지 않았고 입은 아프고 엄청나게 건조했다. 의자가 아직 다 일어나기도 전에 그녀는 식수대로 달려가서 물 두 컵을 마셨다. 독성이 있는 아말감 충전재를 삼키지 말고 가글해서 뱉어야 한다는 걸 깜빡했다.

"어…그거 삼키면 안 돼요."

데이비 박사는 진료실 밖으로 나가서 장갑과 마스크를 벗고 돌아와 자리에 앉아서 빰을 마사지하는 리오를 지켜보았다. 리오의 입술이 두 군데 갈라졌다.

"한동안은 입을 좀 쉬게 해야 할 거예요. 그래도 아주 조용한 분 같네요." 그는 그녀에게 받은 인상을 이야기했다.

리오는 대답하지 않았다. 피곤하고 아팠다.

브라이언이 리오에게 손거울을 건넸고 리오는 치료 결과를 확인했다. 아랫니에 있던 오래된 은색 충전재가 전부 하얀 합성 소재로 바뀌었다. 은색 충전재는 바쁜 부모님 밑에서 좋지 않은 습관(어쩌면 있어야 할 습관이 없는 게 더 문제였을까)을 지니고 살던 가련한 학생 시절에 넣은 것이었다. 좋아 보였다. 반짝반짝. 왕관을 쓸 자격이 있어 보였다.

"우와, 고마워요!" 리오가 의자에서 일어나서 기지개를 켰다. 늦은 시간이었다. 집에 가서 자고 싶은 마음이 간절했다. 서두르면 오후 9시 기차는 아직 탈 수 있다. 휴대전화는 조금 더 있어야 쓸 수 있을 것 같다. 그녀는 굳이 쌀이 든 봉투를 휘젓고 싶지 않았다.

"가시기 전에 한 가지만…."

리오가 멈춰서서 브라이언을 바라봤다. "네?"

"혹시 본인의 치아가 쟁기같이 생긴 거, 알고 있어요?"

"그런 말 들은 적이 있어요. 근데 기능에 문제가 없으면 상관없어요." 젖은 재킷을 접어서 백팩에 욱여넣었다. "전 일반 교정기나 투명 교정기 할 생각 없어요." 리오는 백팩을 어깨에 메고 문 쪽으로 서둘러 걸음을 옮겼다.

"잠시만요!"

'또 뭔데?'

"깜빡하셨어요. 그… 브래지어요." 부끄러운 듯 말하는 데이비 박사의 손에는 리오가 벗어둔 지 좀 된 브래지어가 들려 있었다.

22 COMMIT 빵은 완벽하게 구워졌다

토요일 아침, 리오는 뺨을 후려치는 햇살에 잠에서 깼다. 마치 칠판을 긁는 손톱처럼 눈을 괴롭히는 햇살에 저주를 퍼붓고 가늘게 뜬 눈으로 벽에 걸린 시계를 봤다. 어제 받은 치료 때문에 턱이 아팠다. 리오는 침대 반대편으로 굴러와서 축축한 천 위로 올라갔다. 하늘색 유니폼이 눈에 들어왔다. 유니폼도 찌그러진 미소로 그녀를 응시했다. 조용한 신음과 함께 머리까지 이불을 끌어올려서 얼굴을 가리고 어제의 흔적을 외면하려 했다가 산소 결핍 때문에 어쩔 수 없이 다시 세상을 마주했다. 유니폼을 집어들어 펼쳤다. 붉어진 뺨에 아주 희미하게 미소가 번졌다. 혀로 입 속을 훑어봤다. 입술 끝이 갈라졌고 혀에는 하도 기운이 없어서 매끄러운 충전재를 훑는 것도 간신히 할 정도였다. 하지만 훑는 데 성공했고 그럴 가치가 있었다. 그녀의 충전재는 켄싱턴에서 가장 매끄러웠다.

라이언이 크게 쉭쉭거리고 야옹거렸다. 오늘은 토요일이고 토요일에는 정해진 일정이 있었다. 고양이, 이 인내심 부족한 작은 멍청이는 다른 일을 하기 전에 자기를 먹이고 안아주고 빗질해달라 요구했다. 리오는 털북숭이 상전의 승인을 받은 후에야 한 주 동안 엉망으로 만든 집을 치울 수 있었다. 라이언은 노려보며 평가할 것이다. 리오는 피학적 성향이 있거나 정신적으로 심각한 문제가 있는 사람만이 고양이를 키운다는 결론에 이르렀다. 언젠가 아이는 외래종 동물 같은 존재여서 아이를 가지려면 돈이 많거나 정신이 나가야 한다는 말을 들은 적 있다. 라이언 같은 고양이도 이와 마찬가지였고 추정에 불과하지만 99.9%의 고양이가 라이언 같았다. 그녀는 불안을 유발하는 덥스텝 음악을 틀어두고 한 주 동안 아무 데나 두었던 몇 가지 물건을 제자리에 두고, 변기에 샴푸를 뿌리고 물을 내리고, 베티에서 곰팡이를 제거하고 먹이를 먹인 후 세탁기를 한 차례 돌릴 것이다. 베티는 시체가 아니라 사워도우 반죽이다. 시체 같은 냄새가 나는 사워도우. 라이언은 뭘 하냐고? 라이언은 수염을 축 늘어뜨린 채 탐탁하지 않다는 표정으로 문 옆에서 기다릴 것이다. 세탁기에 세탁물을 억지로 쑤셔 넣고 나면 이 털북숭이는 다이아몬드가 박힌 목줄을 차고 계단을 내려가 주간 행사인 동네 산

책에 나설 것이다. 리오는 동행하는 영광을 누렸다.

리오는 길모퉁이에 있는 바리스타에게서 커피를 받아 들고 라이언과 함께 햇볕을 맞으며 걸었다. 이들은 큰 떡갈나무 옆에 있는 벤치에 자리를 잡았다. 오래되었지만 깨끗한 자리였다. 리오는 햇볕을 쬐면서 라이언이 좋아하는 유일한 방법으로 라이언을 쓰다듬었다. 느리고 부드럽게, 등의 중간까지만 쓰다듬어야 한다. 반대편 벤치에 노부인이 앉았고 그녀 옆에는 자그마한 반려견이 있었다. 거리에 버려진 낡은 휴지처럼 몸을 웅크리고 있는 그녀의 모습은 슬퍼 보였고, 개는 초조하게 라이언을 바라보며 떨었다. 리오는 벤치에 앉아 있는 노부인의 모습에 갑자기 자신이 겹쳐 보였다. 옆에는 고양이 한 마리뿐. 불쌍한 여자 같으니. 리오는 라이언을 쓰다듬었다. 그녀가 메리 할머니일까?

라이언이 쉭쉭거리자 리오는 라이언을 들고 걷기 시작했다. 무언가 말하려 몸을 돌렸지만, 그 노부인 옆에 한 노인이 앉았다. 그는 그녀의 손을 잡았고 그녀는 웃고 있었다. 개가 그의 얼굴을 핥았다. 리오는 라이언을 내려다보았다. 라이언은 얼굴을 찡그리고 미묘한 신음 소리를 내며 그녀를 외면했다.

집으로 돌아온 라이언이 캣타워로 사라지며 그날의 외출은 끝났다. 문 닫는 소리가 비어 있는 집에 울려 퍼졌고 커피는 땡볕에도 불구하고 식어 있었다. 리오는 커피를 따라 버리고 사워도우를 준비했다. 그녀는 거의 비어 있는 냉장고에 버터와 햄이 있는지 본 뒤 우유를 한 모금 입에 가득 머금고 덩어리가 없는지 확인했다. 우유의 유통기한이 지나지 않았나 확인하기 위함이었다. 그녀는 창밖을 바라보고 조리대로 돌아와서 쌀 봉투에서 휴대전화를 꺼냈다. 쌀은 나중을 위해 아껴두었고 휴대전화는 먼지가 쌓인 슬픈 테이블 위에 내버려뒀다.

창문으로 돌아왔다.

거실과 소파, 벽을 차례로 바라보았다.

거실 창문 옆에 섰다. 길게 한숨을 쉬었다. 사워도우를 다시 한번 접었다. 창문으로 돌아왔다.

해가 슬금슬금 지평선에 가까워졌고 도우는 점점 더 부드러워졌다. 해가 저물 준비를 마쳤을 때 리오는 도우를 밤새 발효시키려 냉장고에 넣었다.

해가 저물자 창밖에는 볼 것이 없었다. 한쪽 구석에서 컴퓨터가 삐 소리를 냈다. 미묘한 호출이었다. 그녀는 미끼를 물었다. 화면에 오래된 알림들이 있었는데 라이브러리 개선을 위한 제안들이었다. 오타가 많다는 흔한 불만이었다. 그것들을 선택하고 삭제했다.

리오는 업무 관련 네트워킹 사이트에 올린 자신의 공개 프로필을 보았다. 컨설트잇!이란 글자를 보니 토가 쏠렸다. '데이터 컨설턴트'라 쓰인 직함 옆에 프로필 편집 버튼을 누르고 새 직함을 입력했다. '아키텍트' 그녀는 어둠 속에서 저장 버튼을 누르고 미소를 지었다. 연결 요청 목록을 보았다. 인문학부 예술 교수. 대니얼 라르손.

아빠는 여러 사진에서 웃고 있었다. 책 사인회. 특별 전시회. 그 옆에는 실크 드레스를 우아하게 입은 아름다운 여성이 있었다. 리사 라르손. 리오는 "안녕 엄마"라고 속삭이며 거절을 눌렀다. 조용히 노트북을 닫았다. 창문으로 돌아왔다. 한숨을 길게 쉬었다. 라이언은 안아달라고 야옹거렸다. 리오는 마지막으로 긴 한숨을 내쉬고 밤에 굴복했다. 털북숭이 멍청이를 옆에 두고.

일요일에 햇살은 다시 한번 그녀의 **뺨**을 후려쳤지만, 리오는 라이언이 남긴 털 더미 아래 묻혀 있었다. 일어나서 라이언의 똥을 치웠다. 다시 한번 변기에 샴푸를 뿌리고 물을 내리고 (구석에 쌓인 거대한 빨랫감 더미는 무시한 채) 세탁해둔 약간의 세탁물을 개고 주방에 있는 오븐을 조정해 온도를 최대로 높였다.

빵은 완벽하게 구워졌다. 따끈한 빵 냄새가 집 안을 채웠다. 딱 한 명의 고객과 한 명의 제빵사가 있는 숨겨진 빵집이었다. 리오가 빵 두 조각을 잘라서 버터를 바르자 빠르게 녹았다. 빵을 타월 위에 놓고 찬장을 열었다. 그 속에서 마주한 오래된 세 개의 빵 덩어리 때문에 계획이 바뀌었다. 빵과 그 사촌을 쓰레기통에 던져 넣었다. 자른 빵을 테이블 건너에 있는 빈 의자를 바라보며 조용히 먹었다. 발치에는 라이언이 있었다.

창문으로 돌아왔다.

구름이 천천히 움직이자 해가 그 뒤로 숨었다.

거실, 침대, 천장을 바라보다가 가방에 있는 헤드폰을 쳐다봤다.

'너무 멀어.' 한숨을 쉬었다.

리오는 강물에 떠밀린 오두막처럼 떠내려갔다. 치과 유니폼은 여전히 바닥에 있었다. 또 똑같은 평범한 월요일이 다가오리라 생각했다.

"리오…." 제임스가 로비에 앉아서 펜으로 노트북을 두드리고 있었다. 매우 지쳐 보였다. 리오는 그를 알아보지 못해서 다시 한번 보아야 했다. 헝클어진 머리에 짙은 파란색 후드 티셔츠, 회색 추리닝 바지를 입고 닳아빠진 러닝화를 신은 남자는 진짜 제임스, 끔찍한 날을 보낸 제임스였다. 리오의 이름을 두 번째로 중얼거리며 눈을 비비는 그의 목소리에 피곤이 묻어났다. 그는 막 걸음마를 뗀 아기의 육아를 전담하는 사람보다도 기운이 없어 보였다.

리오는 고개를 갸우뚱하며 걱정스러운 표정으로 그를 바라보았다. "제임스, 별일 없는 거죠? 피곤하고 아파 보여요. 가족들도 별일 없고요?"

"아, 저는 진이 다 빠졌어요. 그리고 별일이 있어요. 당신은 어때요, 리오?" 그는 펜 두드리기를 멈추고 시선을 피한 채 엄지와 검지로 펜을 쥐었다.

리오는 제임스 맞은 편에 앉아서 커피에 집중했다. "좋아요. 환상적인 주말이었어요. 금요일에는 마틴을 만났는데 재밌는 동시에 이상했어요. 알다시피 평소처럼요. 토요일에는 라이언과 일대일 시간을 보냈고 일요일에는 빵을 구웠어요. 프로필을 업데이트했고. 네트워킹도 거의 할 뻔했어요. 당신은요?"

"당신이 얼마나 곤란한 상황에 처한 건지 알고 있기는 해요?" 제임스가 그녀를 향해 눈을 번뜩이며 갑자기 일어나는 바람에 커피가 바닥으로 쏟아졌다. "도대체 무슨 생각이 었는지 모르겠어요. 게다가 주말동안 휴대전화는 왜 꺼놓은 거예요? 설마 이상한 장난인가요? 전 그 망할 걸 고치겠다고 이틀 내내 애썼어요. 이런 장난은 치면 안 되죠. 데이비드는 화가 난 정도가 아니예요. 냥말마켓은 말할 것도 없고요."

"무슨 말을 하는 건지 모르겠어요. 무슨 일이 있었던 거죠?" 무슨 일이 일어난 건지 파악하려고 하는 리오의 목소리가 살짝 떨렸다.

"라이브러리! 망할 놈의 라이브러리!" 제임스는 냅킨으로 커피를 닦았다. 소용없는 행동이었다. 그는 테이블에 냅킨을 던지고 서서 기다렸다.

"라이브러리? 도서관이요? 피터버러 도서관이 왜요?"

"아니요! 피터버러 도서관이 아니라 당신 라이브러리요. 없어진 거, 인기 많은 거, 빌드도 사이트도 망가뜨린 그 라이브러리요."

리오는 잠시 멈추고 옆에 있는 벽을 바라보았다. 회색 벽에 그녀의 자전거로 긁은 자국이 있었다. "아…안돼…." 그녀는 입술을 깨물었다. "그 라이브러리요? 비공개로 해뒀는데… 비공개로 돌려서 그런 거예요?" 제임스는 힘껏 고개를 끄덕이며 다시 앉았다. 리오는 그를 바라보며 진정시키는 데 가장 도움이 된다고 생각되는 말을 했다. "라이브러리를 비공개로 하는 편이 낫다고 생각한 거 아니었어요?"

"프로덕션에 배포하기 전에는 비공개로 하면 안 되죠!" 제임스는 자기 머리카락을 잡아당겼다. "망할. 금요일.에는. 절대요!"

복도를 뛰어내려오는 줄리아의 플랫슈즈가 낮고 부드럽게 쿵쿵거리는 소리를 냈다. 그 소리를 듣자 리오에게는 이웃집에 살고 있는 치와와가 연상되었다. 라이언이 싫어하는, 사납게 짖어대는 작은 개.

줄리아는 허둥대며 속삭였다. "제발 고운 말로 할래요. 욕설 말고요. 고객이 온다고요." 그녀는 리셉션 맞은편에 있는 테이블 쪽을 가리켰다. 정장 차림의 세 남자가 젊은 여성에게 소리 지르는 노숙인을 쳐다보고 있었다. 보기 좋지 않았다. 제임스는 눈치채지 못했다. 그는 고개를 숙이고 빈 컵을 바라보았다. 그도 노숙인이 되어서 동네 구멍가게 밖에 앉아서 빈 컵을 내밀고 돈을 구걸하는 게 나을 수도 있었다. 팀 전체가 해고될 거라고 확신했다.

그는 속삭이는 목소리로 답했다. "고운 말로는 지금 제가 느끼는 기분을 묘사할 수가 없어요, 줄리아. 하지만 제 걱정을 할 필요는 없어요. 곧 데이비드가 들어와서 곱지 못한 말을 할 거라 장담해요."라고 말하며 문을 가리켰다.

데이비드가 문을 열자마자 로비에 욕설이 울려 퍼졌다. 그는 과하게 달라붙는 사이클링 복장, 뚜덕거리는 사이클링용 신발을 착용하고 헬멧도 그대로 쓴 채 기저귀 한 꾸러미와 아주 작은 항공 재킷을 들고 있었다. 누가 보아도 기저귀와 항공 재킷은 그가 아니라 미니어처 인간용이라는 걸 알 수 있었다.

"줄리아, 내 전처가 오면 이것 좀 전해줘요. 우리 막내 건데 유치원에 갖다준다는 걸 깜빡했어요. 리오, 당신은 나랑 같이 가요. 긴급회의예요. 지금 당장. 제임스, 당신은…." 제임스의 머리는 뒤로 젖혀졌고 가는 침 한 줄기가 그의 입 한쪽에서 그의 가슴으로 흐르고 있었다. 노트북은 그의 발에 놓여 있었고 그의 손에는 빈 커피 컵이 들려 있었다.

"제임스는 잠들었어요." 리오가 속삭이며 다시 긁힌 자국으로 시선을 옮겼다. 그는 데이비드의 거친 숨결을 느낄 수 있었다. 그는 전자담배 연기를 뿜는 십 대들처럼 분노를 내뿜었다.

데이비드는 한숨을 쉬었다. "줄리아! 제임스 좀 명상실로 데려다줄래요?"

줄리아는 다른 손님들에게 사과하며 달려왔다. 그녀는 눈이 마주칠 때까지 제임스를 흔들었다. 제임스에게 힘든 주말이었다. 베이킹할 시간은 없었다. 좋은 점이라면 하룻저녁에 학창 시절 내내 도서관에서 보낸 시간보다 더 많은 시간을 보냈다는 거고, 안 좋은 점이라면 그게 재난 상황이었다는 거다. 그는 금요일 저녁 내내 공황 상태에서 롤백을 시도했다. 작업을 하는 동안 그의 앞에는 혼란스러워하는 십 대들이 정신없이 뛰어다니고 있었다. 도서관의 와이파이 수준이란 전화 접속을 기억하는 나이 든 사람들을 위한 기념 작품에 가까웠고 그 당시의 고통도 똑같이 재현하고 있었다. 머런은 구석에서 크게 분노했다. 중간중간 머런은 마치 배반당한 애인처럼 다시는 그를 신뢰하기 어려울 것 같다고 말했다.

제임스는 비틀비틀 명상실로 가서 침대에 앉았다. 그는 줄리아가 자기 옆에 두고 간 기저귀 꾸러미를 보았다. 개똥 같던 주말의 역겨운 냄새를 덜어내려면 얼마나 많은 기저귀가 필요할까? 기저귀 포장지 속에서 물색없이 행복해하는 아기가 그를 바라보았다. 드러누운 제임스는 비난하듯 히죽거리는 기저귀 아기의 미소를 받아들였다. 포장에 적힌 대로라면 이 아기의 몸무게는 5~12kg 정도였다. 기저귀는 그에게 아무 소용이 없을 것이다. 리오와 데이비드가 내는 소리가 오르내리는 걸 들으며 제임스는 잠에 들었다. 데이비드의 큰 목소리 때문에 리오가 얼마나 주눅 들어서 대답하는지 잘 드러났다.

데이비드는 빠르고 성난 발걸음으로 서성댔다. "우리는 주말 내내 망가진 배포를 고치려고 노력했다고요, 리오. 그리고 제임스는 당신이 배포 직전에 라이브러리를 없앴다고 하던데요. 캐시 서비스가 사라졌다고요! 쿵, 쾅, 펑! 우리 서버는 무한 루프에 갇혀서 빌어먹을 재시도의 폭격을 받았어요…."

데이비드가 몸을 돌리려 하자 리오가 비켜섰다. "…저번에 제임스가 자동 복구용으로 기하급수적인 재시도를 하자고 제안한 적이 있어요…." 그녀는 그 아이디어를 자신이 묵살했다는 사실을 모른 척하며 답했다. '요청이 얼마나 자주 실패하겠어요? 아니, 그럴 필요 없어요. 네트워크는 안정적이에요.'

데이비드의 얼굴은 곧 폭발할 것처럼 시뻘겋게 달아올랐다. "우리가 뭘 해야 했는지는 상관없어요!" 그는 의자로 몸을 던지고 다리를 테이블에 올렸다. 신발이 쿵 하고 테이블에 떨어졌다. 리오는 신발을 보고 데이비드를 쳐다보았다. 데이비드는 끙끙거리며 신발을 벗으려 했다. 그는 그다지 유연하지 않았고 끙끙거리며 애를 쓰는 데도 좋은 각도가 나오지 않았다.

"도와줄래요?" 그는 신발을 가리켰다. 리오는 어색하게 그가 신발을 벗을 수 있게 도와주고 침묵을 지켰다. 불안해하며 땀을 흘리고 있는 리오의 주변에는 불편한 기류가 감돌았다. 데이비드의 발에서는 악취가 났고 리오는 움찔했다. 그는 말을 이었다. "못 판 양말이 얼마나 되는지 알아요? 평소 판매량과는 비교도 안 될 정도로 적게 팔렸어요! 우리 고객은 양말을 팔아요, 리오. 그 사람들 일이 그토록 단순한데 그걸 우리가 망쳐버렸다고요! 요청이 얼마나 느려터졌는지 주문하는 사이에 양말 열 켤레는 짰겠어요. 주문 서비스는 롤백 실패 후에 지금까지도 다운되어 있고요…."

"…롤백이 실패해요?" 리오는 데이비드의 말을 끊었다. 평소 그녀가 사회적인 상황에서 왜 어려움을 겪는지 증명하듯이.

"데이터베이스요, 리오. 얼어 죽을 데이터베이스를 롤백할 수 없었어요. 우리가 그에 대한 대비 계획이 전혀 없었으니까요!" 데이비드는 여전히 씩씩대며 대답했다.

빨간 투르 드 프랑스 옷을 입은 데이비드는 곧 터져버릴 풍선 같았다. 그의 피부색은 옷과 똑같아졌고 그의 뺨은 빵빵하게 부풀어서 햄스터 같았다. 그가 분노하고 있다는 게 뚜렷이 보였다. 그 부분은 햄스터 같지 않았다. 햄스터를 비하하려는 게 아니다. 햄스터는 작고 뛰어난 생명체.

그가 묘사한 재난을 이해하려 애쓰는 리오의 고개가 설레설레 흔들렸다. 앞머리도 동참하여 좌우로 흔들렸다. "무슨 소리에요? 롤백에 대비한 계획이 없다뇨?" 데이비드의 눈이 커졌다. 리오는 말을 이었다. "대비책은 당연히 있죠. 실행만 하면 되는 간단한 스크립트가 있잖아요. 몇 분밖에 안 걸리는데 왜 그걸 실행하지 않은 거죠?"

데이비드는 쳐다보았다. 멈추었다. 성대를 충전했다. 마치 테슬라 수퍼차저라도 꽂은 듯한 속도였다. "스크립트, 스크립트요? 스크립트가 있어요?"

"네, 확실해요. 스크립트가 있어요. 문서 안 읽었어요?" 리오는 고개를 저었다.

그는 펄쩍 뛰어 일어나며 그녀를 보았다. 신발이 없어서 조금 더 작아 보였다. "누가 문서를 읽어요? 전 문서가 있다는 것도 몰랐어요!"

리오는 또박또박 대답했다. "저랑 제임스한테 문서 작업하라고 강요했던 거 기억 안 나요? 그 문서 작업인지, 문서 징역인지? 많은 문서가 있으니 그냥 읽기만 하면 돼요." 그녀는 옆에 있는 미친 남자와 눈을 마주치는 걸 피하면서 백팩을 끌어올려 테이블 위에 두었다.

"당신이 우리보고 모든 걸 기록하라고 말했을 때 아무도 읽지 않을 거라는 정도는 알았어요. 하지만, 원한다면 지금이 시작하기 좋은 시점이네요." 리오는 자리에 앉으며 자기 컴퓨터를 꺼냈다. 그리고 몇 분 간 다양한 스크립트가 있는 폴더를 살펴보았다. 문서라는 이름의 커다란 폴더에 이름을 잘 지은 파일들이 알파벳순으로 정렬되어 있었다. 파일 중 하나에는 '이전 릴리즈로 롤백하는 방법'이라는 이름이 붙어 있었다. 리오가 화면을 가리켰다. "보세요. 이 스크립트만 실행하면 모든 게 해결된다고요. 제가 지금 실행할까요?"

데이비드는 떨고 있었다. 그는 몸을 앞으로 기울여 그녀의 컴퓨터를 살펴보았다. "하세요" 라는 말이 조용히 공간을 울렸다. 분노와 절박함이 묻어나는 속삭임이었다.

리오는 한숨을 쉬었다. "잠시만요. 업데이트만 마무리하고요. 윈도우 업데이트가 아직 완료되지 않았어요. 아직 반 밖에 업데이트되지 않았어요." 그들은 함께 컴퓨터를 응시했다. 컴퓨터는 그들에게 아무 파일도 건드리지 않았으며 업데이트가 2% 또는 99% 남았다고 알렸다.

데이비드는 그녀 뒤에서 거친 숨을 쉬었다. 치과 방문을 제외한다면 리오가 경험한 스킨십에 가장 가까운 행위였다.

고통스러운 몇 분이 지난 후 스크립트가 실행되었다. 데이비드는 울과 나일론이 혼방된 튼튼한 양말을 몇 개 주문했다. 몇 분밖에 걸리지 않았고 오류도 발생하지 않았다. 그가 성능 문제를 보고 행복하다고 느낀 건 생전 처음이었다. 모든 것이 괜찮아 보였다. 뭐, 적어도 롤백 실행 면에서는 그랬다. 데이비드는 괜찮지 않았다. 그는 괜찮은 것과 정반대의 상태였다. 그는 괜찮을 수 없었다. 운동 능력을 향상시키는 스판덱스를 입은, 화나고 괴로워하는 토마토는 가능하다면 리오를 해고할 준비가 되어 있었다.

문 옆에 나타난 제임스는 초조한 듯 머리를 긁었다. 그는 절실했던 잠에서 깨어나 눈을 비볐다. 화면에 초점을 맞추던 그의 눈이 갑자기 커졌다. "아, 망할. 그 스크립트를 깜빡했네."

뒤로 돌아선 토마토의 얼굴은 또 다른 색으로 붉어졌다. "무슨 스크립트요?"

제임스는 자기 손목을 쓰다듬으며 시선을 낮추었다가 다시 들면서 "문서화되어 있었어요. 아시잖아요."

데이비드는 제임스를 바라보고 일어나서 아무 말없이 걸어 나갔다. 리오는 숨을 죽이며 데이비드의 발걸음이 복도를 따라 희미해지기를 기다렸다. 그는 결코 조용하지 않았다. 그렇게 조용해질 리 없었다. 제임스는 그의 몸무게를 문틀에서 발로 옮기며 리오에게 시선을 돌렸다. 데이비드는 원초적인 절규와 함께 모퉁이를 돌며 사라졌다. 복도를 따라 줄리아의 귀를 찾아 헤매는 창의적인 욕설이 울려 퍼졌다.

제임스가 문을 닫고 리오를 골똘히 바라보며 물었다. "스크립트는 실행했어요?"

"터미널 서버에서 실행해야 해요. T1 서버요. 늘 쓰는 비밀번호예요." 리오가 설명했다.

"Secret123이요!? 그 비밀번호는 그만 써야 돼요. 계정을 만들 때 임시라고 하지 않았어요?" 그가 물었다.

리오는 미소를 지었다. "비밀번호라는 게 다 그렇죠. 제 말은, 우린 비밀번호가 규칙에 맞고 기억하기 쉽길 바라잖아요. 그럼 이렇게 되는 거예요. 우선 선택한 단어의 첫 글자를 대문자로 만들어요. 그 단어는 로그인이나 비밀번호를 뜻해야 해요. 예컨대 'Secret' 같은 거요. 다음 단계에서는 숫자를 추가해요. 저는 항상 1을 추가해요. 더 필요하다면 숫자 순으로 추가해요. 123 처럼요. 항상 끝에 붙이고요. 그리고 이제 말도 안 되는 모든 추가 요건을 맞출 차례예요. 특수 문자를 넣으라는 때가 많은데 느낌표가 딱 좋아요. 그럼 비밀번호 탄생 프로세스에 불만이 더 생겨요. 그러면 '자, 이게 빌어먹을 비밀번호다!!!' 같은 비밀번호가 완성돼요. 물론 느낌표는 하나만 더해야 해요. 최소의 노력으로 최대의 혜택을 얻어야 하니까요. 가끔 장난을 치고 싶을 땐 #을 써요. 약간의 양념을 더하는 거죠. 물음표는 사용하지 말아요. '자, 이게 빌어먹을 비밀번호다?'라고 스스로 의문을 제기하는 꼴이니까요. 그렇게 최고의 비밀번호라고 자부할 비밀번호를 만들었으니 어디에나 써야 해요. 똑같은 사용자명으로요. 이게 제가 이 멋진 비밀번호를 만든 방법이에요, 제임스."

제임스는 최악의 주말에서 벗어난다는 생각에 기쁜 마음으로 고개를 저었다. "끔찍한 논리예요. 적어도 비밀번호 관리 프로그램에 추가했다고 말해줄래요? 패스볼트^{Passbolt}? 원패스워드^{1Password}? 어느 쪽이에요?"

"이메일로 보냈어요. 받은 편지함에서 찾아봐요." 리오가 답했다.

"아."

리오는 한숨을 쉬고 노트북을 닫으며 말했다. "네, 알아요. 저도 이메일을 그렇게 좋아하지 않아요. 채팅을 사용했어야 했어요."

그녀는 제임스를 몇 초간 바라보았다. 그의 얼굴이 좀 부드러워져 있었다. "그리고 제임스, 미안해요. 화났어요?"

"너무 피곤해서 화낼 기운이 없어요. 데이비드는 우리 모두에게 충분히 화가 났고요. 라이브러리를 고치고 새 배포를 확실히 해두세요. 금요일까지 기다리지 말고요. 그리고 저한테 커피랑 도넛도 사세요. 여러 번이요. 고마워요." 밖으로 나가려 문을 여는 그의 얼굴에 진짜 미소가 번졌다. 리오의 귀에 데이비드의 고함소리와 그를 진정시키려는 줄리아의 속삭이듯 소리치는 목소리가 들렸다. 루니 툰 같았다. 리오는 창밖을 내다보았다. 조금 전 일어난 일이 이제야 현실이구나 싶었다. 그녀는 자신이 창밖으로 뛰어내리면 어떤 상황이 벌어질까 잠시 상상했다. 아마 별일은 없을 것이다. 아래층에는 큰 테라스가 있었지. 아마 지난 십 년간 엘리베이터에서 피해 다닌 아래층 이웃을 마침내 만나게 될 거야.

24 COMMIT 수치의 행군

리오는 회의실에 앉아서 데이비드가 진정되기를 기다리며 배터리가 서서히 방전되는 것을 지켜봤다. 충전기는 자리에 있었지만 하필 데이비드의 뒷자리다. 그녀는 문을 열고 문틀에 기대어 의자를 문 가까이 옮겼다. 비명과 고함이 멈추기까지 한 시간이 걸렸다. 제임스가 비공개 메시지를 보내서 숨어 있는지 물었다. 리오는 '전 집중하는 중이에요.'라고 답했다. '숨어 있는 거 맞네요.' 제임스가 답했다. 사실 숨어 있었지만 인정할 생각이 없었다. 제임스는 '알다시피 개방형 사무실이에요. 여기에서 당신에게 잔소리하도록 줄리아가 가만두지 않을 거예요. 여기가 더 안전해요. 신선한 커피 시럽도 있고 문제 해결을 기다리는 고객도 있어요.'

리오는 한 번도 '수치의 행군'을 해본 적 없었다. 술에 취해 원 나잇 스탠드를 한 아침, 러플이 달린 나이트클럽용 의상을 입고, 맨발로 손에는 하이힐을 들고, 어찌 보면 판다처럼 보일 메이크업을 한 채 귀가하는 그런 행군 말이다. 리오는 결코 그런 적이 없다. 하지만 지금 상황이 그 느낌에 가장 가까운 일일 것이다. 맨발로 (죽은) 노트북을 손에 들고 모두의 따가운 시선을 받으며 로비와 사무실을 터덜터덜 지나가는 것. 그녀는 분명 실수를 했고 그로 인한 수치의 행군이었다. 배포를 두고 모두가 그녀를 비판했다. 리오는 고개를 푹 숙이고 느릿느릿 사무실로 들어갔다. 자기 자리에 슬그머니 앉아서 조용히 노트북 전원을 연결했다. 모니터는 그녀의 영혼처럼 어두웠다. 노트북이 필요한 전력을 느릿느릿 흡수하는 동안 리오는 방전되어 있었다.

미카엘이 리오의 책상 옆으로 지나가다가 멈춰서 그녀를 보았다. 그녀에게서 새어 나오는 순전한 불행의 기운 때문에 멈출 수밖에 없다고 느꼈다. 사무실 전체에 가십이 돌았고 험담이 이어졌다. 회사에서 사고가 벌어지는 일은 흔치 않았기에 이례적으로 리오가 사무실 가십의 중심이 되었다. 사고 하나는 미카엘과 관련이 있었다.

"당신 운이 좋아요. 알죠?" 그가 낄낄거렸다.

리오는 붉어진 얼굴을 오로지 순수한 의지로 가라앉히고 평소 창백한 안색을 되

찾았다. 그녀는 자기 헤드폰과 화면을 차례로 가리키고 입 모양으로 일하는 중이라고 말했다.

미카엘은 고개를 기울이고 눈을 가늘게 떴다. "**헤드폰 사용하는 거 아니잖아요. 꽂혀 있지도 않거든요.**" 그는 몸을 기울여 연결되어 있지 않던 케이블 끝을 그녀에게 보여주었다.

그녀는 동요하지 않은 듯 보였다.

"**이건 그냥 싸구려 사무실 헤드폰이잖아요. 무선 헤드폰은 관리자에게만 주죠.**" 그는 그녀의 침묵에 당황하지 않고 말을 이었다.

헤드폰을 벗은 리오는 그를 바라보고 짧게 한숨을 쉬었다. "**오늘 정말 엉망진창이거든요.**"

"**들었어요. 하지만 아니에요. 오늘은 운이 좋은 날이에요. 프런트엔드 팀이 더 엉망인 하루를 보내고 있어요. 급한 일 때문에요.**" 미카엘은 프런트엔드 팀 쪽으로 고개를 까딱거렸다.

뒤쪽 구석 천장에 많은 장식이 붙어 있었다. 티키바[23]처럼 꾸미려는 어설픈 시도였다. 프런트엔드 팀은 '환경 소속감과 업무 공간' 워크숍 이후에 업무 공간을 '티키바 테마'로 꾸미면 창의적인 사람들이 일하고 있는, 아니면 적어도 그런 사람들이 놀고 있는 분위기가 날 거라 생각했다. 하지만 지금 그들은 신나 보이지도, 창의적으로 보이지도 않았다. 팀 내에 언쟁이 벌어진 게 분명했고 임시 제품 관리자는 바람 빠진 야자수를 향해 공격적으로 손을 흔들었다. 그 야자수는 플라스틱 소재의 사용, 환경, 브랜딩에 관해 삼 개월간 이어진 논쟁 끝에 도달한 결론이었다. 그린워싱greenwashing [24], 미카엘은 직장 내 초록 부족의 노력을 그렇게 불렀다. 그는 다양한 부족의 활동에 참여하지 않으면서 의견만 많았다. 초록 부족과 얼마 전까지 프런트엔더라 불리던 이들은 일주일에 한 번씩 바람을 다시 넣어주어야 하는 생분해성 소재의 중고 야자수로 합의를 보았다. 하지만 그런 수고를 할 가치가 있다고 그들은 주장했다.

"**이번에는 뭘 한 거예요?**" 리오는 드라마가 벌어지는 방향으로 의자를 돌렸다. 고성이 오가는 광란의 장면에 야자수가 코미디를 더했다.

"**은행 로그인을 망쳤대요.**"

---

23 폴리네시아 지역의 분위기를 내는 바.

24 실제로는 친환경적이지 않으나 친환경적인 것 같은 이미지를 세우려는 위장 환경주의를 가리킨다.

"그래요?" 리오는 더 듣고 싶었다.

"창의성을 발휘하고 어쩌고저쩌고요. 지난주 해커톤 이후에 깜짝 기능이었나 봐요." 미카엘이 별생각 없이 답했다.

리오는 해커톤에 초대받지 않았다. 그녀가 퇴근 후 활동에 참석하지 않는다는 건 사무실에 잘 알려진 사실이었다. 그녀는 신경 쓰지 않았지만 가끔은 거절할 수 있게 초대장은 받았으면 했다.

"일출 애니메이션인가 뭔가를 추가한 다음에 카나리²⁵에서만 테스트를 실행해보고 발머 피크를 훨씬 지나서 배포했다고 하더라고요."

"일출 애니메이션을 만드는 데 이틀이 걸렸대요?"

"장엄한 일출이었어요." 미카엘은 사무실 수평선을 감상에 젖은 눈길로 바라보았다. "애니메이션이 로그인 페이지를 가리지만 않았다면요. 고객들이 보낸 산더미 같은 이슈로 볼 때 카나리가 무용지물에 가까웠던 것 같지만요."

"그 사람들이 또 이런 짓을 했다는 걸 믿을 수가 없네요." 리오는 영원처럼 느껴진 시간 끝에 처음으로 웃었다. 그녀는 팔짱을 끼고 앞머리를 옆으로 휙 넘기더니 뒤로 기댔다. 팝콘이 필요한 순간이었다.

또? 미카엘은 이 회사에서 몇 년밖에 일하지 않았고 사무실에 잘 있지 않았다.

미카엘이 말을 이었다. "그 사람들이 테마 기능을 추가했어요. 그리고 어떤 천재가 글꼴 불투명도를 재설정하겠다고 그냥 0으로 설정한 거예요. 그게 리버스 비트라도 되는 것처럼 말이죠."

"근데 그러면…."

"네, 투명 잉크를 추가한 거죠. 무슨 일이 일어난 건지 알아내려는 데 난리가 났죠. 텍스트가 사라졌죠. 고객들이 '글자가 어디 간 거죠?'라는 질문과 함께 수많은 스크린샷을 보내왔어요. 피나 콜라다를 너무 많이 마셔서 그런가?" 미카엘은 고개를 저었다.

리오는 어깨를 으쓱했다. 그럴듯한 추측 같았다.

미카엘은 몸을 앞으로 들이밀며 말했다. "당신들은 운이 좋은 거예요. 다양한 사람이 모인 팀이어서…."

리오는 답하지 않았다. 제임스는 괜찮았다. 어느 정도는. 하지만 데이비드는 없어도 그만이었다.

---

25 전체 프로덕션 서버에 배포하기 전에 테스트 용도로 사용하는 서버를 말한다. 광부들이 가스 누출 위험을 감지하기 위해 갱도로 들어갈 때 가지고 간 카나리아 새에서 나온 용어이다.

미카엘은 제품 관리자와 논쟁 중인 짧은 금발의 동료가 입은 셔츠를 다른 동료가 잡아당기고 있는 모습을 가리켰다. "…왜냐하면 똑같은 사람들을 한 팀에 넣으면 저렇게 되니까요…."

탁구대 옆에 열대 지방처럼 꾸민 공간에서 연출되는 장면을 보니 리오는 환경소속감 워크숍이 좋은 영향을 냈다고 보아야 할지 의문이 들었다.

"우리는 팀이라 보기 어려워요. 사람이 셋인 걸요. 데이비드도 포함한다고 가정하면요." 리오는 데이비드를 포함하기 꺼려졌다. 그는 해결하는 문제보다 일으키는 문제가 더 많았다.

"마이크로 팀이죠." 미카엘은 대답과 함께 윙크를 날렸다. 리오는 재빨리 미소를 지었다.

리오는 한숨 쉬며 말했다. "그러게요. 뭐든지 이름이 있죠. 그럼 전부 괜찮아져요. 전문용어를 붙이면 있는 게 되죠."

미카엘은 리오를 빤히 쳐다보았다. 그녀의 앞머리가 다시 제자리로 돌아와서 약간 치켜든 그녀의 눈썹을 어루만졌다. 메이크업은 하지 않았지만, 핑크빛 볼과 도톰한 입술은 그녀의 옷과 대조적으로 여성스러웠다. 리오는 고개를 들자마자 얼굴을 찡그렸다. 미카엘은 무슨 뜻인지 알아채고 초점을 재조정했다. 그는 케이블을 집어 들고 플러그를 꽂았다.

"그냥 당신에게 알려주고 싶었어요. 하루가 조금 나아졌길 바랄게요. 즐겁게 들어요." 그는 씩 웃으며 헤드폰을 가리켰다.

"남이 망한 얘기는 언제나 즐겁죠." 리오는 비꼬듯 답하고 자기 앞에 놓인 검은 화면에 다시 집중했다. 미카엘은 마치 강물에 떠내려가는 나뭇잎처럼 그녀의 책상에서 우아하게 멀어지기 전에 리오와 눈을 마주치려 몸을 앞으로 기울였지만, 리오는 무시했다.

노트북 팬이 성공적인 시작과 업데이트 설치를 알렸다. 모니터에 환영 화면이 깜빡였다. 그녀가 서둘러 이메일 앱을 열자 읽지 않은 분노의 이메일로 채워진 화면이 그녀를 맞이했다. 보낸 사람은 대부분 Sam00이었다.

그녀는 이메일을 스크롤하며 한때 '받은 편지함 제로'를 시도하겠다고 결심했던 게 생각났다. 그런 결심을 한 건 점심을 혼자 먹는 그녀가 어쩌다 한 번 다른 이들과 점심을 함께한 날 들은 미카엘의 열정적인 독백 때문이었다. 점심에 함께 도시락을 먹자는 건 데이비드의 아이디어였고 적어도 한 번은 참석했어야 했다. '점심을 먹으면서 흥미로운 것을 배울 수 있다!'는 말은 '당신을 무료로 일하게 할 교활한 방법이 있다'는 뜻이었다. 데이비드는 끈질겼고 그의 애착 반려동물, 미카엘에게 의사를 물었다. 미카엘은 고개를 떨어뜨릴 듯이 힘차게 끄덕였다. 리오는 미카엘을 보며 속으로 아부도 어지간히 한다고 생각했다.

"그럼 누가 가르치죠?" 그녀가 물었다.

"우린 돌아가며 멋진 아이디어를 공유할 거예요. 미카엘이 이메일 받은 편지함 정리하기에 관해 얘기해줄 수 있을 거예요." 데이비드는 그렇게 말하면서 리오를 바라보았다.

"전 받은 편지함을 일주일에 한 번만 사용해요, 데이비드." 리오는 데이비드의 기억을 되살려주었다.

미카엘은 그 얘기에 약간 과하게 웃더니 묻지도 않았는데 자기 손을 그녀의 어깨에 얹으며 말했다. "약속해요. 지금껏 본 적 없는 걸 보여줄게요."

그녀는 그 축축한 손의 기억은 떨쳐 버렸지만, 데이비드가 의무화한 도시락 점심 식사는 떨쳐 버릴 수 없었다. 점심 식사에 참여한 건 사회적 압박 때문이었다. 모든 개발자가 회사에서 직원 모두의 점심을 사야 한다는 데 동의한 까닭에 다같이 모여 식사를 했다. 결과적으로 그 식사가 마지막 도시락 점심 식사였지만 말이다. '받은 편지함 제로'를 채택한 이들이 얼마나 되는지는 결코 알지 못했지만, 소문에 따르면 시도해보려고 이메일을 확인한 개발자가 한 명도 없었다고 한다.

리오는 두 번째 페이지 하단으로 스크롤하며 '언제든지 그냥 전부 보관 처리할 수 있는 걸'이라고 생각하다가 아빠가 보내온 이메일에 허를 찔렸다.

> **리오나르다, 제발 답해주겠니.**
> *안녕, 우리 딸. 오랜만인 건 알지만 난…*

그녀는 그 이메일을 열지 않았지만 보관 처리하지도 않았다. 오늘은 더 나빠질 수가 없었다. '차라리 뱃속에 생긴 검은 구덩이에 뛰어드는 게 낫겠어.' 갑자기 들려온 쾅 하는 큰 소리에 놀란 리오는 꺅하며 낯선 소리를 질렀다.

"우리 얘기 아직 안 끝났어요. 한 번만 더 망치면…." 데이비드는 손바닥으로 그녀의 책상을 세게 내리치자 사무실 전체가 고요해졌고 책상에 부딪힌 손뼉 소리가 커다란 유리창에 울렸다 "…우리, 아니 더 정확히 말해 당신은 끝이에요." 그가 빙글 돌고 급하게 자리를 떠난 자리에는 침묵과 두 개의 손자국만 남았다. 사무실은 어색하게 평상시 잡담으로 돌아왔다.

"뭐, 기쁨은 잠시였나 봐요." 미카엘이 마법처럼 다시 나타났다.

"아, 좀 꺼져줄래요." 리오는 중얼거렸다.

그는 가슴에 손을 올리고 슬픈 표정으로 숨을 내쉬며 한 발짝 뒤로 물러났다.

"미안해요, 미카엘. 네, 정말 형편없는 날이네요." 그녀는 시선을 피하며 이메일 다음 페이지를 스크롤했다.

"받은 편지함 제로는 안 해요?"

"아니요, 오늘은 안 해요."

그는 그녀의 등을 토닥였다. "괜찮을 거예요. 누구나 자기 몫의 실수는 하잖아요. 안 그래요?" 그는 답을 기다리지 않고 떠났다. 이런 실수는 아닐 거라고 그녀는 생각했다.

뭐 하자는 거죠, 리오?
망할 디스코드 서버에 가입해요. 당장.
🔔

샘의 방대한 이메일 중 하나였다. 못 할 이유가 없지. 리오는 가입했다.

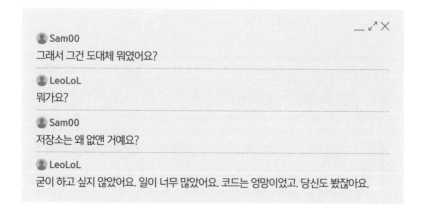

👤 Sam00
그래서 그건 도대체 뭐였어요?

👤 LeoLoL
뭐가요?

👤 Sam00
저장소는 왜 없앤 거예요?

👤 LeoLoL
굳이 하고 싶지 않았어요. 일이 너무 많았어요. 코드는 엉망이었고. 당신도 봤잖아요.

🧑 Sam00
그래서요? 깃허브에 있는 코드 99%가 엉망이에요. 마이크로소프트 저장소가 전부 거기 있다는 이유만으로 하는 말이 아니에요.

🧑 LeoLoL
직장에서 처리할 일이 있어요. 큰 실수를 저질렀어요.

🧑 Sam00
얼마나 심각한데요?

🧑 LeoLoL
꽤 심각해요.

🧑 Sam00
깃랩 사건만큼 심각해요? 클라이언트 서버를 전부 다 지우기라도 했어요?

🧑 LeoLoL
아니요. 하지만 서비스가 다운되었어요. 양말이 안 팔렸어요.

🧑 Sam00
에이, 그건 별일도 아닌데요. 제 양말 가져가라고 하세요. 그걸로 뭐라고 했어요?

🧑 LeoLoL
네.

🧑 Sam00
그깟 잔소리에 신경 써요? 당신 저장소가 훨씬 더 대단하니까 그냥 흘려버려요.

🧑 LeoLoL
네, 안 돼요.

🧑 Sam00
진심이에요? 제가 거기에 얼마나 많은 시간을 쏟았는지 알아요?

🧑 LeoLoL
포크하지 않았어요?

🧑 Sam00
포크는 개뿔.

🧑 Sam00
다시 온라인으로 돌려놔요. 제가 당신을 위해 예쁘게 만들어둘게요. 진짜 예쁘게.

🧑 Sam00
아니면 적어도 분석기라도 몇 개 돌리고 리샤퍼(ReSharper)도 실행해요.

🧑 LeoLoL
그래서 잘 된 적이 한 번도 없어요.

Sam00
그냥 놀리려고 한 말이에요. 하지만 돌려놔요.

Sam00
이제 개를 데리고 나가서 오늘치 만두를 먹을 거예요. 근데 진짜 다시 공개로 돌려요. 고친 게 있으면 뭐든지 추가해요. 함께 정리할 개발자들을 더 데려올게요.

LeoLoL
그럴지도요.

Sam00
돌려놓겠다는 말이네요. 나중에 얘기해요. 개가 나가자고 성화네요.

"커피 마시면서 피카[26] 할래요?" 쾌활한 목소리가 리오의 생각을 방해했다. 그녀는 새로운 불청객에 깜짝 놀라 뒤로 펄쩍 뛰었다. 리오가 혼자 있기를 좋아한다는 건 잘 알려진 사실이었고 하루에 두 번의 깜짝 방문은 거의 심장 마비를 유발하기에 충분했다. 올라가 미카엘을 데리고 리오의 자리로 다가왔다.

미카엘은 "오늘 좀 잘 놀라는 편이네요."라며 진주처럼 흰 치아를 반짝였다. 그의 어두운 속눈썹 주변에 있는 자잘한 주름은 회사 내 소수의 여성이 좋아하는 카리스마 있는 특징이었다. 올라는 좀 과하게 환한 미소를 지으며 하얀 피부와 너무 잘 어울리는 따뜻하고 뚝뚝 끊어지는 덴마크 억양으로 조금 전에 했던 질문을 반복했다. 꼭 요정 같았다. 금발을 귀 뒤로 빗어 넘기는 그의 손목에는 머리카락을 로우 번으로 묶을 고무줄이 기다리고 있었다. 리오는 올라의 외모가 프런트엔드 개발자 같은지, 서퍼 같은지 판단하기 어렵다고 생각했다. 그는 너무 말라서 서퍼가 되기는 역부족일 것이다. 모든 프로그래머는 손목이 허약했다. 그 손목으로는 서핑보드를 끌고 다니기엔 가냘펐다.

"저는 쉬어야겠어요." 올라는 야자수 방향으로 고갯짓했다. 그쪽은 고요했다. 열대 폭풍은 진정 국면이었다. "와서 함께해요. 누가 저 현장을 가장 제대로 망가뜨렸는지 보러 가요."

"올라 말대로 같이 가서 누가 더 잘했는지, 아님 더 못했는지 확인해 봐요." 미카엘이 활짝 웃었다.

---

26 스웨덴어 'fika'는 동료, 친구, 가족과 함께 커피 같은 음료를 마시며 쉬는 시간을 가리킨다.

"알았어요. 몇 분만 시간을 주세요." 어차피 피카가 아니면, 언제 데이비드가 나타날지 모르는 채 이메일만 훑어봐야 했다. 그녀는 그저 하루가 끝나길 바랐다.

"좋아요! 팻보이 옆에서 기다릴게요." 올라가 쾌활하게 대답했다.

"IT 지원 담당자들 말고 빈백 의자 얘기하는 거예요." 미카엘은 진지한 목소리로 강조했다. 리오는 무슨 말인지 알았다는 듯 재빨리 미소를 지었다.

'좋아요, 샘. 당신을 위해 하는 거예요.' 리오는 서둘러 저장소 설정을 찾아서 비공개를 공개로 변경했다. '정말 변경하고 싶으신가요?' 깃허브가 물었다. '아니. 그래도 어쨌든 변경하겠어.' 그녀는 한숨을 쉬었다. 많은 이메일 사이로 데이비드가 보낸 제목만 있는 메일이 보였다.

> ### 아직 다 안 됐어요? 🔔
>
> *(내용 없음)*

리오는 슬랙에서 상태를 자리 비움으로 설정했지만 그래도 메시지가 꽤 있을 것 같았다. 데이비드는 리셉션에서 붉은 얼굴에 어둡고 날카로운 눈빛으로 계속 그녀의 책상을 흘깃거렸다. 그녀는 새로운 배포, 이른바 복사, 붙여넣기를 시작했다. 좋아하는 방식은 아니었지만 몇 년간 해왔던 것처럼 고객의 구식 노트북에 USB 전송을 해야 하는 것보다는 나았다. 회사는 '보안상의 이유'라고 주장했다. 일주일에 한 번씩 아무 USB나 꽂으면 보안에 도움이라도 되는 듯이. '하나의 진입점'이 모토였다. 진입 방식은 고려하지 않는 것 같았다. 리오는 터미널 서버에 있는 동안 코드의 몇 부분을 수정했다. 악당이 된 듯했다. 어쩌면 악당보다는 멍청이에 가까울 수도. 그녀는 저장소에 있는 동안 저장소를 업데이트했다. 배포가 끝나기를 기다리는 동안 약간의 소소한 리팩터링과 풀 재활용을 했다.

"같이 가요! 우리 출발해요!" 올라가 리오에게 손을 흔들었다. 미카엘과 그녀가 알아보지 못하는 영업부 사람 몇 명이 합류했다. 노트북을 덮었으나 팬은 화가 난 듯 끈질기게 돌아갔다. 리오는 출입구 옆에 있는 자기 스니커즈를 찾았다.

"도넛 먹을까요?"

"도넛 좋죠!"

25 COMMIT 예약 변경 안내

일행이 빵집에 남은 도넛을 전부 사는 동안 리오는 가능한 한 말수를 줄였다. 제임스와 데이비드에게 줄 애처로운 화해의 선물도 확실히 샀다. 부디 두 사람이 용서하기를. 그녀의 배에는 도넛 크기의 구멍이 있었다. 블랙홀인가 구덩이인가, 전신에 느껴지는 끔찍한 기분이 그녀를 끊임없이 빨아들이는 듯했다. 달콤함은 일절 없었다. 리오는 잠시 자신이 선택한 진로를 후회할 뻔했다. 어쩌면 아빠의 바람대로 해야 했을까. 그녀는 커피 세 잔을 집어 들고 도넛 탑 위에 균형을 맞추고 거들어주겠다는 미카엘의 제안에 고개를 저으며 고맙지만 괜찮다고 의사를 표시했다.

"화해의 선물인가요?" 그가 물었다.

"그렇게 티가 나요?" 리오의 얼굴이 붉어졌다.

미카엘은 그녀의 어깨에 부드럽게 손을 얹으며 말했다. "좋은 제스처네요. 저라면 감사히 받겠어요. 사이트를 망가뜨리지 않고 도넛만 줬다면 더 좋겠지만요."라며 그는 웃었다.

올라는 마치 프라이팬을 뚫을 듯한 날카로운 시선으로 미카엘을 쏘아보았다.

"당신 제스처는 아주 좋진 않네요, 미카엘." 올라가 덧붙였다.

"리오는 제가 농담하는 거 알아요. 리오를 좀 봐요. 격려가 필요하다고요." 그는 그녀의 어깨를 약간 더 세게 움켜쥐어서 리오를 움찔하게 했다.

리오는 미카엘을 비웃고 사무실로 향했다. 데이비드의 책상에 도넛 몇 개와 커피를 올려두었다. 다행히 데이비드는 자리에 없었다. 제임스는 있었지만 아쉽지 않았다. 그녀는 직접 미안하다고 말하고 싶었고 도넛이 양심의 표시로 받아들여질지 확인하고 싶었다.

제임스는 책상에 기대고 있었다. 팔을 머리 아래 포개고 다리를 넓게 벌리고 있었으며 키보드는 가슴 아래 두었다. 눈을 감고 상념과 함께 천천히 떠내려가는 사무실 상황에 귀를 기울였다. 지난 며칠의 시간이 머릿속에서 재생되었다. 아무도 보고 싶어 하지 않을 끔찍한 영화였다. 희망적이고 영감을 주는 영화가 아닌, 장르도 알 수 없는 동시대적이고 희극적인 비극. 리오를 과하게 탓할 수는 없겠지만 플롯의 중심엔 리오가 있었다. 서둘러 수정해야 했고 그는 오랫동안 그녀를 걱정해왔다.

그는 리오의 기분에 깔려있던 미묘한 뉘앙스를 알아챘다. 그녀는 오랫동안 행복하지 않았다. 처음에는 기분을 바꿔주려 해보았지만, 이야기에 머런이 합류했을 때 초점을 옮겨야 했다. 머런과의 우정은 몇 개월밖에 되지 않았더라도 소중한 관계였고 두 관계의 균형을 동시에 잡을 수가 없었다. 하지만 이제 두 관계다 엉망이 되었고 머런이 갑자기 잠수를 타서 마음이 아팠다. 그는 이메일뿐 아니라 요즘 애들이 사용하는 다양한 소셜 앱으로도 메시지를 보내보았지만, 답장은 한 번도 오지 않았다. 실패한 모임 이후에 머런은 그에게 등을 돌렸다.

머런은 제임스가 일을 망쳤다는 사실보다 들을 줄 모르는 게 문제라고 했다. 제임스는 머런의 의견에 동의하지 않고, 틀리고 싶지 않은 마음에 자기 의견을 고집했다. 머런은 이렇게 답했다. "제가 말한 문제가 정확히 이거예요. 요즘 애들한테 필요한 게 뭔지, 걔들이 어떤 수준인지 알려줬잖아요." 그는 목소리를 높였다. "하지만 당신은 자존심을 내려놓고 애들 수준에 맞출 생각이 없잖아요." 그날 밤 참석자들은 그냥 가버려서 제임스는 혼자 남아 청소를 했다. 그는 머런에게 진정할 시간이 필요하다고 생각했다. 머런에게 평온이 찾아왔는지 아닌지 그는 알 도리가 없었다. 그가 유일하게 아는 건 머런이 어디에도 보이지 않고 연락이 닿지 않는다는 것이었다.

리오는 제임스의 자리로 가서 테이블 아래에서 그의 발을 찼다.

"미안해요." 그녀는 두 손으로 커피를 주었다. 도넛은 책상 위 알록달록한 상자 속에서 그를 유혹했다.

"고마워요." 그는 중얼거렸다.

"괜찮아요?"

"아니요." 그는 시무룩하게 대답했다.

"무슨 일 있어요? 근데 뭐, 제가 왜 온 줄은 알죠?" 리오는 할 말을 찾느라 더듬거렸다.

"머런이 저한테 화가 났어요. 청소년 그룹은 끝장난 거 같아요. 저는 형편없는 컨설턴트를 벗어날 수가 없어요, 당신처럼요." 제임스가 말했다.

"참, 고맙네요." 리오는 책상에 도넛을 놓았다.

"그런 뜻은 아닌데…" 그가 말했다.

"…괜찮아요. 제가 형편없는 컨설턴트라는 거 알아요. 당신은 어떤지 모르지만 제가 그렇다고 말하는 건 괜찮아요." 그녀는 잠시 멈추고 숨을 내쉬며 웃었다. 확실하고 날카로웠다. 마치 비밀번호 끝에 있는 느낌표처럼. "저장소를 다시 공개로 돌리고 변경 사항을 푸시하고 배포했어요. 잘 작동하고 있어요. 다 좋아요. 게다가 빨라요."

"공개로 돌렸다니 놀랍네요." 그는 바로 앉아서 상자를 열었다. 도넛 6개가 들어 있는데 그가 가장 좋아하는 게 4개나 들어 있었다. 초콜릿과 스프링클 맛이라니. 그는 속으로 미소 지었다.

"심지어 업데이트도 추가했어요. 보안에 대한 거요." 리오가 상황을 공유했다.

제임스는 한 입 베어 물고 고개를 끄덕였다. 설탕이 천천히 흡수되면서 그의 에너지를 채웠다.

"리뷰 좀 부탁해도 돼요?" 리오가 물었다.

"네, 괜찮아요. 근데 리뷰가 필요해요?" 그는 두 번째 도넛을 먹기 시작했다.

"코드가 많진 않아요. 인증키 지원분이에요."

제임스는 멈췄다. 크게 한 입 베어 문 도넛을 커피와 함께 빠르게 삼키고 의자에 실린 체중의 위치를 옮기다가 멈췄다. 에이, 설마 안 그랬겠지…. ".gitignore 파일에 설정 파일도 추가했어요?"

"ignore 파일은 안 바꿨어요." 리오가 눈썹을 올렸다.

제임스는 기침하고 목청을 가다듬었다. "리오, 고객의 인증키를 공개 저장소에 집어넣은 건 아니죠?"

"저… 전 그냥 커밋을 추가했어요. 우리가 늘 하듯이요…."

"…이 경우는 똑같지 않다는 것만 제외하면요. 이 저장소는 공개되어 있어요." 제임스는 믿을 수 없다는 듯 고함치며 자기 얼굴을 가렸다.

"아, 젠장." 숨이 턱 막힌 리오는 제임스와 눈을 마주쳤다. 제발 제가 또 망친 게 아니라고 말해줘요.

"당장 고쳐요." 제임스는 도넛을 밀어놓고 리오의 팔을 잡았다. 두 사람은 그녀의 자리로 달려가서 노트북을 켰다.

"들어왔어요?" 제임스는 안절부절못했다.

"지금 클라이언트 터미널 서버에 있어요." 리오는 떨리는 손을 책상 밑으로 숨겼다.

"상관없어요. 리베이스하고 파일도 삭제해요. 지금요!" 제임스가 몸을 숙이고 자리를 빼앗았다.

"다른 파일이 있는 거 같아요." 리오가 속삭였다.

"푸시해요. 푸시!" 제임스가 소리쳤다.

"했어요." 변경 사항이 적용되었다.

"다시 확인해보죠. 저장소를 삭제하고 다시 깨끗한 상태로 복제해봐요." 제임스가 단호하게 말했다.

리오의 맥박이 빠르게 뛰었다. 달팽이처럼 느리게 반복적으로 삭제했다. 제임스는 자기 노트북에서 저장소를 확인했다.

"깃허브에서는 문제가 없어 보여요. 하지만 깨끗하게 복제하고 히스토리도 깨끗한지 확인해야죠. 아무도 보지 못했으면 좋겠네요." 그는 한숨을 길게 쉬었다. "포크 이력을 확인해야 해요." 제임스가 리오를 바라보았다. 그녀는 손톱을 물어뜯었다.

그들은 기다렸다. 제임스의 숨은 거칠었고 손이 떨렸다. 리오의 손톱은 점점 더 짧아졌다. 그는 눈을 비볐다. "정말 피곤하네요."

"집에 가요. 제가 할게요." 리오가 노트북 상판을 두드렸다.

그가 눈썹을 찌푸리며 고개를 젓자 머리카락이 고개의 움직임에 따라 흔들렸다.

"아니요. 하지 마세요."

그들은 조금 더 기다렸다. 제임스는 손을 비볐다.

"추워요?" 리오가 물었다.

"점점 아파지는 거 같아요."

"당신은 집에 가서 자는 게 좋겠어요." 리오가 다시 권했다.

그는 그녀를 무시하고 터미널을 응시했다. "어휴, 인류 역사상 가장 느린 삭제네요."

"제임스, 집에 가요. 자, 여기 제 도넛이에요. 저는 이걸 받을 자격이 없어요." 리오는 딸기잼이 들어 있는 다른 상자를 챙겼다.

"그건 그래요." 그는 상자를 챙기고 마지못해 자기 노트북을 닫았다. "소식 전해 줘요."

"그럴게요. 근데 일단 좀 잘게요." 리오는 그의 스웨터를 잡아당기며 말을 이었다. "그리고 제임스."

"네?"

"미안하고 또 미안해요. 그리고 데이비드에게 말하지 말아요. 그 사람 심장마비가 올 거예요. 미카엘에게도 마찬가지고요. 조언을 늘어놓는 치어리더는 원하지 않아요." 그녀는 한숨을 쉬었다.

"그런 걸 누가 원하겠어요. 인증키와 패스워드는 집어넣으면 절대 안 돼요." 제임스는 대답과 함께 그간 쌓인 피로의 무게를 온전히 받아들였다.

"데이비드한테 그 얘길 해줘요." 리오는 희미한 미소를 띠며 반응했다.

"그럴 순 없어요. 그러면 데이비드는 그런 정보를 사방에 이메일로 보내고 포스트잇에 적어서 붙여둘 거예요."라고 말하며 제임스는 피곤한 미소를 지었다.

리오는 유리문을 통해 그가 사라지는 모습을 지켜보았다. 그녀는 컴퓨터를 쳐다보았다. 여전히 작업 중이었다. '파일을 삭제하는 데 도대체 왜 이렇게 오래 걸리지?' 진동 소리에 그녀가 깜짝 놀랐다. '오늘 왜 이렇게 초조하지?' 그녀는 달가닥거리며 몇 센티미터 더 가까이 온 휴대전화를 뒤집었다.

> **예약 변경 안내** 🔔
> *그린 선생님 월요일 오후 4시*

그린? 발신 번호는 치과였다. 그녀는 그린 선생님을 보고 싶지 않았다.

"여보세요, 저 리오 라르손이라고 하는데요. 예약 변경 안내를 받고 전화했어요. 뭔가 실수가 있었던 것 같은데요. 월요일 오후 4시 예약이에요."

"담당 의사 선생님이 그날 안 계세요." 금발의 접수원이 대답했다.

"괜찮아요. 다른 날로 예약하면 돼요." 그녀가 답했다.

"그 선생님… 어… 그 선생님이 환자분을 그린 선생님께로 옮겨달라고 요청했어요."

리오는 잠시 멈추고 창밖을 보았다. 지난번처럼 먹구름이었다. 일종의 징조일까.

"왜요?"

"그린 선생님은 월요일 4시에 환자 분을 보실 수 있어요."

'왜지?'

"좋은 하루 보내세요."

리오는 휴대전화를 움켜쥐었다. 단단히 쥐고 있던 휴대전화를 놓자 손가락에 피가 다시 돌았다. 그녀는 손가락을 천천히 문지르며 분홍색이 다시 완전히 하얗게 변하는 걸 보았다. 그녀는 춥고 버림받았다고 느꼈다. 그가 그녀를 버렸다.

'내가 한 말 때문인가? 아니면 행동? 내가 아무나 허락할 줄 알았나? 어떻게 자기 환자를 남한테 마음대로 넘기는 거지?' 구름으로 뒤덮인 창문에 반사된 자기 모습이 눈에 들어왔다. 쟁기 같은 입. 그녀는 그를 거절했다. 변태 같다고 간접적으로 그에게 창피를 주었다.

"왜 창밖을 보고 웃어요?" 미카엘은 그녀 옆을 지나가며 그녀와 비슷하게 웃었다. 리오는 그가 데이비드를 향해 걸어가는 모습을 지켜보았다. 반쪽짜리 도넛을 든 데이비드는 저리 가라는 뜻으로 미카엘에게 윙크했다. 다른 손에는 휴대전화가 있었고 짜증이 나 있었다. 그때 그 일이 벌어졌다. 도넛이 떨어졌다. 데이비드는 입을 떡 벌린 채 완전히 굳어 있었다. 전화는 귀에, 도넛은 바닥에 있었다. 완전히 고요했다. 그는 리오의 방향으로 천천히 고개를 돌리고 그녀에게 눈을 맞추었다. 그의 눈이 어두워졌다. 뒤이어 그의 얼굴은 탁한 붉은빛으로 바뀌었다. 전화가 떨어졌고 데이비드가 소리쳤다. "리오나르다?!!"

그녀는 뒤로 펄쩍 뛰었다. 노트북이 두 발로 섰다. 그녀는 아래를 내려다보았다. 삭제가 완료되었다. 루트로부터 재귀적으로. 루트는 메인 디스크였다. 저장소가 아니라. 깃랩GitLab이 그랬듯[27] 서버를 날려버린 것이다. 이제 클라이언트와 서버는 없었다. 리오가 고객의 서버를 삭제해버렸다.

27 https://about.gitlab.com/blog/2017/02/01/gitlab-dot-com-database-incident

26 COMMIT
더 강해지지도,
똑똑해지지도 않았어

10여 년 전에 갈색 상자 102개가 런던 시내 한 아파트 문 앞에 도착했다. 상자들은 넓고 높게 쌓였다. 생을 곧 마감할 듯한 낡은 건물 옆에 세워진 이 작은 건물은 아스팔트 바닥 위에 간신히 균형을 유지하고 있었다. 리오는 하늘을 나는 쇳덩어리 새에 몸이 묶여 대서양을 건너 집으로 오는 내내 눈물을 흘렸다. 흐르는 눈물 사이로 팝콘모양 구름과 푸른 바다가 보였다.

붉은빛 보랏빛이 뒤섞여 쭈글쭈글해진 리오의 얼굴은 시들해진 자두처럼 엉망이었다. 마시멜로처럼 퉁퉁 부은 눈은 타원형 창문에 눌어붙어 맑고 푸른 하늘에 비를 쏟았다. 라이언에어의 승무원이 세 번째로 복권 판매 안내를 마치자, 비행기는 쿵 소리와 함께 유명한 수직 착륙을 마쳤고, 승객들은 2000년대의 단체 관광객처럼 손뼉을 치며 환호했다. 살아 있음에 안도를 느낀 사람도 있었고, 정확한 수직 착륙에 진심으로 감동한 사람도 있었다.

리오는 손뼉 치지 않았다.

리오는 착륙과 함께 이 고통에 마침표가 찍히길 바랐다. 아니, 악몽에서 깨워준다면 더 좋았을 것이다.

악몽이 되기에 충분한 비행이었지만 리오의 악몽은 비행이 아니었다. 악몽은 스웨덴을 떠났다는 사실이었다.

그날 밤 리오는 이사가 중요한 게 아니란 결론에 이르렀다. 문제는 자주성의 상실이었다. 다시 적응하고 나면 사라질, 일시적인 문제일지언정. 리오가 새 침실에 서서 먼지 낀 창문을 내다보며 내린 결론이었다. 그녀가 다시 적응할 수 있을까? 그때까지 이 방은 새장이자 감옥이 될 것이다. 니코틴에 찌든 누리끼리한 색깔의 벽은 끈적거렸다. 바닥에 전체적으로 깔린 카펫도 축축하고 끈적였다. 스웨덴에 있을 때 가끔 했던 싸구려 술집 같았다. 리오는 겨우 12세가 되었을 때부터 술집에 드나들었다. 위조된 신분증을 들고 다녔지만 보여달라는 말은 한 번도 들은 적이 없었다. 발을 내디딜 때마다 들릴 듯 말듯 질척이는 소리가 났다. 발바닥에 들러붙은 카펫은 한 걸음 더 내딛는 것조차 허용하지 않았다. '갇혔다는 걸 끊임없이 알려주는구나'라고 리오는 생각했다. 침대가 너무 짧았다. 영국 사람들은 키가 작은 걸까? 여왕은 작긴 하던데.

"미술관의 아는 사람과 얘기해봤는데 너더러 와서 수습으로 일해도 좋다고 하더라. 배송을 관리할 보조가 필요하대." 리오의 엄마가 상자의 짐을 풀기 시작했다.

"관심 없어요." 리오가 창문으로 돌아와 길게 땋은 머리를 신경질적으로 풀었다. 물어뜯은 손톱에 긴 머리카락이 걸렸지만, 그 정도 희생은 무시하고 머리카락을 꼭 쥐고 있던 뜯어버렸다.

"우리 딸, 살살해. 그러다가 머리카락 다 빠지겠다." 엄마가 부드럽게 말하며 접고 있던 스웨터를 바닥에 내려놓았다. "컴퓨터 관련 일을 하고 싶어 하는 건 알고 있지만, 좀 더 쉽고 스트레스가 덜한 걸 먼저 해보는 게 낫지 않을까?" 엄마가 리오의 어깨에 손을 얹었다. "작년에 너 힘들었잖아." 사실 그렇긴 했다. 리오는 전 과목의 절반을 낙제했고 여름내내 공부해서 겨우 낙제를 면했다. "이사 때문이에요, 엄마." 리오는 성적을 받을 때마다 엄마에게 말했다. "괜찮아, 우리 딸." 엄마는 실망한 표정을 어색하게 숨기며 대답하곤 했다.

"무슨 얘기 중이야? 나만 파티에 못 끼고 있는 거야?" 키 큰 남자가 열린 문으로 미끄러지듯 들어왔다. 자를 때가 지난 풍성한 곱슬머리가 아빠 머리에서 춤을 추었다. "리오, 지금 헤어스타일 마음에 든다!" 리오가 잠시 몸을 돌려서 아빠를 쏘아보고 다시 공허한 창밖을 향해 몸을 돌렸다.

"전 마음에 안 들어요." 리오는 머리를 잡아당겨 낮은 포니테일로 묶었다.

"머리가?" 그는 손가락으로 자신의 곱슬머리를 빗으며 물었다. 리오의 머리도 같은 색, 같은 곱슬이었지만 조금 덜 곱슬곱슬했다.

"전부요." 리오가 '전'자를 강조하듯 내뱉었다.

엄마가 아빠의 팔을 붙잡았다. "보조 자리가 아주 마음에 들진 않나 봐요."

"그래?" 아빠는 몸을 돌리며 고개를 옆으로 기울였다. "근데 리오야, 너에게 딱 맞는 일이야! 쉽고 보수도 괜찮고 머리를 좀 쉴 수 있잖아!" 리오가 한숨을 쉬었지만 아빠는 말을 이어 갔다. "몸만 쓰면 되는 일이야, 머리는 안 써도 되고!" 웃음이 방안에 울려 퍼졌다. 리오가 자신의 막대처럼 가녀린 팔을 보았다. "이 몸으로요?" 조롱하듯 말했다.

"부정적으로 생각하지 마! 힘은 더 세질 거야! 근육을 키우면 돼! 원더우먼처럼 말이지!" 아빠는 주름진 체크무늬 셔츠에 가려진 보이지 않는 근육을 불끈거렸다.

"속옷 차림으로 악당과 싸우는 허구의 영웅이잖아요. 아빠 딸한테 딱 맞는 꿈이네요." 리오가 말했다.

"강한 영웅이지!" 아빠는 발끈하며 말했다.

"꼭 힘이 더 세져야 해요? 더 똑똑해지는 건 안 되고요?" 리오가 물었다.

"음…." 그가 머리를 긁적이다가 아내를 바라보았다. "엔지니어링은 아무나 못 하는 거야. 다른 걸 해보는 건 어떨까?" 엄마가 아빠를 보며 고개를 저었다. 아빠의 목소리는 패배감에 젖어서 점점 작아졌다.

다음날 리오는 길모퉁이에 있는 미용실에서 머리를 잘랐다. 두 가지 스타일밖에 모르는 곳이었다.

한 달 뒤 리오는 아무것도 묻지 않고 채용을 결정한 새 직장에 다니겠다며 자기 상자들을 챙겨서 새로운 곳으로 이사했다. 피터버러에는 컨설턴트가 흔치 않았고, 그 회사는 스웨덴인을 이진법의 신이 내리는 진리를 전하는 기술 천재라 여겼다.

10년 후 킹사이즈 침대에 누워 졸린 눈을 찌푸리며 천장을 바라보던 리오의 눈으로 주방에 놓인 두 개의 상자가 들어왔다. 일어나지 않은 다음 이사를 위해 지금까지 대기하고 있는 상자들이었다. 그녀는 자기가 어디로 가는지부터 알았어야 했다. 서버를 지워버렸으니 프로그래머의 지옥 정도면 적당하겠지. 리오는 눈을 감고 긴 한숨을 쉬었다. '10년이나 됐는데 더 강해지지도, 똑똑해지지도 않았어.' 리오는 그렇게 생각하다가 다시 잠에 빠져들었다.

27 COMMIT 화재의 중심

줄리아가 치마에 생긴 주름을 적어도 열 번은 폈을 때쯤 리오가 도착했다.

리오는 평범한 청바지와 티셔츠를 입었다. 그 옷을 보니 줄리아가 리오를 처음 만난 때가 떠올랐다. 처음이라고 생각한 그 만남도 사실 서너 번째였지만. 리오는 빈손이었다. 접이식 자전거도 노트북 가방도 없었다. 그녀는 빠르게 들어왔다가 나갈 준비가 되어 있었다. 이번에는 라이언에어를 타고 왔을 때처럼 머물지 않는다는 뜻이었다.

줄리아는 리오를 향해 손을 뻗고 슬픈 미소를 지으며 고개를 갸우뚱했다. "안녕하세요, 리오…."

리오의 시선은 줄리아의 손을 흘깃 지나쳐 그녀의 뒤쪽을 향했다. 줄리아는 내밀었던 손을 거두어 스커트에 닦았다.

"정말 갑작스러운 요청에도 와주어서 기뻐요. 데이비드가 파란 회의실에서 우리를 기다리고 있어요." 올라를 비롯한 다른 동료 몇 명이 다가왔지만, 줄리아는 초조한 듯 그들을 조용히 시키려 했다.

"지금이에요?" 올라가 물었다. 올라가 무리의 리더인 것처럼 보였다.

"아니요. 지금 아니에요!" 줄리아는 그렇게 답하고 리오의 팔을 잡았다.

리오는 침묵을 지키며 줄리아의 따뜻한 손의 에스코트를 받아 회의실로 갔다. "새로 칠했어요. 파란색은 진정 효과가 있거든요." 줄리아가 말했다.

구석에서 분노하고 있는 데이비드가 리오의 눈에 띄었다. "데이비드는 알아요?"

"안녕하세요, 리오. 앉아요." 데이비드는 테이블 맨 끝에 있는 빈자리를 가리켰다. 그녀에게 배정된 자리는 그가 앉은 자리와 바다 너머처럼 멀찍이 떨어져 있었고 그사이 많은 의자가 있었다. 구명조끼는 보이지 않았다. 가라앉거나 헤엄치거나 둘 중 하나였다. 아마도 그냥 가라앉겠지.

데이비드가 입을 열었다. "리오, 우리 모두 이 회의를 왜 하는지 알고 있으니 짧게 할게요. 서버 사고가 난 이상 당신을 내보낼 수밖에 없어요." 줄리아는 천천히 고개를 끄덕이며 얇은 입술을 눌러서 두 개의 평행선을 만들었다. "모든 내용은 서면으로 받아보게 되겠지만 지금 당장 궁금한 게 있나요?"

리오는 테이블을 쳐다보았다. 끍힌 흔적과 커피 자국이 보였다. **"경고 정도는 해주어야 하지 않나요?"**

데이비드가 입을 벌리고 당황한 듯 줄리아를 보았다. 줄리아는 잠시 멈추고 생각했다. 데이비드는 테이블에 펜을 공격적으로 두드리며 줄리아를 예의주시했다. 그는 포기하고 돌아서 리오를 마주 보았다. **"물론 전 경고를 할 수도, 당신을 고객 지원으로 강등시킬 수도 있었어요. 하지만 그게 당신 취향은 아닌 것 같더군요."** 그는 천천히 말하고 펜을 테이블 건너편으로 휙 던졌다. 펜은 테이블 위를 구른 뒤 죽음을 무릅쓴 점프와 함께 사라졌다.

"강등이요? 고객 지원이 회사에서 가장 중요한 일 아니었나요?"

"그 일을 하고 싶어요?" 데이비드가 눈을 가늘게 떴다.

"아니요." 리오는 단호하게 답했다.

"그렇다면 당신은 해고예요, 리오."

줄리아는 천천히 일어나서 문을 열었다. **"리오, 제가 서류를 보낼게요. 해고에 관한 설문지도요. 해고 과정이 어땠는지, 우리가 더 잘할 수 있는 부분은 무엇일지 등등 일반적인 내용이요."** 그녀는 손을 흔들고 문밖으로 사라졌다. 리오와 데이비드는 오랫동안 서로를 응시했다.

"애초에 우리한테 클라이언트 서버 접근 권한이 있으면 안 됐어요." 숨 막힐 듯한 침묵을 깨고 리오가 속삭였다.

데이비드는 그녀의 그토록 뻔뻔한 태도에 충격을 받았다. **"'우리'는 올바른 장비에 접속한 건지 확인하지 않고 대량 삭제를 해서는 안 되죠."** 데이비드는 '우리'라는 단어를 말할 때 양손으로 따옴표를 그렸다.

두 사람은 침묵 속에서 조금 더 시간을 보냈다. 벽시계가 째깍거렸다. 곧 점심시간이었다.

또다시 침묵을 깬 건 리오였다. "궁금해서 묻는데, 제 업무는 누가 인계받죠?"

"미카엘이요." 데이비드는 무표정한 얼굴로 답했다.

리오는 고개를 저으며 일어서서 고개를 숙여 작별 인사를 하고 걸어 나왔다.

리오가 회의실 밖으로 나오자마자 한 무리의 사람들이 그녀에게 다가왔다. 아까 그 동료들이었다. 케이크처럼 보이는 걸 들고 있었다.

줄리아가 맨 앞에 있었다. "리오! 깜짝 선물을 준비했어요!" 그녀는 케이크를 내밀었다.

올라는 고개를 숙인 채 앞으로 나섰다. "리오, 당신이 떠난다니 우리는 참 속상해요…."

어맨다가 올라 옆으로 와서 케이크를 가리키며 말했다. "우리가 작별 케이크를 만들었어요!" 그녀는 재잘거리며 눈을 찡긋거렸다. 케이크 한가운데 웨딩드레스를 입은 여자의 모습이 있었고 주변에는 마치 그녀가 불타는 것처럼 보이는 장식이 둘려 있었다.

올라가 설명했다. "케이크 가게에 신부밖에 없었어요. 이 여자가 화재 한가운데에 있는 건 당신이 화재의 중심에 있기 때문이에요. 이해했어요?" 그는 활짝 웃으며 손가락으로 머리카락을 빗었다. "이 여자는 화재의 중심에 있는 거죠."

어맨다가 말을 이었다. "…그리고 이 여자는 당신을 닮았어요! 물론 드레스만 빼고요. 하지만 봐요! 신부 리오 같아요!"

리오는 화재 시 이용하는 비상구를 바라보며 그쪽으로 달려갈까 생각했지만 그 동작이 제대로 연산되지 않았다. "전 아직 아무 데도 안 가요. 퇴사는 한 달 후예요."

프랭크는 주변을 둘러보며 어깨를 긁적였다. "아, 저희는 바로 나가는 줄 알았어요."

"왜죠?" 리오는 입을 삐쭉이다가 아랫입술을 깨물었다.

"케이크는 마지막 날까지 보관해둘 수 있으니까. 문제없어요." 어맨다가 당황한 듯 끼어들었다.

리오는 케이크를 보고 주변에 모인 이들을 보았다.

"저 유당불내증 있어요."

28 COMMIT 당신은··· 별로잖아요

데이비드는 시끄럽게 덜그럭거리는 접시 더미를 들고 줄리아를 따라 탕비실로 향했다.

줄리아는 데이비드를 기다렸다가 그의 손에서 접시를 빼앗았다. **"뭐, 확실히 계획대로 진행되지 않았네요."**

데이비드가 돌아보자 모여 있던 사람들이 뿔뿔이 흩어지는 모습과 접시에 남겨진 화재 속 신부 조각상이 눈에 들어왔다. 화재는 소진되었고 케이크 신부는 망가진 드레스를 입고 혼자 남겨져 있었다. 데이비드는 신부 조각상을 잠시 바라보며 헹궈서 리오에게 줄까 고민하다가 쓰레기통에 던졌다.

"네, 그랬네요." 데이비드는 그렇게 중얼거리다 말고 쓰레기통에 있는 케이크 리오를 보고 움찔했다.

줄리아는 팔짱을 꼈다. "그 연설을 저한테 먼저 들려주었으면 좋았을 텐데요."

데이비드는 케이크를 자르는 동안 시키지도 않은 작별 연설을 했다. 신부의 상사로서.

"리오를 떠나보내려니 슬픕니다. 부디 리오가 컨설트잇만큼이나 리오를 따뜻하게 맞이하는 직장을 찾길 바랍니다." 진심인지 빈정대는 건지 모르겠다는 듯 리오의 얼굴에는 어리둥절해하는 표정이 떠올랐다. 진심에서 우러난 빈정거림일 수도, 빈정대는 투의 진심일 수도 있었다.

그는 말을 이었다. "그리고 벌써 삼 년이 지났다는 걸 믿을 수가 없네요."

"십 년이에요. 저 여기서 십 년 근무했어요." 리오가 끼어들었다.

"확실해요?" 당황한 데이비드가 물었다.

"제가 미카엘 면접 봤잖아요. 기억 안 나요? 그리고 미카엘은 삼 주 전에 5주년 기념 선물을 받았고요." 데이비드가 운동할 때 돌출된 젖꼭지를 과시하려고 즐겨 입는 유광 원단과 똑같은 원단으로 만든 꽉 끼는 운동용 티셔츠였다. 리오는 그 티셔츠를 싫어했다. 미카엘은 그 티셔츠를 적어도 일주일에 한 번은 입었다.

"아, 그러시다면야. 십 년이라니! 화제를 일으키며 화려하게 떠나는 방법을 확실히 알고 있군요."

데이비드의 신나는 웃음소리는 줄리아의 눈길을 받고 급격히 조용해졌다.

"저는 신경 쓰지 말고 불꽃놀이나 이어하시죠." 리오는 건조하게 대답하고 케이크 꼭대기에서 유당이 함유되지 않은 부분을 긁어냈다.

줄리아는 데이비드 앞에 끼어들어서 떨리는 목소리로 그의 폭발하는 천재성을 가로막았다. "제가 모두를 대표해 말하는 게 좋겠네요. 데이비드도 포함해서요. 리오를 떠나보내는 것이 슬프고, 리오의 앞날에 좋은 일만 있기를 바랍니다." 그녀는 힘차게 고개를 끄덕이더니 자기가 한 말을 정정했다. "물론 한 달 후에 그렇다는 거예요. 아직 아니고요."

줄리아는 과거를 제멋대로 재구성하려는 데이비드를 만류했고 그가 한 연설을 생각하니 손발이 오그라드는 느낌이었다. "다음에는 연설을 HR에 맡기는 게 아마 최선일 거예요." 데이비드의 어깨를 토닥이던 줄리아는 그의 노려보는 눈빛을 마주하고 이렇게 말했다. "별로였어요. 정말로요."

"리오를 해고할 때 제가 너무 심했나요?"

"제가 보기엔 그랬어요." 줄리아는 이제 다시 평소처럼 끄덕였다. "전 사실 그게 올바른 선택이었는지조차 모르겠어요. 해고가 적당한 처사일까요?" 줄리아는 눈을 피하며 조리대에 남아 있는 유리잔 몇 개를 제자리로 치웠다.

"브라이언은 올바른 선택이라고 할 거예요."

"리오를 해고해서 상황이 해결되었나요?" 줄리아가 몰아붙였다.

"아니요… 하지만…."

"그렇다면 전 왜 그런 선택을 했는지 진짜 모르겠어요. 우린 늘 좋은 개발자를 고용하려고 애썼잖아요. 개발자라면 누구라도요."

"하지만…." 데이비드가 다시 대꾸했다.

"그런 걸 뭐라고 할까요? 근시안적이다? 뭐 그정도겠죠. 그렇게 근시안적으로 굴지 말아요, 데이브." 얼굴이 빨개진 줄리아는 명백히 눈을 피하면서 곰팡이가 핀 축축한 수세미로 조리대를 정신없이 닦았다. 고양이 오줌 같은 냄새가 났다. 누군가 수세미를 전자레인지에 돌리면 박테리아가 파괴되니 수세미를 재사용해도 된다고 주장했었다. 그러면 쓰레기를 줄일 수 있다고 말이다. 그 덕에 박테리아는 역겨운 미소를 띤 채 그 수세미 위에 5개월이나 머무르며 온갖 표면에 자기 엉덩이를 비벼왔다. 치즈 향 과자와 썩은 말똥 같은 냄새가 났다.

데이비드의 눈썹이 치켜 올라가고 눈이 커졌다. 그는 오랫동안 아무 말을 못 하다가 겨우 말을 꺼냈다. "실수한 거겠죠?" 그는 초조한 듯 손을 문질렀다. "하지만 되돌릴 수는 없어요. 이미 브라이언에게 말했어요. 모두에게요."

줄리아는 뒤로 돌아 그를 마주 보았다. "네, 되돌릴 수 없어요. 다음을 위한 교훈으로 삼아야죠. 우리가 누군가를 해고한 건 이번이 처음이에요. 그리고 이제 알겠어요. 우리는 개발자를 해고하지 않아요. 개발자가 우리를 해고하죠."

'우리를 해고한다고?' 데이비드는 어찌할 바를 모르는 아이처럼 혼란스러워했다.

줄리아는 그를 무시하고 말을 이었다. "정신 좀 차리면 리오에게 전화하세요. 사태를 잘 수습하세요." 줄리아는 답을 기다렸지만 아무 대답도 없었다. "친절하지 못 할 거면 확실히 소문이 퍼지지 않게 하세요. 호주 사람들이 그런 표현 쓰잖아요. 선풍기에 똥이 부딪히면 일이 커진다고요."

"그런 표현은 절대 안 쓸 거라고 확신해요." 데이비드가 풀이 죽은 목소리로 대답했다.

"리오에게 전화하세요. 당신 캘린더에 일정을 추가할게요. 제임스에게 리오 일을 도와달라고 부탁해요. 사회성이 좋으니까요. 당신은… 별로잖아요." 줄리아는 탕비실을 티 없이 깨끗하게 만들어두고 떠났지만, 데이비드의 마음속은 엉망진창으로 어질러져 있었다.

이 집은 심하게 비어 있어요

인터폰이 공격적으로 울리길 세 번째, 리오는 천천히 통나무처럼 굴러서 침대에서 일어났다. 리오에게 없는 코어 근육을 가장 적게 사용하는 동작이었다. 창문을 힐끗 보니 헝클어진 머리카락, 너무 자라서 납작하게 붙은 앞머리, 몇 주 동안 베개에 눌린 얼굴이 보였다. 몰골이 말이 아니라 해도 과언이 아니었지만 적어도 라이언은 여전히 그녀를 사랑했다. 먹이만 준다면.

"제임스예요." 인터폰 스피커를 통해 제임스의 목소리가 거칠게 전달되었다. 단어가 시작될 때마다 인터폰에서 딸깍거리는 소리가 났다.

"뭘 원해요?" 리오가 뚱한 목소리로 물었다.

"당신 영혼이요." 제임스가 빠르게 답했다.

"그런 거 없어요. 전 지난 십 년간 컨설턴트였다고요." 그녀는 인터폰 버튼을 꾹 누르며 말했다.

"그러면 애저 지원 이메일을 저한테 넘기세요."

"잘 가요, 제임스." 기분이 영 별로였고 침대로 돌아가고 싶은 마음이 간절했다.

리오는 인터폰을 껐다. 숨 한 번 다 들이쉬기도 전에 인터폰이 다시 울렸다. 당연히 제임스였다. "들여보내줘요. 그냥 당신이 괜찮은지 보고 싶은 거예요."

"그러고 싶지 않다고요." 리오가 화를 꾹 누르며 말했다.

"도넛으로 값을 치를게요." 제임스가 애원했다.

"전 매춘부가 아니에요."

제임스는 웃음이 터졌다. "컨설턴트였다고 하지 않았어요?"

리오는 미소를 참으며 낮은 목소리로 물었다. "커피 있어요?"

"커피 있어요. 고양이 줄 선물도 가져왔어요." 인터폰을 통해 들리는 탁탁거리는 소리가 라이언의 관심을 끌었다.

리오는 굴복했다. 희생이었다. 라이언을 위한 희생. 리오는 낮은 신음 소리를 냈다. "잠깐만요."

리오는 욕실로 달려가서 얼굴에 물을 끼얹었다. 물이 너무 차가워서 어쩔 수 없이 머리카락은 번 헤어로 묶었지만, 묶인 건 절반뿐이었다. 나머지 머리는 너무 짧았다. 앞머리는 뒷머리와 함께 묶일 만큼 길어서, 지저분하지만 트렌디한 하프 번 헤어가 완성되었다. 맘 핏 청바지를 입은 트렌디한 라테 맘[28]. 이상하게도 너무 맨얼굴인 것 같았다. 입 냄새 테스트는 통과하지 못했다. 튜브를 직접 입에 넣어 치약을 짜 먹었다가 바로 후회하고 물 한 모금으로 가글을 마쳤다. 차라리 양치가 쉬울 뻔했다. 그럼 구역질도 덜 났을 텐데.

리오는 인터폰으로 돌아와 버튼을 눌렀다. 석조 계단 바닥에 울리는 발소리가 들릴 때까지 계속 버튼을 누르고 있었다. 이 아파트에서는 어떤 소리가 나도 들을 수 있다. 물론 리오의 집에서 나는 소리만 빼고. 애초에 흥미로운 일이 전혀 일어나지 않아 쥐 죽은 듯 조용했다.

리오는 문을 열었다. "와, 리오. 몰골이 엉망이네요." 제임스가 계단에서 불쑥 얼굴을 내밀며 큰 소리로 말했다.

"고맙다고 해야 하나요?" 리오는 당황스럽다는 듯한 표정을 지었다.

"자, 생명 유지 장치요." 그가 내민 도넛 상자는 모르는 가게의 것이었다. 그녀는 뚜껑을 열고 안에 들어 있는 잼 도넛과 튜브가 꽂혀있는 알록달록한 도넛을 보고 마음에 든다고 생각했다. 저 튜브에는 인슐린이라도 들었을까. 리오는 양치 생각이 절실했다. 사실 양치는 그렇게 중요하지 않았다. 마틴은 쟁기 이를 포기하고 그린과의 소개팅에 그녀를 떠넘겼다. 흠뻑 젖은 브래지어가 떠오르자 그녀의 얼굴이 붉어졌다. 매일 그렇게 치과에 브래지어를 두고 나오는 건 아니다. 그렇게 표현하니 실제 일어났던 일보다 더 흥미진진하게 들렸다.

제임스는 커피가 든 종이 가방을 들고 그녀를 밀고 지나갔다. 커피 향기가 집 안을 채웠다가, 욕실에 있는 고양이 배설물 더미에서 나는 악취에 빠르게 흡수되었다.

제임스는 코를 찡그리고 얼굴 앞에서 손을 극적으로 휘저었다. "이 냄새는 뭐죠?"

"오늘 아주 칭찬을 줄줄이 읊는군요." 리오는 한숨을 쉬었다.

"아니, 진짜로요. 이 냄새 어디서 나는 거예요?" 제임스는 자신을 저지하려는 리오를 무시하고 냄새를 맡으며 다녔다. 그는 욕실 입구에 섰다. "알겠어요. 그런 거였군요."

---

28 스웨덴에서는 세련된 옷차림에 아이를 데리고 카페에 다니는 부모를 라테 맘, 라테 파파라고 부른다.

"그렇다니 뭐가요?" 리오는 그의 너머를 보았다. 어마어마한 옷더미가 욕실의 맨 끝 구석에 있는 천장 환풍구를 뚫고 탈출을 감행하고 있었다.

"잘살고 있다고 보기 어렵네요. 베티가 살아 있긴 한가요?" 제임스는 주방으로 향했다. 몇 년 전 물과 호밀만으로 창조된 베티는 지금까지 매주 그녀와 함께해온 믿음 직한 사워도우 기여자이자 반려 생명체였다. 냉장고 깊숙이 숨겨진 지금의 베티는 슬프고 딱딱한 생명체가 되어 매니큐어 리무버 냄새를 풍겼다. 제임스는 물어보지도 않고 베티를 꺼내 힘껏 뚜껑을 열고는 뒤로 펄쩍 뛰었다. 베티 냄새가 주방을 채웠다. 아세톤 냄새였다.

"회사 슬랙에 상호 합의로 이루어진 결정이었고, 사실 당신이 그전부터 새로운 기회를 찾고 있었다는 말이 돌더라고요. 그래 놓고 케이크 사진을 갤러리로 올렸어요. 불타고 있는 리오 케이크요. 근데 당신이 그랬을 리가 없잖아요?" 제임스는 베티 맨 위에 붙어 있는 딱딱한 곰팡이를 파내 잠시 냄새를 맡으며 자학했다. 그는 주방 수납장을 둘러보았다. "깨끗한 병 있어요?"

"왼쪽 서랍이요." 리오는 냉장고 옆에 있는 수납장을 열었다. 깔끔하게 정리된 유리병 선반에 먼지가 쌓이고 있었다. 유리병을 재활용하기에는 귀찮았고 그냥 버리기엔 양심에 거리껴서 언젠가는 잘 보관한 사워도우 스타터 베티를 나눠줄 친구들이 생길 거라 확신하며 모아왔다. 제임스는 베티의 나머지 부분을 먼지 쌓인 병에 넣고 물과 약간의 호밀을 추가했다. 리오는 제임스가 베티를 다시 살리려고 새로운 병에서 조심스럽게 섞고 뚜껑을 연 채 생명의 징후와 거품을 기다리는 모습을 지켜보았다. 두 사람은 사워도우 베이킹에 대해 많은 대화를 나눴다. 처음엔 제임스가 사워도우 장인이라는 사실에 놀랐지만 생각해보면 그럴만했다.

"전 힙스터라고요. 당연히 직접 사워도우 빵을 만들죠." 제임스는 윙크하며 말했다.

"이게 제가 지금까지 유지한 유일한 장기적인 관계예요. 치과 의사와 맺은, 이상하지만 매혹적인 관계만 빼고요." 리오는 이렇게 답하며 치과의 추억을 떠올렸다가 과거는 쉽게 두고 제임스에게 관심을 돌렸다.

"애저 지원은 고통스러웠어요. 우리는 자원에 대한 적절한 권한도 없었고 고객은 수동 백업도 안 받아서 애저가 장애 복구용으로 백그라운드에 대비책을 마련해뒀길 바랄 수밖에 없었죠. 데이비드가 애저 지원을 받으려고 당신 이메일을 해킹했어요. 당신은 자기 이메일 절대 확인 안 하죠?"

리오는 자연스러운 척 도넛을 씹어 삼키며 상황을 모면하려 물었다. **"머런이랑은 어때요?"**

제임스는 한 의자에 자리를 잡고 다른 의자 하나를 꺼내서 그녀에게 앉으라고 손짓했다. 커피의 온기가 손가락으로 퍼졌다. 그는 길게 한 모금을 마시고 현관을 바라보았다. 라이언이 새로운 곳에 자리를 잡고 늘어지게 자고 있었다. 라이언은 제임스가 가져온 간식을 아직 먹지 못했다.

"아무 말도 못 들었어요. 답을 안 해요." 햇볕을 등진 채 굽은 어깨에 발목을 꼬고 있는 제임스는 어린 소년처럼 보였다. 두 손으로 커피를 들고 아래를 내려보고 있었다. 리오는 그가 셔츠 밑에 재미있는 티셔츠를 받쳐 입지 않았다는 걸 깨달았다. 제임스가 무지 티셔츠를 입는 건 이번에 처음 보았다. 리오는 뚱뚱한 고양이가 그려진 티셔츠를 입고 있었다. 거의 일주일 동안 그 티셔츠를 입고 잠자고 생활했다.

"그냥 사과하고 싶어요. 머런이 괜찮은지 확인하고요." 제임스는 마침내 소리 내어 말했다.

"우리 아빠가 머런이 다니는 대학에서 일해요." 리오는 무심결에 그 얘길 꺼냈다.

제임스가 고개를 들었다. **"진짜요?"**

"네, 잘 나가는 분이죠. 그래서 우리가 여기로 이사 온 거예요. 우리도 서로 얘기는 안 해요."

"아버지가 당신이랑 얘기하고 싶어 하지 않는다고요?" 제임스는 그녀의 솔직한 태도에 놀라서 물었다.

"아빠는 대화하고 싶어 해요. 제가 원하지 않는 거죠. 가족이 여기로 이사 온 뒤로 제가 연락을 뜸하게 했어요."

"그분도 저처럼 제대로 관계를 망쳤나요?"

리오는 입술을 깨물고 마치 오래된 사진을 응시하듯 창밖을 골똘히 쳐다보았다. **"몇 년 전에 사이가 틀어졌어요. 아빠는 제가 선택한 직업을 좋아하지 않으셨어요."** 그녀는 어깨를 으쓱했다.

"몇 년 전이요?"

"십 년이요."

제임스는 조용히 웃었다. **"몇 년이라 하기엔 긴 세월인데. 심각했나 보네요. 아버지가 어쩌셨길래요?"**

"아빠는…." 리오의 목소리가 점점 작아졌다. 제임스는 숨을 죽였다. "아빠는 제가 멍청하다고 생각해요. 실망스러운 존재인 거죠. 뻔한 이야기라는 거 나도 알아요. 아빠는 저에 대한 원대한 계획이 있었지만, 저는 결코 좋은 학생이 아니었어요. 아빠는 절 포기했어요. 저한테 포기하라고 하셨죠."

제임스는 할 말이 생각나지 않았다. 그는 리오 쪽으로 몸을 움직여서 리오의 등을 토닥였다. "끔찍하네요. 우리 아빠가 저한테 그렇게 말했다면 엄청 상처받았을 거예요."

리오는 말을 이었다. "정확히 그 표현을 쓰진 않았어요. 하지만 다른 표현으로 그렇게 말했죠. 리오, 컴퓨터 공학은 네 길이 아닌가 보다." 리오는 아빠의 목소리를 서투르게 흉내 냈다.

"아버지가 당신이 하던 공부를 그만두길 바란 이유는 뭔데요?"

리오는 손으로 얼굴을 가렸다. "제가 멍청하니까요."

"그렇게 말씀하셨어요?"

리오가 손가락 사이로 몰래 본 제임스는 리오를 비웃지 않고 진지하게 듣고 있는 것 같았다. 그녀는 얼굴을 가린 손을 떼지 않은 채 답했다. "말했지만 아빠가 그 단어를 쓴 건 아니에요. 하지만 때로는 안 써도 알 수 있잖아요."

제임스는 이렇게 결론을 내렸다. "십 년은 긴 시간이에요. 어쩌면 아버지는 당신이 연락해주길 바라고 계실지 몰라요. 제가 사과하고 싶어서 머런의 연락을 기다리고 있는 것처럼요." 그는 일어나서 유리잔에 물을 채우고 한 모금 마셨다. 리오는 그를 바라보았다. 그녀의 손은 테이블 위에 쉬고 있었다. "그냥 제 생각이에요." 제임스가 말했다.

"다른 거 생각하죠. 머런 얘기, 일 얘기, 다른 무슨 얘기든 좋아요." 리오가 억지로 웃었다.

"좋아요. 강요하지 않을게요." 제임스는 웃으며 주제의 리디렉션[29]을 수락했다. "근데 새로운 푸시는 없어요? 라이브러리는 어때요?"

리오는 제임스가 알아야 할 게 없다는 걸 알았지만 이게 사적인 대화에서 빠져 나올 유일한 방법이었다.

"아무 일도 일어나지 않았어요. 제 쪽에서는 어쨌든 그래요. 문제는 충분히 일으켰어요. 이제 휴가 중이에요."

"집콕 휴가요?"

---

29 서버가 클라이언트로부터 특정 페이지나 파일을 향한 요청을 받았을 때 클라이언트로 하여금 다른 경로를 요청하도록 하는 특수한 응답

"네, 집콕 휴가요. 진짜 휴가보다 돈이 덜 들어요." 리오가 답했다.

"딱이네요. 그럼 라이브러리 작업할 시간이 있겠어요! 메인테이너를 몇 명 추가하고 책임을 위임하고 라이브러리가 자립하게 해주세요. 샘을 행복하게 만드세요." 제임스는 열정을 강요하는 듯했다.

샘. 리오는 역사적인 실패의 날 이후로 샘과 얘기한 적이 없었다.

"아니면 그 대신 짐을 마저 풀어도 좋겠고요. 이사한 줄 몰랐네요." 제임스는 구석에 있는 상자들을 가리키며 말했다.

"이사 온 지는 몇 년 됐어요." 리오는 튀어나온 일기장을 상자 안으로 대충 밀어 넣고 상자 윗부분을 접어서 다시 열리지 않게 안쪽으로 떠밀었다.

제임스가 의자에 등을 기대자 의자가 억지로 기울어지면서 끼익하는 위협적인 소리를 냈다. 의자가 원래 세 개 있었는데 전구를 바꾸는 동안 하나가 부서졌다. 다리가 사람이 엎드려 다리 찢기를 하듯이 접혔다. 물론 의자 얘기다. 리오는 유연함과는 거리가 멀었기 때문에 의자 다리가 부러졌을 때 바닥에 떨어져 뒤집어진 거북이처럼 버둥거렸다. 망가진 의자는 폐기 방법을 알아낼 때까지 일 년 동안이나 집 현관 옆에 방치되어 있었다. 차가 없으니 망가진 의자를 폐기하는 과정이 좀 번거로웠는데, 그렇지만 않았더라도 그 의자가 망가진 걸 크게 개의치 않았을 것이다. 하지만 두 번째 의자가 망가진다면 문제였다. 혹시 또 손님이 올지도 모르니까. 제임스의 깜짝 방문 이후 이런 일이 벌어질 가능성이 조금 더 높아진 것 같았다. "상자에는 뭐가 들어 있어요?" 제임스는 말을 이어갔다.

"그냥 책이에요. 어디에 둬야 할지 모르겠어요." 리오는 상자를 바라보며 말했다.

"좋은 책이라도 있어요?" 제임스가 물었다.

"아니요. 스웨덴 십 대의 불안한 사고에 관한 기록을 읽고 싶은 게 아니라면요."

"제가 좋아하는 책이네요. 아버지는 무슨 일을 하세요?" 말 돌리기다.

리오는 수납장에 있는 유리잔을 뒤섞어 정리하는 척했다. 짝이 맞는 잔이 없다는 사실이 현재 자기 인생을 어떻게 표현할지 잠시 생각했다. 지저분하고 짝도 맞지 않고 정리되어 있지도 않았다. 부모님의 인생과는 대조적이었다. 제임스는 몸을 그녀 쪽으로 향한 채 자신이 복잡하게 주문한 커피의 마지막 거품이 죽어가는 걸 바라보며 인내심 있게 기다렸다.

"아빠는 미대 교수예요. 가르치고 글을 쓰고 연구를 하죠. 엄마도 똑같은 일을 하세요." 리오는

북불 개발자의 버럭 성공기

결국 제임스가 리오의 가족 드라마를 포기하지 않았다는 사실을 받아들이며 대답했다.

"똑똑한 부모님 밑에서 태어난 것 같다는 느낌은 들었어요. 그런데 예술가 집안일 거라고는 생각 못 했어요. 당신의 삼색 팔레트를 보고 그렇게 생각할 순 없었죠. 삼색이라고 한 것도 흰색도 색으로 쳐야만 그렇겠지만요." 제임스는 이렇게 말하며 윙크했다.

그녀는 답으로 고개를 가로저었다. "압박이 있었어요. 부모님은 제가 컴퓨터 공학을 전공하면서 계속 낙제하는 걸 달가워하지 않았어요." 리오는 다른 수납장을 열고 잠시 이야기를 멈췄다. "제가 컴퓨터의 덜떨어진 노예로 살기보다 고통받는 예술가나 경비원 같은 삶을 살길 바라셨나 봐요. 전 대학을 겨우 졸업했어요. 심리상담사나 온라인 수업이 없었으면 아마 졸업하지 못했을 거예요. 우리는 이사를 많이 다녔어요. 한 곳에 일 년 이상 머문 적이 없어요. 짐을 푼 적이 없었죠. 앞으로도 짐을 풀 일은 아마 없을 거예요."

"그래 보이네요. 이 집은 심하게 비어 있어요." 제임스는 조용히 말했다.

리오는 수납장을 천천히 닫고 손을 바지에 닦은 뒤 주위를 둘러보았다. 그래, 그렇네. "하지만 비어 있다고 다 똑같은 건 아니에요, 안 그래요?" 리오는 떨리는 목소리로 답하며 자기 커피 뒤로 숨었다. "이건 선택한 거예요. 포기한 게 아니고요." 그녀는 컵 안으로 속삭였다.

리오는 커피를 삼키고 고개를 들다가 제임스와 눈이 마주쳤다. "뭐, 제가 그렇게 똑똑하지 않은 건 분명하죠? 회사에서 마지막에 저지른 일을 생각하면요." 리오의 성대에서 긴장한 웃음소리가 울려 퍼졌다. 목멘 개구리가 내는 소리 같았다.

제임스는 딱딱한 미소를 지으며 입술을 꼭 다물고 동의의 의미로 고개를 끄덕였다. "쇼핑몰 일은 너무 신경 쓰지 마요. 깃랩도 그랬는데 리오라고 그러지 말란 법은 없죠." 그는 매우 따뜻한 미소를 지으며 손짓했다. 리오의 뺨은 붉어졌고 그녀는 다시 한번 뒤돌아서 더 정리할 거리를 찾았다. 안타깝게도 정리할 게 별로 없었다.

"전 해고당했어요, 제임스. 그게 제 능력을 명백히 보여준다고요. 얼마나 형편없는지요." 리오는 입 안에서 자기 볼을 씹었다. "그리고 제 기억이 정확하다면 깃랩은 아무도 해고하지 않았어요. 깃랩은 그냥 그런 일도 일어난다고 했어요. 이론적으로는 요즘 프로그래머를 해고하는 건 불가능해야 해요. 특히 컨설턴트는요. 제 말은, 미카엘이 아직 멀쩡히 다니는데 전 잘렸다고요."

"뭐, 당신이 미카엘이랑 그 악취 타령을 더 이상 상대하지 않아도 된다는 건 장점인 거 같아요." 제임스는 큰 노력 없이 할 수 있는 위안의 말을 건넸다.

"미카엘? 이미 그 사람은 잊었어요. 지금은 제 라이브러리에서 나는 냄새만으로도 정신이 없는 걸요." 리오는 반쯤 웃었다.

"그럼 고쳐요. 제가 기꺼이 최고의 스톱워치와 직감도 빌려드리죠." 또 다른 친절한 제안이었다.

리오는 웃더니 콧방귀를 뀌었다.

"기운 나게 해줘서 고마워요." 리오는 환하게 웃으며 제임스를 뚫어지게 보았다.

"천만에요." 제임스는 성공을 기쁘게 받아들이려다 거의 의자를 넘어뜨릴 뻔했다.

두 사람은 오랫동안 침묵 속에서 각자 자기 스마트폰을 스크롤하며 간간이 미지근하게 식은 커피를 마셨다. 리오의 하품이 중간중간 침묵을 방해했다. 침묵이 어색하게 느껴지지 않았다. 둘 다 어쨌든 프로그래머였고 침묵은 그들이 잘하는 일이다.

"오늘은 일 없어요?" 리오는 다리를 스트레칭하다가 라이언의 따뜻한 털을 느꼈다. 두 사람이 모르는 사이에 자리를 옮긴 것이다. 이런 고양이 닌자 같으니.

"토요일이에요."

"아." 리오는 빈 캘린더를 보고 날짜를 확인했다. 그녀는 지금까지 개발자로 일하는 동안 회의를 피하느라 최선을 다했건만 이제는 스탠드업 회의가 조금 그리웠다. 아, 싯다운 회의라고 해야 하나. 그녀는 캘린더 앱을 닫고 커피를 삼켰다.

제임스는 고개를 갸우뚱하며 리오를 올려다보았다. "괜찮아요? 엄청 피곤해 보여요." 제임스와 시선이 마주쳤다. "칭찬을 잘하는 편은 아니죠?"

"그런 거 같아요." 고개를 끄덕이는 제임스의 머리카락이 휘어져서 파도타기 응원을 하듯 움직였다.

사실 정확한 관찰이었다. 리오는 기운이 다 빠졌다. 요즘 리오에게는 정해진 일상이 없었다. 리오의 하루는 오로지 넷플릭스에서 보고 있는 시리즈를 따라 흘러갔다.

리오는 눈을 비볐다. "저 이제 좀 누워서 쉬어야 할 거 같아요."

"네, 좋아요. 쉬세요." 제임스는 고개를 들지 않았다. 나갈 준비를 하는 것 같지 않았다. 샤워도우는 테이블 위에 있었고 가장자리에 작은 거품이 일어나 있었다.

"알았어요…." 리오는 어떻게 해야 할지 모르겠어서 잠시 멈추고 제임스가 어떤 행동이든 하길 기다렸다.

"저 여기 있어도 되죠?" 제임스는 리오를 올려다보며 마치 주방의 장식이 된 것처럼 앉아 있는 자신을 가리켰다. 무릎 높이에 맞춰서 접힌, 카키색 카고 반바지를 입은 그의 모습은 뒷배경 벽에 녹아들었다. 얇은 면 소재의 민트색 셔츠가 마치 커튼처럼 흰 티셔츠를 덮고 있었다.

민트색은 어려운 색이다. 90년대에 대한 향수를 표현하는 이 색은 매년 봄 다시 유행하려 시도했다. 그런 시도는 항상 실패했지만, 제임스는 이 색을 어울리게 조합하는 데 성공했다. 어쩌면 제임스가 집 꾸미기를 도와줄 수 있을지 모르겠다.

리오는 다시 하품하고 어깨를 으쓱한 뒤 거실 구석에 있는 침대로 자신의 무거운 몸을 이끌었다. 공교롭게도 침대에서는 주방과 제임스가 정면으로 보였다. 리오가 이불을 코까지 끌어당겼다. 부드러운 이불이 몸을 감싸자 바로 피로감에 압도되는 걸 느꼈다.

리오의 귀에는 주방에서 제임스가 내는 소리가 들려왔고, 피로로 감긴 눈에는 백팩에서 뭔가 찾고 있는 그의 형상이 보였다. 카메라는 아니길 바랐다. 찍는다 한들 인류 역사에서 녹화된 가장 지루한 동영상이 될 터였다. 리오는 팔다리를 거의 움직이지 않고 아무 소리 없이 시체처럼 잤다. 그녀의 몸에서 꾸준히 만들어지는 온기가 이불에 섞여 들었다. 그녀가 라이언의 사랑을 받는 이유였다. 완벽한 고양이용 매트리스였다. 물론 그녀가 술에 취하거나 숙취에 시달리는 날은 제외였다. 그런 날은 난리가 났다. 리오는 마치 체조 선수 출신 갱년기 광인처럼 땀에 절어서 침대 안에서 태양의 서커스를 했다. 그녀는 제임스가 주방에 있다는 게 이상하게 소름 끼치는 일인지, 아니면 위안이 되는 일인지 궁금해하다 잠이 들었다.

라이언은 침대로 올라와서 리오의 얼굴을 반쯤 가렸다. 둘 다 고양이의 가르랑거리는 소리에 맞춰 잠이 들었다. 라이언은 잠결에도 침입자를 가장 잘 처리할 방법을 고민했다. 언제나처럼 살인마는 완벽한 기회를 기다리는 법이니까.

옳은 쪽을 보시오

얼마나 잤는지 알 수 없었다. 5분일 수도, 5시간일 수도 있었다. 리오의 컨디션은 자고 일어났는 데도 개운하지 않았다. 얼굴에 남은 고양이 털이 얼굴을 간지럽혔는데 몇 가닥이 마른 입술에 붙은 모습이 꼭 옅은 콧수염 같았다. 음식을 간절히 원하는 리오의 배에서 나는 요란한 꼬르륵 소리 때문에 주방에서 울리던 익숙한 제임스의 키보드 소리가 묻혔다.

"배고파요?" 제임스의 목소리가 주방에서 거실까지 들려왔다. 꼬르륵 소리가 그렇게 컸나? "저는 배고파 죽겠어요. 근처에 맛있는 피자집이 있어요. 분명 먹어 봤을 거예요. 거기에 사워도우 피자가 있거든요. 당신이 씻는 동안 제가 피자 주문하고 가서 받아올게요."

제임스는 여기 눌러앉기로 했나 보다. "좋아요." 리오는 그 피자집을 가본 적 있다. 괜찮은 곳이었다.

"원하는 메뉴라도?" 제임스가 물었다. "딱히 없어요."

"채식 피자도 괜찮아요?"

리오가 고개를 끄덕이다가 제임스가 침대에 누워있는 자신을 볼 수 없다는 걸 깨달았다. 움직이기엔 몸이 너무 무거웠다. "네, 괜찮아요." 리오가 소리쳤다.

"주문했어요. 지금 나갈 거고, 최대 10분쯤 걸려요. 열쇠 가져가도 될까요?"

제임스는 5분도 채 되지 않아 문밖으로 나갔고 리오는 샤워하고 옷을 갈아입으려 서둘렀다. 그 중대한 사건 이후 세탁을 하지 않아서 옷더미를 뒤적이며 냄새를 맡아서 상태가 심각하지 않은 옷을 찾았다. 더러운 옷을 입든지, 단벌 원피스를 입든지 둘 중 하나였다. 한 번도 입은 적 없는 그 원피스는 리오의 의상 선택과 스타일에 관해 그녀의 부모님이 얼마나 무지한지 상기시켰다. 그녀의 선택을 받은 건 더러운 옷이었다. 리오는 원피스를 세탁물 바구니에 던져 넣었다. 원피스는 공기 중에 먼지 자국을 남기며 무너져내려 티셔츠와 청바지 사이에서 외로움을 받아들였다. 리오는 제임스가 돌아오기 전에 간신히 변신을 마쳤다.

"생기 있어 보이네요!" 제임스는 손안에 든 두 개의 피자 상자의 균형을 잡으며 소리쳤다. 발로 살짝 차서 현관문을 닫았다.

생기 있어 보이는 건 2분의 샤워, 가르마를 타서 빗은 머리, 4년 된 보습제 조금, 열정적인 치실과 쟁기 닦이 덕분이었다. 산뜻해 보이는 의상은 전에 입었던 것과 똑같지만 색이 다른 청바지, 아까 창피스럽게 입었던 것에 비해 조금 덜 낡아 보이는 티셔츠였다. 리오는 오늘 밤이나 내일 아침에 꼭 세탁을 해야겠다고 다짐했다. '왜 내일로 미룰 수 있는 일을 오늘 해야 하냐고? 입을 옷이 다 떨어졌는데 깜짝 방문객이 와서 눌러앉을 수 있으니까.' 하지만 이 생각을 무시했다. 리오는 일을 미루는 데는 달인이었다. 세탁부터 취침까지 죄다 미뤘다. 보복성 취침 미루기. 리오는 이 새로운 현상에 관한 기사를 읽은 적이 있었다. 자유 시간이 부족하다고 느끼면 이를 보충하려고 깨어 있는 걸 가리키는 말이었다. 이제 리오에게는 자유 시간이 충분했다. 그저 어른의 루틴을 찾지 못한 것뿐이다. 보복할 건 없었다.

제임스가 주방으로 걸어 들어오자 사워도우 피자 냄새가 따라왔다. "이웃분들도 만났어요. 좋은 분들이던데요! 리오의 집이 비어 있는 줄 알았대요."

"안 돼요! 이웃들한테 인사한 거예요?" 리오가 한숨을 쉬며 고개를 세차게 저었다. "이젠 나도 억지로 인사해야 하잖아요." 리오는 엄지손톱을 물어뜯다가 제임스의 못마땅한 표정을 마주했다.

"그거 먹는 거 아니에요. 이게 먹는 거고요."

제임스는 피자를 자르며 말했다. 리오는 테이블로 접시 두 개를 가져왔다. 접시 하나는 파란색, 다른 하나는 흰색이었다. 한쪽에서 제임스의 컴퓨터가 행복하게 윙윙거렸다. 리오가 자는 사이 제임스는 코딩했다.

"회사 일이에요?"

제임스가 환하게 웃으며 답했다. "아니요. 당신 라이브러리예요. 아이디어가 하나 있는데, 나중에 보여줄게요."

리오는 기다리지 못하고 기름진 피자와 제임스의 노트북을 오가며 키보드 곳곳에 끈적한 지문을 남겼다. 제임스는 키보드광이니까 이런 문제를 더 신경 쓸 거라 생각할지 모르지만, 오히려 제임스는 노트북이 아주 많아서 어느 것에도 큰 가치를 두지 않았다. 제임스와 마찬가지로 리오도 자신에게 필요한 소프트웨어를 실행하며 2년 이상 버텨줄 노트북을 아직 찾지 못했다. 데이비드는 컨설턴트에게 데스크톱 PC는 필요 없다고 우겼다. 하지만 사무실이 아닌 다른 곳에서 고객을 만나는 일은 매우 드물었다. 사실이 그랬다. 요구 사항을 충족시키지 못한다고 하더라도 고급스럽고 멋져 보이는 아주 얇은 노트북을 소유하는 데에는 상징적인 무언가가 있었다. 다른 많은 개발자처럼 리오는 노트북에서 RDP를 실행해 집에 있는 데스크톱 PC에 접속해 작업을 이어갔다.

"샘의 아이디어였어요." 제임스는 배경을 설명하고 손가락을 핥았다. "사람들이 상황에 맞게 캐시 삭제 로직을 추가할 수 있게 인터페이스를 추가하자고 그 사람이 제안했어요. 처음에는 작동도 안 하고 이유도 몰랐어요. 근데 지금은 작동은 하는데 이유를 몰라요!"

"작동하면 이진법의 신께 의문을 품지 말아요." 리오가 웃었다.

"근데 샘이 저한테 화났나요?" 짚고 넘어가야 했다.

"걱정하는 거 같았어요."

"걱정이요?"

"리오에 관해서 물어보더라고요. 우리 둘 다 같은 저장소에 공헌하고 컨설트잇 저장소에만 공헌하는 걸 보고 우리가 직장 동료인 걸 눈치챘어요." 제임스가 키득거렸다. 리오의 입꼬리는 미소라고 보일 정도까지 무의식적으로 올라갔다. 컨설트잇의 저장소는 공개적인 망신이었지만, 데이비드는 마이크로소프트의 오픈 소스 기차에 참여하기를 원했고 지원자들에게 기술 면접 과제를 저장소에 제출하라고 했다. 백 번째의 면접 이후 미카엘이 공헌한 내용은 그 관리 서비스에 눈에 띄는 흔적을 남겼다. 스태틱^{static} 제어자를 모두 삭제했고 행복한 경로$^{happy\ path}$ **30**만 테스트하여 자신의 자존감을 확인했다. 그의 천진하고 맹목적인 자신감은 골칫거리기도 했지만 동시에 매력적이기도 했다. 입사해서 '받은 편지함 제로' 점심 강의를 맡을 정도는 되었다는 뜻이다. 그의 코드는 머지되었고 한 달간의 디버깅을 거친 끝에 복원되었다.

리오가 끄덕였다. "명탐정이네요! 샘의 추리를 멋지다고 해야 하나요, 아니면 으스스하다고 해야 하나요?"

"샘은 당신이 자살 기도를 할지 모른다고 생각했거든요." 제임스가 실토했다.

"왜요?" 리오의 눈썹이 치켜 올라갔다.

"샘한테 마지막 메시지로 417 HTTP 요청 코드를 보냈다면서요." 제임스가 답했다.

"**나는 찻주전자다**$^{I'm\ a\ teapot}$ 그거요?" 눈썹은 여전히 내려오지 않았다.

---

30 개발자가 예상한 사용 시나리오. 실제로는 이 경로를 벗어나는 사례가 많으므로 행복한 경로만 테스트하는 것은 위험한 행위로 간주된다.

"아뇨, 그건 나는 찻주전자다가 아니에요."

"맞는데요."

"아니에요. 나는 찻주전자다 메시지 코드는 418이에요."

"확실해요?"

"네." 제임스가 HTTP 코드 명세를 띄우고 418 코드까지 아래로 스크롤했다.

"417…은 기대한 대로 되지 않았다^{Expectation failed}네요." 리오가 크게 읽었다. "그래도 완전히 틀린 건 아니죠?"

"조금 유서 같아 보였을 수도 있겠죠? 마지막 메시지였으니까? 리오, 샘한테 연락해요. 잘은 모르겠지만 그 남자가 리오를 신경 쓰는 거 같아요." 제임스가 덧붙였다.

"저한테 반했다고요?"

"반했다는 느낌은 아니었어요. 근데 다시 말하지만 전 그런 쪽으론 좀 약해요."

"혹시 머런한테 반했나요?" 리오가 물었다.

"너로서는 그럴지 모르지만, 그뿐이에요. 머런은 애잖아요." 제임스가 반쯤 먹은 피자 조각을 내려놓고 리오를 바라봤다. "아버지를 통해서 머런의 연락처를 입수할 수 있을지 확인해줄 수 있어요?"

리오는 안 된다고 말할 수 없었다. 제임스는 그녀의 끼니를 챙겨주었다. 그뿐 아니라 고양이의 끼니도. 마법처럼 사라진 한 조각의 행방을 제임스는 눈치채지 못한 것 같지만 말이다. "해볼게요."

"그리고 샘한테 연락할 거죠?"

"어쩌면요."

"설마 제가 여기에 영영 눌러앉길 바라는 건 아니겠죠?" 제임스는 약간 협박을 곁들여 우겼다.

"그럴 리가요. 근데 피자와 도넛으로 얼마를 낼 수 있는데요?" 리오가 웃으며 받아쳤다.

"전 컨설턴트는 안 믿어요. 비용을 항상 과다청구하거든요."

"좋아요. 그럼 전 모가지네요." 리오가 손가락으로 목을 긋는 흉내를 냈다.

그들은 암묵적인 합의에 따라 코드를 살펴보았다. 피자는 식었고 남은 커피는 버렸다. 고양이는 해를 따라 다른 창으로 자리를 옮겼다.

"30분 후에 오는 다음 전철을 탈 거예요. 리오가 찻주전자라면 자살할까 봐 감시할 필요는 없을 것 같고요." 제임스가 노트북을 닫고 뜨거워진 그대로 백팩에 집어넣었다. 팬이 아직 돌고 있었다. 아마 윈도우 업데이트 중이겠지. "역까지 좀 데려다줄래요? 신선한 공기도 좀 마실 겸?"

"지하철역에는 신선한 공기가 없어요." 리오가 냉소적으로 답했다. 그녀는 여름이든 겨울이든 런던의 지하철이 마음에 든 적이 한 번도 없었다.

"그럼 역까지만 걸어갈래요? 악마의 구멍에는 들어가지 말고요."

"똥구멍 말하는 거죠?" 리오는 환하게 미소 짓더니 이내 평소처럼 무표정이 되었다.

"잠시만 기다려요. 준비할게요."

"개발자의 잠시인 거죠?"

"네."

"그럼 10분에서 10시간 사이겠네요." 제임스는 접시 두 개, 유리잔, 식기 등을 부지런히 설거지했다. 리오는 노트북 가방과 충전기를 들었다. 가방에서 잿빛 가루를 털어내자 먼지구름이 생겼다. 그날 집에 온 이후로 가방을 열어보지도 않았다. 제임스는 리오 뱃속의 구덩이가 깊어지는 걸 막았다.

"애마를 데려가게요?" 제임스가 물었다.

"그보단 당나귀 정도죠."

"좋아요. 어디로 가요?"

"카페로요. 사회 불안 장애 극복 훈련이 될지도 모르죠."

제임스가 좋다는 듯 고개를 끄덕이고 문을 열었다. "참, 이 집 열쇠 복사해뒀어요."

"네…?"

"농담이에요. 여기요, 들여보내 줘서 고마웠어요." 제임스가 리오의 손에 열쇠를 쥐여주며 말했다.

그들은 석조 계단을 걸어 내려와서 상쾌한 공기를 온몸으로 맞이했다. 열린 문 너머로 아름다운 오후의 풍경이 펼쳐졌다. 리오는 다른 누군가와 함께 아파트에 들어가거나 나간 적이 없다(런던의 시궁쥐나 가끔 나타나는 길고양이는 예외였다. 가끔 둘 다 한꺼번에 나타나기도 했다). 낯설지만 편안한 기분이었다.

"잠깐만요. 여기서 기다려 주세요." 돌아선 리오는 우편함으로 가서 메리의 편지를 집었다. "금방 올게요!" 리오가 소리치며 계단을 뛰어올라갔다.

리오가 돌아오자 제임스는 호기심 가득한 얼굴로 그녀를 바라봤다.

"묻지 마세요." 리오는 제임스를 끌어당겼다. "라운지 카페가 꽤 괜찮아요. 와이파이도 안정적이에요. 런던 클라우드 어쩌고 하는 쓰레기 같은 거 아니고요. 그리고 훌륭한 커피가 있죠. 드립 커피는 리필도 무료예요."

"꽤 미국스럽네요."

"대신 덜 달아요."

"제가 거기까지 바래다줄게요. 그런 다음 제 찻주전자에서 지하철을 견뎌보죠, 뭐."

그들은 한동안 말없이 걸었다. 제임스는 그 카페가 어디 있는지 아는 듯했다.

"당신네 영국인들이 도로의 옳지 않은 쪽으로 운전하고 있다는 생각, 해본 적 있어요?" 리오가 앞에 있는 횡단보도를 가리켰다.

"아니요. 이쪽이 옳은 쪽이에요." 제임스가 고개를 저으며 반박했다.

두 사람은 횡단보도 앞에 멈춰 서서 신호를 기다렸다. "왼쪽이 옳은 쪽이라고 쳐요. 왜 바닥 표시에는 옳은 쪽을 보라면서 화살표는 반대로 그려놨나요?" 바닥에는 오른쪽을 향한 화살표와 '오른쪽을 보시오 Look Right'라는 문구가 흰색으로 크게 적혀있었다.

"당연히 스웨덴 사람들 때문이죠. 그런 건 항상 스웨덴 사람들 때문이에요." 제임스가 웃었다. 리오는 제임스의 말을 이해하지 못했지만 어쨌든 웃었다. 신호가 녹색으로 바뀌었다. 리오는 앞머리를 귀 뒤로 넘기고 팔짝팔짝 뛰며 길을 건넜다. 찻주전자가 되기에 좋은 날이었다.

31
COMMIT

저는 찻주전자입니다

✉️ **리오 ▸ 샘**

안녕하세요, 샘!

채팅에 잘못된 코드를 남겨서 미안해요. 오늘 제임스가 와서 제가 HTTP 명세를 제 생각만큼 잘 모른다는 걸 알려줬어요. 저는 418을 남기려고 했어요. '저는 찻주전자입니다' 그거요. '저는 엉망진창입니다'라는 농담으로요. 아마 제가 최근 저지른 실수 때문에(굳이 말하고 싶진 않은데, 그냥 제가 고객을 깃랩해버렸다고 해두죠) 해고됐다는 말은 제임스에게 들었을 것 같아요. 제 멍청한 상사가 제임스를 보냈는데 전 아직도 제임스가 어떻게 우리 집을 알아냈는지 모르겠네요. HR이 GDPR(일반 데이터 보호 규칙)을 제대로 준수하지 못하고 있는 게 아닐까 짐작할 뿐이에요. 제임스는 괜찮지만요. 상사라는 작자는 안 괜찮고요. 어쨌든 제가 없는 동안 코드를 유지 보수해줘서 고마워요. 제임스가 와서 기운을 북돋아주고 나니까 라이브러리 작업을 다시 하고 싶어졌어요. 마지막 머지 봤어요? 그리고, 이메일로 보내는 거 사과할게요. 당장은 디스코드 서버에 가입하기에 마음이 불안하거든요. 제임스와 하루를 함께 보낸 것만으로도 이미 제 월간 사회적 상호 작용 할당량을 소진했어요. 이해해줄 거라 생각해요. 그럼 이만, 리오.

✉️ **샘 ▸ 리오**

찻주전자 리오님! 이메일이라니? 지금 90년대예요? 하지만, 당신은 운이 좋네요! 제가 받은 편지함을 매일 확인하는 게 아닌데, 마침 확인하는 날 보냈거든요. 잘 지낸다니 기쁘네요. 잠시 걱정했어요. 코드와 고양이 얘기밖에 안 한 사이이긴 하지만, 그래도 제가 뭐 도와줄 일 있을까요? 혹시 새 직장을 찾고 있어요? 샘.

✉️ **리오 ▸ 샘**

샘, 메일을 잘 확인하지 않는 사람이 저 혼자가 아니라니 반갑네요. 그래도 지금은 기분 좋은 상태예요. 90년대라니요? 그때 존재하기는 했어요? Sam00? 그리고 이게 언제 채팅으로 바뀐 거죠? (상관은 없어요. 저는 다른 사람의 메시지를 읽씹하는 대신 너무 바빠서 확인 못 한 척할 수 있는 자유가 좋거든요 하하)

그리고 새 직장이요? 저한테 새 직장 찾는지 묻는 채용 담당자가 너무 많아요. 상처 입은 찻주전자 냄새를 맡은 피라냐 떼 같아요. 지금 당장은 구직 중이 아니에요. 휴식 중이라서요. 뭐 때문이냐고요? 잘 모르겠어요. 데이비드 때문일지도 모르죠. (그 짜증 나는 상사 이름이에요) 제임스가 샘과 의논했던 라이브러리의 새 기능을 보여줬어요(샘 아이디어였죠?). 그 자리에서 코드 리뷰도 했고요. 알고 있었지만, 멋지더라고요! 뿌듯했어요. 멋져보였고 의논하면서 머지도 했어요. 유지 보수 관련 문제를 많이 처리하고 라이브러리를 정말 멋지게 정리할 거예요. 테스트 같은 것도 하고요. 이 일이 재밌어지기 시작했어요. / 리오

✉ **샘 ▸ 리오**   — ↗

90년대에 저 있었어요. 00은 연도가 아니라 16진수거든요. 어떻게 지내요? 그 질문에는 대답 안 했잖아요.

✉ **리오 ▸ 샘**   — ↗

NUL인가요? 기발하네요. 이진법과 16진법은 별로 안 좋아해요. 학교에선 그게 뭔지 한참이나 반복해서 알려주었지만요. 아, 학교가 그립진 않아요. 전 좋아요. 나아졌어요. 괜찮은 것 같아요. 자존심에 상처를 입긴 했지만, 망가진 건 없어요. 제임스가 밥을 사줬고 음식을 먹으면 기분이 좋아지거든요. 베티에게도 밥을 줬어요.

✉ **샘 ▸ 리오**   — ↗

베티는 누구예요? 그리고 고마워요. 듣기 좋네요. 풀 리퀘스트 올라오는 거 지켜보고 있을게요. 그리고 리오, 다시는 갑작스럽게 사라지지 말아요. 필요한 게 있으면 저한테 연락해요. 여기 친구가 있잖아요. 제임스라는 현실 세계 친구도 있겠지만요.

✉ **리오 ▸ 샘**   — ↗

죄송해요. 베티가 제 사워도우 반죽이라는 걸 먼저 말했어야 했는데.

✉ **샘 ▸ 리오**   — ↗

하하, 그런 사람일 거라고 짐작은 하고 있었어요. 약간 힙스터 같다고나 할까.

저는 힙스터가 아니에요. 제임스가 그렇죠.

✉ 샘 ▸ 리오   — ↗

맥주도 직접 만들어요?

✉ 리오 ▸ 샘   — ↗

아뇨. 하지만 수제 맥주를 좋아해요. 와인도요.

✉ 샘 ▸ 리오   — ↗

힙스터, 리오. 그게 새 이름이 되겠네요. 걱정 마세요. 아무한테도 말 안 할게요.

✉ 리오 ▸ 샘   — ↗

이 대화는 없던 일이에요. 이제 코딩하러 가야겠네요.

✉ 샘 ▸ 리오   — ↗

나중에 봐요. 찻주전자님!

32 COMMIT 초콜릿 케이크

"좋은 하루 보내고 계신가요?" 종업원이 친절하게 웃으며 리오가 앉아있는 테이블에서 검은색 빈 접시를 집어 들었다. 리오가 쓴 접시는 딱 하나였는데 옆 테이블에는 접시와 컵으로 가득 차 있었다.

그릇들을 쌓아서 가게에서 일하는 아무에게나 넘겨줄까 생각해보았지만 그랬다가는 a) 접시를 쌓으면 기름기가 접시 앞뒤로 묻어서 종업원을 짜증 나게 할 가능성, b) 낯선 사람과 사회적 상호작용을 해야 할 가능성이 있었다. 리오는 하나도 신경 쓰이지 않는다는 듯 쓰레기장 옆에 자리 잡았다는 사실이 문득 부끄러웠다.

종업원은 리오에 대한 판단을 드러내지 않았다. 아니면 신경을 쓰지 않았든가.

"좋은 하루이신지?" 종업원은 부드럽지만 큰 목소리로 다시 한번 물었다. 그녀의 환한 얼굴에 완벽하게 어울리는 즐거운 기운이 담긴 목소리였다.

그녀의 헤어스타일은 눈부시게 아름다운 곱슬머리 후광으로 둘러싸인 적갈색 걸작이었다. 주근깨가 많은 까무잡잡한 얼굴이었고, 환한 미소와 그 미소만큼이나 넓게 드러난 교정기가 잘 어울렸다. '마틴이 나에게 권했던 게 저건가 보네.' 그전까지는 종업원이 미친 사람처럼 거기 앉아서 웃고 있던 걸 알아채지 못했지만, 이제는 종업원이 이상한 형태의 치아를 드러내고 있다는 사실을 충분히 인식했다. 혼자 있을 때 마구잡이로 웃는 사람은 없다. 어쨌든 영국에는 없다. 스웨덴에는 확실히 없다. 그랬다가는 시민권을 뺏길 것이다. 하지만 리오는 좋은 하루를 보내고 있었다. 놀라울 정도로 기분이 좋은 날이었다. 사실 거의 유체 이탈의 경험에 가까웠다.

종업원은 리오에게 부담스러울 정도로 친절한 기운을 발산하며 간절히 대답을 기다리고 있었다. 애초에 방해가 적을 것 같아 찾은 라우터 근처 구석 자리였지만 결국 항복했다. "초콜릿 케이크가 맛있네요." 목소리가 약간 떨리긴 했어도 진심이 느껴지는 즐거운 표정 덕분에 그런 부분은 도드라지지 않았다.

종업원은 자기 손을 가슴 위에 꼭 얹으며 동의했다. "저도 가장 좋아하는 거예요. 가끔 호두나 마카다미아를 넣고 만들기도 하는데 그걸 가장 좋아해요! 천상의 맛이에요." 굉장히 유혹적인 말이었다. 종업원은 급하지 않은 듯 말을 이었다. "새 케이크가 막 오븐에서 나왔어요. 맛보시게 한 조각 갖다 드릴까요?"

리오가 고개를 끄덕였다. "너무 좋죠. 감사합니다."

종업원의 이름표에는 스카이 L.이라는 이름이 적혀 있었다. 그녀는 쟁반 위에 접시와 컵으로 가지런히 올리고 잰걸음으로 주방을 향해 사라졌다. 임무를 수행 중인 발레리나 같았다. '스카이라.' 리오는 샘과의 이메일 대화를 되돌아보았다. 스카이와의 대화처럼 친근했다. 종업원과의 대화가 특별히 더 수다스럽고 쾌활했지만. 저장소 얘기를 하는 샘이 더 수다스러운 것 같았다. 샘은 전 세계에서 온 개발자가 상주하는 고유한 생태계로 성장한 작은 라이브러리에 이상할 정도로 관심을 보였다. 대부분의 개발자는 불평하거나 더 많은 기능을 원했지만, 제임스와 샘은 해결책을 제시하는 소수의 기여자에 속했다.

리오는 다시 컴퓨터 화면으로 관심을 돌렸고, 초콜릿 케이크에 관한 생각은 완전히 지워졌다. 제임스의 풀 리퀘스트가 샘의 승인을 받았고 풍미를 살리기 위해 추가한 몇 가지 댓글과 할 일이 흩뿌려졌다. 손가락은 키보드 위에서 춤을 췄고 귀에는 좋아하는 음악이 흘렀으며 빨라진 맥박에 맞춰 우아하게 몇 가지 수정 사항을 추가하고 머지했다. 스카이는 리오 앞에 초콜릿 케이크 조각을 놓으며 환한 미소를 띤 채 과장스럽게 인사했다. 때마침 기념할 만한 순간에 맞춰 케이크가 도착했다. 라이브러리가 출시 후 처음으로 메이저 업데이트의 순간을 맞았다. 헤드폰을 내려놓다가 케이크를 본 리오의 입에서 '우와' 소리가 새어 나왔다.

"조각이 엄청 크네요!"

"제가 그냥 드리는 거예요. 제가 막 좋은 소식을 듣기도 했고 매니저가 자리에 없어서요." 스카이는 웃으며 답했다.

"신나 보이시네요!" 절제된 표현이었다. 스카이의 둥근 뺨은 환한 미소를 버티다 못해 금방이라도 터질 것 같았다.

"아, 전 항상 쾌활해요. 사람들한테 늘 듣는 얘기죠. 제가 더 행복해지고 팁도 더 받죠. 근데 오늘은 특별히 더 행복해요. 방금 예술대학 입학 허가를 받았거든요. 들어가기 정말 어려운 곳인데!" 스카이는 예술가 타입으로 보였다. 그녀의 주근깨는 꼭 그린 것 같았고 헤어스타일이 아주 멋졌다.

"축하해요!" 리오가 주먹 인사를 건넸으나 스카이는 주먹을 마이크로 생각한 듯 몸을 앞으로 기울이며 "고마워요. 정말 고마워요."라고 수상자를 흉내 냈다. 리오는 마이크가 되었던 인사용 주먹을 도로 가져왔고 둘 다 당황했다.

"대학 재밌죠." 맥없는 '재밌죠'에서 분명히 드러나듯 리오의 격려는 설득력 없었다. 냉소적으로 들린 건 아마 실제 그런 마음이어서 그럴 것이다.

"어느 대학에 다녔어요?"

"스웨덴에 있는 대학이에요. 스웨덴 사람이거든요." 리오는 도시를 구체적으로 말하지 않았다. 말해봐야 그곳을 아는 사람은 한 명도 없는 것 같았다. "전 엔지니어링, 프로그래밍을 공부했어요." 리오는 자기 노트북과 아동용 목걸이처럼 보이는 알록달록한 코드를 가리키며 말했다.

"와, 스웨덴 해커! 멋있어요!" 스카이의 눈이 커졌다. 그녀는 몸을 앞으로 기울여 코드를 보았고 리오는 스카이의 적갈색 머리카락을 피해 의자를 옆으로 슬며시 움직일 수밖에 없었다. 그녀의 머리카락에서는 꿀과 커피 같은 냄새가 났고 만지면 마시멜로를 쥐는 느낌이 날 거라고 리오는 확신했다. "색 조합이 마음에 드네요." 스카이는 코드를 살펴보았고 그녀의 앞치마는 케이크 옆에 있는 휘핑크림에 닿을듯했다. "아! 코드가 읽을 수 있는 건 줄 몰랐어요."

"정확한 언어로 잘 작성되었다면요. 제 코드는 거의 설명서나 다름없죠." 리오가 설명했다. 데이비드나 미카엘의 엉망진창인 코드는 아무도 읽을 수 없었다.

스카이가 몸을 꼿꼿이 세우자 등에서 약하게 뚝뚝 소리가 났다. 그녀가 앞치마를 쓸어내리자 휘핑크림 자국이 천 속으로 사라져서 지난 몇 주 동안 묻은 다른 모든 얼룩과 뒤섞였다. "당신은 해커처럼 안 보여요." 스카이는 예술계 사람 같았다.

"제가 여성이라서요?" 리오가 물었다.

"아니요. 그냥 해커라면 고스족에 더 가까워 보여야 할 것 같거든요." 스카이의 얼굴이 붉어졌다. "죄송해요."

"괜찮아요. 영화에서는 해커들이 보통 그렇게 나오잖아요. 어두운 메이크업에 피어싱, 문신. 전부 그렇죠."

스카이는 숨을 내쉬었다. "전 그 영화 좋아했어요. 『밀레니엄: 여자를 증오한 남자들Girl with the Dragon Tattoo』요."

"모두 그렇게 하고 다닐 순 없잖아요." 리오는 머리카락을 옆으로 쓸어 넘겼다. 리오는 어두운 십 대 시절에도 메이크업을 많이 한 적이 없었다. 그러기엔 자의식이 너무 강했다. "해커를 왜 그렇게 표현하는지 모르겠어요. 종일 화면만 들여다보는데 그렇게 진하게 화장할 이유가 없다고 생각해요." 리오는 어깨를 으쓱하고 빠르게 말을 이었다. "그렇지만 물론 각자의 취향이죠."

"엄청 흥미로운 얘기였어요." 스카이는 자기 머리가 펑 하는 소리와 함께 폭파된 흉내를 냈다. 둘 다 웃었다. 리오의 눈에 쾌활한 종업원과 커피를 기다리는 손님이 줄지어 있는 모습이 들어왔다. 사교적인 시간은 끝났다. 스카이는 상황을 확인했다. "오, 가봐야겠어요. 일, 일, 일해야죠! 케이크 맛있게 드세요!"

리오는 케이크를 가리키며 엄지손가락을 치켜세우고 축하의 의미로 한 입 베어 물었다. 스카이는 노래하는 듯한 높은 목소리로 손님들을 맞이했다. 리오는 케이크를 크게 베어서 다섯 입 먹었다. 한 입 먹을 때마다 차가운 커피와 코드 몇 줄로 씻어내렸다. 혈당이 급격히 올라가면서 엔도르핀을 증가시켰고 음악이 타이핑에 딱 맞는 비트를 제공했다. 리오는 아주 오랜만에 몰입했다. 이렇게 몰입한 때가 있던가… 대학생 때? 라이브러리를 만들 때? 그러고 보면 대학이 그렇게 나쁜 게 아니었을지도 몰랐다.

리오가 트리거한 최신 빌드는 녹색이었다. 테스트 커버리지가 더 늘었다. 제임스와 샘이 아주 좋아할 것이다. 그리고 리오는… 정말 오랜만에 행복했다.

33 COMMIT 아빠! 구구차 좀 봐요!

데이비드가 새뮤얼을 재우려 씨름한 지 한 시간째, 하지만 성공하지 못했다. 그는 새뮤얼이 상황의 긴급성을 감지할 수 있다고 확신했다. 아빠가 중요한 일을 할 수 있게 본인이 정말 빨리 자야 한다는 걸 이 아이도 알 거라고. 하지만 유아들은 말썽을 피우기 마련이지 않은가. 맡은 역할에 충실하게 새뮤얼은 깨어 있으려 최선을 다했다. 그래도 재울 아이가 하나뿐이라 다행이었다. 트레버는 할머니인 엘리자베스의 집에 있었다. 새뮤얼이 심한 감기에 걸려 데이비드와 세라는 이미 면역력이 약한(나이를 생각하면 자연스러운 일이다) 엘리자베스를 위험에 빠뜨리고 싶지 않았다.

책 다섯 권, 노래 일곱 곡(데이비드가 아는 레퍼토리의 전부였다), 협박과 회유까지 동원한 온갖 시도에도 새뮤얼은 마치 적에게 붙잡힌 액션 영화 주인공 스파이라도 된 듯 열심히 저항했다. 데이비드는 꼬마 제임스 본드를 괴롭히는 악당이었다.

이것이 밤 9시 34분에 데이비드가 어딘지도 모르는 곳에서 자전거를 타는 이유였다. 진정하기는커녕 신난 듯 노래를 부르는 아이를 태우고. 폴리에스터 소재의 자전거용 보디슈트를 입고 울퉁불퉁한 시골길 위로 미친 사람처럼 페달을 밟자 짐판에서 덜컹거리는 소리가 났지만, 그는 당황하거나 아찔해하지 않았다. 그의 몸은 콘돔 같은 옷에 저항하며 중년의 몸매와 한때 좋았던 몸을 모욕했다. 마지막으로 타던 자동차보다도 비싸게 주고 산 로드 바이크를 타고 비바람을 헤치며 수천 킬로미터를 달려도 체형 변화는 막을 수 없었다.

냥말마켓이 계약을 5년 연장하고 전자상거래 플랫폼을 확장하면 받을 보너스를 (미리) 기념하며 산 자전거였다. 냥말마켓은 한동안 깐깐한 태도를 견지하며 상황을 저울질해왔다. 하지만 도미노처럼 이어진 재앙에 저울이 한쪽으로 기울자 그들은 빠르게 관계를 끝내버렸다. 리오를 희생양 삼았지만 계약은 되살릴 수 없었다.

데이비드가 어깨 너머를 힐끗 보고 새뮤얼이 잠든 걸 확인한 순간, 새뮤얼이 아주 좋아하는 구급차가 옆으로 지나갔다. 불빛이 번쩍이고 사이렌이 요란하게 울리는 통에 흥분한 새뮤얼의 비명이 거의 묻힐 지경이었다. "구구차요, 아빠! 구구차 좀 봐요!" 데이비드는 큰돈을 들여 자전거를 산 것을 후회하면서 더 세차게 페달을 밟았다. 나무 바닥에 눈물 같은 물 자국을 남기며 겨우 집에 돌아가봤자 청구서 더미 옆에나 기대어 놓을 텐데 말이다.

트레버는 신생아일 때부터 항상 잘 잤다. 처음 몇 달은 무언가 잘못된 건 아닐까 하는 걱정에 데이비드와 세라, 둘 다 밤마다 잠 못 이루며 트레버의 코 고는 소리와 숨소리에 귀를 기울였다. 하지만 결국 아기들은 항상 잔다는 사실을 받아들였다. 육아란 식은 죽 먹기나 다름없었고 두 사람은 서로의 등을 토닥여 주었다. 두 사람은 보통의 부모들이 그렇듯 다른 부모들에게 묻지도 않은 조언을 아낌없이 전하기도 했다. 그러니 아이를 하나 더 갖지 않을 이유가 있을까? 또 다른 구급차가 지나가자 새뮤얼이 다시 '구구차' 주문을 외며 악을 썼다. 데이비드는 건방진 태도를 타고난 편이었고 그런 태도는 보통 성과를 냈다. 결혼, 육아, 직장에서 일어나는 재난에 관련되지 않는 소소한 일에서는 말이다.

트레버가 작은 몸을 뒤뚱뒤뚱 움직이기 시작한 한 살 반 무렵 다니기 시작한 유치원에는 브라이언의 딸이 다니고 있었다. 첫날은 극적인 사건 없이 순조롭게 지나갔다. 밥을 잘 먹고, 무서워하는 아기들 사이에서 잠도 잘 잤으며, 네트워킹 행사에 많이 드나든 사람처럼 능숙하게 친구를 사귀었다. 브라이언은 새로운 생활에 뛰어나게 적응한 트레버를 칭찬하며 일상적인 전투의 흔적으로 가득한 유모차에 자기 딸을 억지로 태웠다. 데이비드는 아이를 데리러 가서 몇 번 더 마주친 끝에 냥말마켓의 새 버전을 개발해야 한다고 브라이언을 설득하는 데 성공했다.

그해 여름, 세라가 새뮤얼을 낳기 직전 데이비드의 컨디션은 최상이었다. 그런데 새뮤얼은 자명종 그 자체였다. 두 사람 다 예견하지 못한 일이었다.

새뮤얼은 다른 아기들처럼 자지 않았다. 새뮤얼은 금메달리스트처럼 잠과 싸웠다. 수면 거부가 올림픽 정식 종목이었다면 새뮤얼은 영국의 자랑이 되었을 터였다.

페달을 멈추고 새뮤얼을 확인할 때마다 데이비드의 머릿속에는 수많았던 불면의 밤과 좀비처럼 벌인 논쟁이 자연히 떠올랐다. 잠든 지 몇 시간은 된 아이처럼 코를 고는 새뮤얼에게서 순면, 꿀, 이틀째 입는 잠옷 같은 향기가 났다. 데이비드는 이불이 새뮤얼의 상반신을 단단히 감싼 걸 확인한 후 새뮤얼의 촉촉한 볼에 부드럽게 입을 맞췄다. 데이비드는 세라와 닮은 새뮤얼을 볼 때면 이따금씩 가슴에서 무어라 형용할 수 없는 갑작스러운 고통을 느꼈다. 그는 세라가 그리웠다. 자전거를 타고 얼마나 먼 거리를 달리든 얼마나 지치든 그런 고통은 달래지지 않았다. 상담사의 말마따나 새뮤얼을 보면 그가 얼마나 엉망이 되었는지, 오만에 휩싸였었는지가 자꾸 떠올랐다.

데이비드는 싱크대 옆에 설거짓거리를 남겨 두고 나왔다. 세라가 서류를 보냈다. 그는 모든 일에 세라를 탓했었다. 수면 부족, 육아의 괴로움, 지저분한 집, 체중 증가까지. 이혼은 아이러니가 그의 오만을 찢어발기고 나서 뒤늦게 왔다. 새뮤얼을 재우고 집을 깨끗이 관리하고 브라이언과 계약을 지키느라 고군분투하는 사람이 된 후에야 찾아온 것이다.

데이비드는 짐판 옆 풀밭에 앉았다. 제임스가 접속 중일 때 대화를 나누려고 서둘러 새뮤얼을 재웠다.

— ⤢ ✕

데이비드
토요일인 건 알지만 리오가 어떤지 알고 있나 확인하고 싶어서 연락했어요. 리오에게는 제가 물어봤다고 말하지 말고요. 리오는 내 얘기나 연락을 그리 반가워하지 않을 거예요.

제임스
리오와 하루 같이 보냈어요. 더 좋아 보이던데요.

데이비드
더 좋아 보여요?

데이비드
하루를 같이 보냈다고요? 리오랑 사귀는 건가요? 아니면 친구 이상의 친구?

제임스
HR이 아주 좋아하겠네요.

데이비드
미안해요. 상관할 바가 아닌데. 더 좋아 보였어요?

제임스
처음엔 좀 우울해 보였는데 제가 나올 때는 밝았어요. 그전에는 그만큼 밝은 걸 못 봤던 거 같아요.

👤 **제임스**
그리고, 아니요. 우리는 친구 이상의 관계가 아니예요. 그냥 친구죠. 이상한 생각은 하지 마세요.

👤 **데이비드**
미안해요. 리오가 혹시 제 얘기하던가요?

👤 **제임스**
아뇨.

👤 **데이비드**
잘됐네요. 그럴 거 같았어요. 언젠가 기회가 되면 사과하려고요.

👤 **제임스**
뭘 한다고요?

👤 **제임스**
사과요? 데이비드? 당신이요?

👤 **데이비드**
맞아요. 웃기죠. 저도 자랑스럽진 않아요.

👤 **제임스**
리오에게 돌아오라고 할 생각인가요?

👤 **데이비드**
알겠지만 제가 그렇게는 못 해요. 그럴 권한이 없어요.

👤 **제임스**
리오도 원하지는 않겠지만요, 어쨌든.

👤 **데이비드**
이해해요.

👤 **데이비드**
잠시만요, 아이가 깼나 봐요.

👤 **데이비드**
다행히 깬 건 아니네요. 이제 집으로 가야겠어요.

👤 **제임스**
무슨 상황인지 묻지 않을게요.

👤 **데이비드**
묻지 말아요.

👤 **데이비드**
월요일에 봐요.

> **제임스**
> 리오 얘길 물어보는 건 듣기 좋네요.

> **데이비드**
> 엄밀히 말하면 읽은 거죠.

> **제임스**
> ?

> **데이비드**
> 읽은 거지 들은 게 아니잖아요.

> **제임스**
> 잘나셨네요.

> **데이비드**
> 제 전문이죠.

데이비드가 다시 자전거에 올랐다. 어둡고 쌀쌀했다. 자전거 조명은 배터리가 다 된 듯 보였다. 오늘 저녁은 계획대로 풀리지 않았다. 아이들과 함께 있을 때 계획대로 될 때가 거의 없긴 하지만 오늘은 개의치 않았다. 집을 향해 천천히 페달을 밟았다. 맨다리에 스치는 찬바람과 바퀴가 자갈에 딱딱 부딪히는 소리가 좋았다. 설거지할 때가 되었다. 항상 다른 누군가가 대신 해주길 바라며 방치한 지 너무 오래됐다.

34 COMMIT 잭 인 더 박스

카페는 저녁이 되어 문을 닫았고 스카이와 리오는 농담을 주고받으며 함께 카페에서 나왔다. 스카이는 새롭게 빠진 폴리머 클레이 주얼리 제작에 몰두하고 싶다는 생각에 집으로 향했고, 리오는 방해 없이 노트북으로 마법을 이어갈 수 있는 펍으로 향했다.

비좁은 골목 끝에 숨겨진 펍 내부로 들어서자 퀴퀴한 곰팡내와 소변 냄새가 코를 찔렀다. 지역 사람들, 특히 트렌디한 IT 업계 사람들에게 유명한 펍이어서 성인인 척하는 십 대나 관광객이 없었다. 싸움이 난 적도 없고, 이성을 찾는 솔로들이 오지도 않았다.

카페에서 노트북을 100% 충전한 리오에게 남은 시간은 3시간이었다. 리오는 커피 대신 페일 에일, 사워도우 샌드위치 대신 아보카도 앤드 칩스를 주문한 후 벽을 타고 울려 퍼지는 라운지 음악을 들을 수 있게 헤드셋은 가방에 잘 넣어두었다.

제임스는 파이프라인과 자동 성능 테스트를 위한 새로운 풀 리퀘스트를 푸시했다.

'이걸 보면 머런이 좋아하겠네.' 리오는 코드를 리뷰하기 시작했다.

놀라울 정도로 잘 작성된 코드였다. 이들이 평소 컨설턴트로 근무하며 시간당 생산하는 엉망진창에 비할 바가 아니었다.

카페를 나서기 전 아빠에게 이메일을 보낸 그녀의 마음에는 불안감이 싹텄다. 도중에 마음이 바뀔까 걱정하며 급하게 작성한 이메일에는 그전에 받은 이메일에 답장하지 못해 죄송하다는 마음을 표현했다. 보낸 줄 알았는데 임시 편지함에 남아 있었다는 둥 서버에 문제가 있었다는 둥 흔히 쓰는 거짓 핑계를 댔다. 그리고 (해고된 사실은 빼고) 자신의 멋진 인생에 대해 간략히 적고 라이언의 사진도 추가했다. 그리고 스카이가 가게 문을 닫을 시간이 되어서 나가야 한다고 알려준 바로 그때, 보내기 버튼을 클릭했다. 보내기를 취소할 수 없을 뿐 아니라 솟구치는 감정에 달아오른 피부를 (그리고 노트북도) 신선한 공기로 진정시켜줄 완벽한 타이밍이었다. 그리고 더 이상 신경 쓰지 않으려 라이브러리로 관심을 돌렸고 그 방법은 잘 통했다.

"한 잔 더 드릴까요?" 종업원이 리오를 도로 현실로 데려왔다. 종업원은 바닥에 거품이 깔린 빈 잔을 가리켰다.

"음." 리오는 시계를 보았다.

"전 한 잔 마실게요!" 경쾌하게 끼어드는 한 남성의 목소리에 리오가 돌아보자 정장 차림에 완벽하게 빗은 머리, 빛나는 피부를 지닌 한 젊은 남자가 활짝 웃고 있었다. "끼어들어서 죄송해요! 그저 시원한 맥주가 몹시 간절했거든요." 그는 재킷을 벗고 어두워진 겨드랑이를 드러내며 웃었다. "싸구려 정장이에요. 너무 덥네요!" 리오는 곁땀이 폭발하던 스티브 발머[31]가 떠올라서 픽 웃음이 터졌다. 그는 그 웃음을 대화하자는 초대의 뜻으로 받아들인 것 같았다.

"당신도 한 잔 더 드셔야죠. 이 지역 맥주 몇 개 추천해드릴게요." 그는 메뉴를 가리켰다. 완벽하게 관리된 손이었다.

"아, 괜찮아요. 저도 이 지역 맥주 잘 알아요." 훌륭하군. 알코올 중독자처럼 보이겠어.

"저도 한 잔 더 마실게요." 리오가 종업원을 향해 고개를 끄덕였다.

이 수다스러운 손님은 자기 테이블에 놓인 빈 병을 힘차게 가리켰다. 파란 라벨에 어린이가 그린 강아지 그림 같은 일러스트가 그려져 있었다. 그런 그림이 그려져 있다는 건 보통 멋진 힙스터 맥주라는 뜻이었다. "엄청 맛있어요. 전 한 잔 더 먹을 거예요. 한 번 마셔 보세요!"

"좋아요. 저도 저분이 마시는 걸로 하나 주세요." 리오는 부드럽게 받아들였다.

종업원은 뭔가 휘갈겨 적더니 사라졌다. 수다스러운 낯선 남자는 빈 병을 보여주며 조금 더 가까이 왔다. "이 맥주 양조장은 매년 한정적인 양만 생산해요." 그의 눈이 엄청나게 커졌다. "아, 죄송해요. 너무 무례했네요. 전 잭이에요." 그는 손을 내밀었고 리오는 거기에 닿기 위해 테이블 너머로 몸을 기울여야 했다. 맞잡은 그의 손은 기운 없고 땀으로 축축한 리오의 손과 대조적으로 강하고 자신감이 느껴졌다. 리오는 미끄러지듯 멀어지는 그의 손가락 끝을 잡고 흔들었다. 리오는 영화 타이타닉에 잭이 나온 장면을 떠올렸다.

31 https://www.youtube.com/watch?v=Vhh_GeBPOhs

"전 리오예요." 그녀가 답했다.

"리오요?"

"리오나르다지만 보통은 리오라고 불러요."

"멋지네요!" 약간 과하게 열광적인 반응이었다. 그는 거기 앉아서 무언가 기다리듯 그녀를 바라보았다. 약간 크고 튀어나온 귀와 보조개 때문에 꼭 소년처럼 보였다.

"네." 얼굴이 약간 붉어진 리오의 입에서 새어 나오는 건 그 정도가 전부였다. 리오는 노트북을 활용해 상황을 모면했다. 신뢰할 만한 전술이었다. 뭘 하고 있었는지 기억나지 않지만 바빠 보여야 했다. 테스트를 쓰자. 테스트는 언제나 더 작성할 수 있어.

5분이나 지났을까. 리오 앞에 새 맥주가 놓이고 잭은 잭 인 더 박스^{Jack in the box} **32** 처럼 장난을 계속할 수 있는 새로운 기회를 엿보았다. 그는 자기 맥주를 들고 불쑥 나타나서 리오에게 억지로 건배를 권했다. "뭘 쓰는 거예요?"

리오는 무슨 일을 하냐는 질문을 받으면 프로그래머가 하는 일을 엄청나게 단순화해서 이야기하는 편이었다. 다른 사람이 대화를 이어가는 데 도움이 되도록 가끔은 흥미로운 세부 사항을 추가하는 식으로 살을 붙이기도 했다. "전 프로그래머예요. 코딩해요."라고만 말하면 항상 대화가 단절됐다. 만든 것이 멋진 앱, 이왕이면 아주 인기 있는 앱이 아니라면 모를까. 팀스^{Teams} 같은 앱으로는 부족했다. 거기다 모바일 앱이어야 했다. 사람들은 바보 같은 모바일 앱에만 관심을 가졌다.

리오는 자신이 데이터 컨설턴트라고 말하는 걸 피했다. 80년대에 만들어진 이 직함을 아직도 즐겨 쓰는 기업이 간혹 있었다. 컨설트잇에서는 데이비드가 더 멋진 직함을 원해 코드 닌자나 컴퓨터 위스퍼러, 리오가 가장 좋아한 클라우드 아키텍트(버튼 몇 개를 클릭해서 애저 서버에 배포한다는 게 이유였다) 같은 직함을 썼다.

잭은 대답을 간절히 기다리며 자기 의자를 리오 방향으로 꼼지락꼼지락 움직여

---

32 상자 뚜껑을 열면 안에서 광대 인형이 튀어나오는 장난감

서 리오 가까이 다가와 춤을 추고 있었다. 끔찍하게 귀엽고 귀찮았다. 리오에게
는 그를 닮은 사촌이 있었다. 하지만 아서는 겨우 7살이었고 다른 사람들에게
공룡에 대해 끊임없이 교육하는 걸 인생의 유일한 사명으로 생각했다. 뭐, 될
대로 되라지.

"코드를 작성하는 중이에요. 재미 삼아 하는 프로젝트예요. 앱은 아니지만 다른 앱의 데이터 작업
을 더 빠르게 만들어주는 유용한 툴이랄까요." 그것이 그녀가 제공한 라이브러리가 어
떤 역할을 하는지 가장 쉽게 설명한 버전임에도 사이사이 일반인이 이해 못 할
단어들이 등장했다. 툴, 데이터, 코드. 뭐, 요즘은 대부분이 코드와 코딩에 관해
안다. 아이들조차 그런 내용을 학교에서 최대한 일찍 강제로 배운다. 아서가 처
음 레고 로봇을 코딩한 건 여섯 살 때였다. 코딩이라. 아서는 자기 태블릿을 조
작해 색을 입힌 블록을 몇 개를 끌어다 놓았다. 이를 위해 아서의 아버지는 블루
투스 설정을 붙잡고 두 시간 동안 씨름해야 했다. 그 덕에 로봇은 앞으로 두 걸
음, 옆으로 한 걸음 갈 수 있었다. 리오가 아서에게 준 감동의 유효기간은 2초
정도, 아서의 관심은 다시 공룡 컬렉션으로 되돌아갔다. 아서 아버지는 지갑이
가벼워지고 머리숱이 줄었다. 데이비드의 코딩 방식도 아서와 같았다. 끌어다
놓기.

"흥미롭고 모호하게 들리네요." 그는 시선을 마주한 채 맥주를 한 모금 쭉 들이켰다.

"어떤 언어예요?"

"영어와 스웨덴어요?"

"아니, 아니요. 어떤 언어로 작성하나요?"

"보통 영어로요."

"툴 말이에요. 어떤 프로그래밍 언어로 작성하냐고요. 놀랐죠? 전 프로그래머가 하는 말을 이해한
다고요!" 그는 윙크했다.

"C#이라는 객체 지향 언어예요."

"그래요?"

"네?"

"저는 맥주 지향이에요." 잭이 신나게 웃자 벌어진 입으로 맥주 거품이 새어 나왔다.
리오는 어떻게 대응해야 할지 모르겠어 노트북으로 시선을 돌렸다. 멍청이 같으
니라고.

"죄송해요! 참을 수가 없었어요!"

"물론 그렇겠죠. 누구라도 참기 어려울 거예요." 리오는 웃으며 눈을 가늘게 떴다.

"저도 프로그래머예요." 그는 설명했다.

리오는 그를 위아래로 유심히 보았다. 그가 프로그래머라는 증거가 하나도 눈에 띄지 않았다.

"네, 알아요. 이 인화성 강한 소재로 만든 정장에 속지 마세요! 저 진짜 당신이랑 똑같은 일을 해요." 그는 몸을 앞으로 기울이며 속삭였다. "낮에는 코드를 짜고 밤에는 운을 시험하러 다니죠." 잭이 휙 되돌자 등에서 뚝 소리가 났다. "전 스타트업에서 일해요. 이건 제가 가진 유일한 정장이고 제 엔젤이 되어주실 분의 시간을 훔칠 때 사용해요."

리오는 한쪽 눈썹을 치켜올렸다.

"투자자 얘기예요."

"물론 그렇겠죠." 리오는 얼굴이 붉어졌다. 컨설턴트들은 엔젤 얘기는 거의 듣지 못했다. 그들은 고객을 악마라고 부른다. 공공연하게 말이다.

"어떤 일을 하는 스타트업이에요?"

그는 그녀의 테이블을 가리키며 물었다. "잠시 봐도 될까요?" 리오는 노트북을 옆으로 옮겼고 그는 리오의 테이블로 자리를 옮기고 맥주를 들었다. "건배!" 맥주병이 부딪치며 맑은 소리를 냈고 리오는 길게 한 모금 마시며 목을 간지럽히는 탄산을 느꼈다.

"전자상거래용 결제 시스템이에요. 아주 섹시하지는 않지만, 전 이 아기가 정말 자랑스러워요. 모두 잘해나가고 있고요. 두 번째 라운드 투자를 받았고 몇몇 고객이 좋은 피드백도 하고 있어요. 5년 내에는 저도 월급을 받을 수 있을 것 같아요." 그는 씩 웃었다.

"저도 프로그래머처럼 보이지 않은 모양이에요." 리오는 손으로 자기 머리를 가리키며 동그라미를 그렸다.

"저보다 더요!" 그는 큰 소리로 답했다.

"뭐, 전 여자니까요. 그 자체로 멋진 정장이죠." 가끔 소년으로 오해를 받기는 하지만 말이다.

"에이, 우리 회사 50%가 여성 개발자예요." 그는 어깨를 으쓱했다.

"정말요?"

"개발자가 네 명밖에 없긴 하죠." 그는 테이블에 몸을 기대며 말했다.

"그래도 꽤 좋은 비율이네요. 그 정도면 거의 마이크로 팀 두 개인데요." 리오가 덧붙였다.

"저도 그렇게 생각하고 싶네요. 하지만 저희는 마이크로라는 말은 안 쓰고 그냥 코딩만 해요."

두 사람은 맥주를 다 마셨고 리오는 본인과 그를 위해 한 잔씩 더 시켰다. "이건 제가 살게요. 고군분투하는 당신의 스타트업을 위해서요."

"아니에요. 당신이 제 엔젤이에요?"

"어쩌면요."

"그럼 받을게요!" 그는 벌떡 일어나며 빈 병을 하늘로 치켜들었다. 진짜 잭 인 더 박스 같았다. 잭은 잠시 멈추고 리오의 노트북을 톡톡 두드렸다. "라이브러리에 대해서 더 얘기해 주세요. 제가 봐도 되나요?"

리오는 망설였다. "물론이죠…." 리오는 자기 노트북을 열어서 그의 앞으로 밀었다. "이게 제가 작업 중인 라이브러리예요. 캐시 종류에 상관없이 캐시를 비워주는 라이브러리죠."

"와! 이거 굉장히 감동적인데요! 유명한 분 옆에 앉아 있다는 게 믿어지지 않아요!" 잭은 저장소 여기저기를 클릭하며 듣기 좋은 말을 중얼거렸다.

리오는 얼굴이 붉어졌다. "아니에요. 전 유명하지 않아요. 라이브러리가 유명하죠. 제 정체는 숨기고 있어요."

리오는 노트북을 닫았고 잭은 몸을 돌려 그녀를 마주 보았다. "왜요? 도대체 왜 그러는 거죠?"

"유명해지는 건 저한테 안 맞아요. 게다가 오픈 소스는 여성 친화적이지 않아요."

"해본 적은 있어요?" 그는 더 밀어붙였다.

"뭔가 실수로 공개하는 경험은 충분히 했어요. 제 이름은 공개하지 않고 싶어요." 리오는 최근의 실패를 고통스럽게 떠올리며 대답했다.

잭은 고개를 갸우뚱하며 그녀를 보았다. "그거 알아요? 공개해야 해요. 당신은 매우 특별한 걸 창조했고 사람들은 그 라이브러리를 누가 작성했는지 알아야 하거든요. 당신 같은 코더가 공개적으로 활동하지 않으면 오픈 소스에 기여하는 여성이 쉽게 생기지 않을 거예요." 그는 미소를 거두고 진지하게 그녀를 응시했다.

"이 문제에 꽤 열심이네요?" 이전보다 더 궁금한 느낌이 들었다.

"전 다양성에 열심이에요. 우리 스타트업도 지금 같은 다양성이 없었다면 지금과는 다를 거예요." 그는 어깨를 으쓱하며 답했다.

"제가 그런 변화의 최전선에 있고 싶은지 잘 모르겠어요. 전 리더 감은 아니거든요. 마지못해 따르는 사람에 가깝죠." 리오는 눈을 피하며 맥주에 붙은 스티커를 떼어냈다. 리오는 항상 물어뜯는 버릇 때문에 빨개진 손톱을 감추려 움츠린 손을 테이블 아래로 내렸다.

"압박하진 않을게요. 하고 싶은 대로 하세요." 잭은 미소를 지으며 맥주를 한 잔 더 주문하려 손짓했고 두 사람은 잭의 스타트업 이야기로 돌아갔다.

"잭!" 한 여성의 목소리가 마법 같은 분위기를 깨고 들어왔다. 목소리의 주인을 찾는 리오의 뺨은 달아올라 있었다.

"서맨사!" 잭은 팔을 뻗으며 소리쳤다. "내 충전기!"

"음, 저를 보고 반가워한다니 기쁘네요." 서맨사는 잭의 어깨를 쿡 찌르며 답했다. 세련된 애슬레저 룩을 차려입은 서맨사는 반짝이는 금발 머리에 컬을 넣어 완벽하게 스타일링한 상태였다. 길고 어두운 속눈썹에 어울리는 핑크 립스틱을 바르고, 녹색 아이라이너를 날렵하게 위로 뺀 모습이 아주 멋져 보였다. 리오는 좁은 엉덩이와 곧은 다리에 맞는 바지가 나오는 유일한 브랜드여서 선택한 매우 비싼 청바지만 아니라면 그녀에 비해 자신이 노숙자 같아 보일 거라고 생각했다.

"제가 얘기한 개발자 중 한 명이에요! 서맨사는 데브옵스 전문가예요. 설정 실력은 아마존을 부끄럽게 만들 정도죠. 하늘의 마법사처럼요. 괜찮은 프로그래머이기도 하고요." 잭은 기꺼이 미사여구를 썼다.

"사실이에요. 제 데브옵스 실력은 프로그래밍 실력보다 낫거든요." 서맨사가 부끄러운 듯 시선을 내리깔고 명랑하게 살짝 웃자 컬헤어가 위아래로 찰랑거렸다. "서맨사라고 해요. 만나서 반가워요." 서맨사는 리오와 악수를 했고 리오는 온순하게 인사를 건넸다.

"저 이분한테 엄청나게 반했어요." 잭은 다 들리게 서맨사에게 속삭이며 리오를 가리켰다. 리오는 뒤에 있는 커튼과 똑같이 짙은 빨간색으로 변신했다. "스웨덴 사람이에요."

서맨사는 고개를 저으며 말했다. "술 취한 동료를 대신해 사과할게요. 사람이 좀 가볍거든요."

"괜찮아요."

"전 스웨덴에 1년 교환 학생으로 있었어요! 스웨덴 음식 좋았는데!" 서맨사는 자기 옆구리를 꼬집으며 말을 이었다. "아직도 이렇게 그때 추억을 간직하고 있어요. 영국에서는 쌓은 추억이 별로 없어요. 그냥 미끄러져 나가버리죠."

"스웨덴 음식은 꽤 괜찮죠. 적어도 여기에 비하면요." 리오가 웃었다.

"무슨 말이에요. 영국 음식은 훌륭해요." 잭이 상처받은 척하며 끼어들었다.

"정말요?" 서맨사는 옆구리를 꼬집던 손을 풀어서 팔짱을 끼며 물었다. "어떤 음식이요?"

"영국에는 훌륭한 인도 음식이 있잖아요!"

"잭, 그건 인도 음식이에요!" 서맨사가 지적했다.

"아 젠장. 그 말이 맞네요." 알코올과 달콤한 술기운에 힘입어 모두가 웃었다. 잭은 리오에게 더 가까이 다가왔다. 위험한 행동이었다. 친밀해질 수도, 뺨을 맞을 수도 있었다. 리오는 보통 후자를 선택했지만, 이번엔 전자를 선택했다. 알코올 때문이었다. 아니, 알코올 때문이 아니었다. 잭의 향수는 달콤하고 스파이시한 향이 났다.

"저는 남편이 와요. 당신 충전기는 저기 있어요. 전 내일 아침에 뵐게요, 재키." 서맨사는 리오에게 악수를 건네고 잭의 어깨를 한 번 더 쿡 찔렀다. "브리스틀로 가는 마지막 기차가 20분 후에 있다는 걸 잊지 마요."

잭은 느리게 한숨을 내쉬었다. "으윽, 고마워요." 그는 고개를 숙인 채 천천히 일어났다. "저도 가야 할 것 같네요." 그는 충전기를 자기 가죽 가방에 넣었다. "당신 번호를 알 수 있을까요?"

리오는 망설였다. "죄송해요. 펜이 없어요."

"제 정장 주머니에 뭐가 있게요?"

"펜이요?"

"아니요. 숫자를 입력할 수 있는 마법의 기기가 있어요. 이 선사시대에서 온 양반, 아니 숙녀, 아니 주민분."

리오는 자기 이마를 톡톡 두드리며 말했다. "이 머리의 전화번호를 알고 싶은 게 확실해요? 그렇게 똑똑하진 않아요."

"그러면 당신을 채용하려고 하지는 않을게요. 어쩌면 그냥 맥주나 한잔하자고 할 수도 있죠." 리오는 한쪽 눈썹을 치켜들고 그의 휴대전화에 자기 번호를 입력하고 그가 건 테스트 전화를 거절했다. "절 뭐라고 저장했어요?" 잭이 물었다.

"잭 인 더 박스요. 저는 뭐예요?"

"암사자 리오^{Leo the lioness} ³³요! 곧 또 봐요, 암사자 리오!" 잭은 제임스 본드처럼 우아하게 퇴장할 계획이었으나 테이블 사이를 빠져나가다 발을 헛디디며 그 계획을 망쳤다.

리오는 술값을 계산하고 짐을 챙겼다. 리오는 술기운에 구름 위를 떠다니는 기분으로 아파트 석조 계단을 미끄러지듯 올라가서 사교적인 하루를 보내느라 지친 몸을 침대 위에 뉘었다. 몸에는 찌르르 전기가 흐르고 환한 얼굴에는 미소가 활짝 번졌다. 몸을 옆으로 굴려서 바지를 벗어 던지고 브래지어를 풀자 휴대전화에 알림이 보였다.

> **잭 인 더 박스** 🔔
>
> *맥주를 너무 지향했나봐요.*

---

33 콘스탄스 C. 그린이 쓴 동화의 제목이다.

그래서 뭐하는 여잔데요

35
COMMIT

> 👤 **서맨사**
> 그 여자 전화번호 받았어요?

한 손에 피자 조각, 다른 손에 휴대전화를 쥔 서맨사는 균형을 잡으며 신발을 벗어 던졌다. 지난번처럼 큰 걸 사야지 생각하며 온라인으로 주문한 새 아이폰은 매머드처럼 거대했다. 메시지를 입력하려면 손바닥 안에서 애써 균형을 잡으며 손가락을 뻗어야 했다. 매니큐어를 칠한 긴 손톱은 도움이 되지 않았다. 자신이 좋아하는 자바스크립트 라이브러리를 컨셉으로 네일 아트를 했는데 언젠가 그녀의 손톱을 본 잭이 웃으며 말했다. "며칠마다 손톱을 새로 할 생각이에요? 제가 속옷 한 번 갈아입는 것보다 더 자주 바뀌잖아요.'

"더러워요, 재키. 손톱이야 당신 빌드를 기다리는 동안 다시 하면 그만이에요." 그녀는 장난으로 되받아쳤다.

이들에게는 인류 역사상 가장 느린 빌드 파이프라인이 있다. 커밋할 때 실행되는 빌드마다 다섯 종류의 분석기를 실행해야 한다고 잭이 우겼기 때문이다. 치즈가 녹아서 피자 옆으로 흘렀지만, 그녀는 휴대전화와 피자 조각 모두 내려놓지 않았다. 그녀는 최선을 다해 균형을 잡았고 피자 조각이 내려갈 길은 그녀의 목구멍뿐이었다. 그녀의 배에서 나는 꼬르륵 소리가 벽을 울렸다. 무료 주차 자리를 찾아 빙빙 돌던 대리언은 서맨사에게 그사이 피자를 사다 달라고 고집을 부렸다.

"바닥에 피자 흘리지 마, 내 사랑." 대리언의 굵은 목소리가 복도에 울렸.

"안 떨어뜨릴게, 울 애기!" 서맨사는 페퍼로니 한 조각이 허벅지를 타고 카펫 위에 떨어지는 모습을 보며 노래로 답했다. 그녀는 떨어진 조각을 빠르게 주워서 먹었다. 5초 안에만 주우면 괜찮지!

> **잭**
> 물론 받았죠! 이미 메시지도 보냈어요.
>
> **서맨사**
> 우아! 파이팅이에요, 잭!
>
> **서맨사**
> 꽤 반한 거 같은데, 아니에요?
>
> **잭**
> 꽤 멋있어 보였어요. .NET 개발자이긴 하지만요.
>
> **서맨사**
> 어허, 제가 좋아하는 플랫폼을 무시하지 말아요.

서맨사는 고개를 저었다. 언어나 플랫폼이 좋네 마네를 두고 벌이는 끝없는 논쟁. Vim이나 Emacs 같은 편집기도 빠지지 않는 주제였다. 의견은 다르지만 잭은 팀에 그녀가 있다는데 만족했다. 누가 .NET 통합을 하겠는가? 그녀는 발을 주무른 다음에 대리언이 긴 팔다리를 늘어뜨리고 있는 소파가 있는 거실로 느릿느릿 발걸음을 옮겼다. 런던의 바닥은 키튼힐을 즐겨 신는 서맨사의 취향을 존중하지 않는 눈치였다. 그녀는 두 단계에 걸쳐 수월하게 옷을 벗었다. 우선 머리에서 발까지 옷을 돌돌 말아 내린 뒤, 옷으로 만든 고리 바깥으로 걸어 나와 신나게 복부를 흔들었다. **"이제야 살겠네!"**

그녀는 자기 아랫배를 좋아했다. 부드럽고 둥근 아랫배는 몸의 다른 부분과 잘 어울렸다.

"안녕, 사랑하는 우리 자기." 남편 이마에 키스를 했다.

"콜라 사 왔어?"

"우리 다시 콜라 마시는 거야?" 서맨사는 대리언에게 가방을 건네고 혀를 쑥 내밀었다. **"사이드 메뉴도 좀 사 왔어. 자기가 먹을 피자랑 같이 들어 있어. 엉망이 되지 않았다고 장담 못 하겠네."**

"자긴 완벽한 천사야." 대리언은 그녀에게 뽀뽀를 날렸다.

서맨사가 빙글 돌아 자기 자리에 우아하게 착지했다. 빈티지 가구점에서 고른 의자였다. 그녀는 집에 있는 모든 색보다 더 많은 색이 쓰인 화려한 천으로 그

의자를 직접 리폼했다. 대리언은 의자를 마음에 들어 하지 않았지만, 점점 정이 들었다. 손님이 올 때마다 대화의 물꼬를 트는 좋은 소재이기도 했다. 서맨사에게 완벽하게 어울리는 의자였다. 그녀는 리폼에 쓴 천만큼이나 화사한 색채를 뿜어내는 존재였다.

"잭이 펍에서 만난 여자에게 관심을 보이더라?"

"어? 잭은 평생 총각으로 살겠다 하지 않았나?" 그녀의 자기가 물었다.

"생각을 바꿨나 봐."

"스타트업 얘기만 늘어놓는 건 이제 그쯤 하기로 했나?" 그는 킬킬거리며 다시 서바이버 재방송에 집중했다. 서맨사는 발 위에 이불을 올리고 웅크린 채 잘 준비를 했다. 하지만 아직 잠이 오지 않았다. 그녀는 잭의 새 친구에 대해 더 알아야만 했다. 그녀는 가십과 함께 살아 숨 쉰다고 할 정도로 가십을 사랑했다.

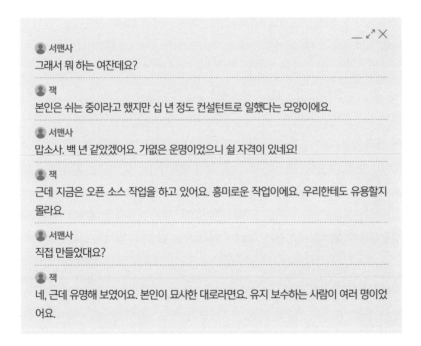

서맨사는 일어나 앉았다. 갑자기 에너지가 넘쳤다.

> 🧑 잭
>
> 그럼 잘 자요.
>
> 🧑 서맨사
>
> 어! 그렇게 놀리면 못 써요! 제가 오픈 소스에 관심이 많다는 거 알잖아요!

그 말은 사실이었다. 그녀는 대학 마지막 학년 때부터 남는 시간 대부분을 오픈 소스에 기여하며 보냈다. 처음에는 하찮고 사소한 일, 오타, 서식 같은 것으로 시작해 이후 큰일을 맡기 시작했다. 당시 그녀가 스웨덴에서 일 년이나 되는 긴 시간을 보내고 돌아오기를 인내심 있게 기다린 남편은 그녀의 자신감 넘치는 모습을 칭찬했다. "나쁜 댓글이 걱정되진 않아?" 오픈 소스 작업은 어둡고 불쾌한 경험이 될 수 있었다. 그는 주로 저수준 개발을 했고 오픈 소스 작업은 거의 쳐다보지도 않았다. "걱정 안 해. 나도 그들과 똑같이 익명이야. 나도 반격할 수 있어."

"물론 그러시겠지." 그는 놀리듯 말했다. "하지만 자기야, 난 자기가 진짜 자랑스러워."

그 말은 그녀에게 큰 의미가 있었다. 이유는 설명할 수 없지만 그녀는 늘 자신감이 넘치고 아름다웠다. 프로그래머에게 일반적이지 않은 특징이었다. 특히 여성이라면 말이다. 그녀는 그런 정체성을 숨겨왔다. 둘은 대리언이 대학교 1학년 때 처음 만났다. 서맨사는 대리언이 만든 게임의 베타 테스터였다. 그는 서맨사를 남자라고 생각해 자신이 게이인 줄 알고 몰래 힘들어했다. 하지만 나중에 그녀 역시 자신의 감정을 고백했고 이후 성별도 고백했다.

진동하는 휴대전화가 그녀를 현재로 불러왔다. 밤은 깊어졌고 그녀의 컬에서는 탱글탱글한 윤기가 사라졌다. 그녀가 일어나서 대리언의 티셔츠 하나를 걸치자 그녀의 무릎까지 내려왔다. 대리언은 거인이고 그녀는 미니어처였다. 그녀는 대리언의 옷을 입는 걸 좋아했다.

> 🧑 잭
>
> 미안해요. 화장실 다녀왔어요.
>
> 🧑 잭
>
> 라이브러리예요. 캐시를 관리하는. 캐시킹인가 뭔가였어요.

서맨사는 휴대전화를 떨어뜨릴 뻔했다.

🔵 **서맨사**
말도 안 돼! 지금 장난해요?!

36 COMMIT
강을 건너기 전에
환호부터 하면 안 되는 법

아침을 맞은 리오에게는 임무가 있었다. 그녀는 펍에서 집으로 돌아오는 길에 잭이 한 말을 곱씹었다. "적어도 생각은 해보세요. 본인 작품에 대한 공을 인정받아야죠." 서맨사와의 만남이 마음을 움직였다. 리오는 여성 개발자를 만난 경험이 별로 없었고, 만난 이들과는 인연이 이어지지 않았다. 누가 봐도 너무 다른 두 사람이었지만, 리오는 보자마자 서맨사가 마음에 들었다. 아마 그런 사람이 훨씬 많지만, 모두 인터넷의 익명성 뒤에 숨은 탓일 테지.

깔끔한 새 옷을 입은 리오는 라이언 머리에 뽀뽀하고 늘 하던 대로 편지함을 확인해 계단을 오르내린 후 카페로 향했다. 스카이는 커피 한 잔으로 그녀를 따뜻하게 맞이하고 카페의 가장 좋은 자리로 안내했다. 라우터와 전원 콘센트 옆에 있는 안쪽 구석 자리였다.

"오늘은 무슨 일을 하는 거예요?" 스카이가 활짝 웃자 그 미소는 그녀의 어깨에 거의 닿을 듯한 알록달록한 귀걸이에 반사되었다.

202

"그냥 코딩 중이에요." 리오는 미소를 지으며 귀걸이를 가리켰다. "직접 만든 거예요?" 스카이는 시선을 내리깔고 입술을 깨물며 말했다. "에잇, 이거 핸드메이드 티 나요?"

"저야 잘 모르지만 멋져 보이는데요. 전에 폴리머 클레이 주얼리 제작을 시작했다길래 물어봤어요."

스카이는 고개를 들고 말했다. "아 그랬죠! 당신이 쓰는 에디터처럼 알록달록하죠?" 스카이는 리오의 컴퓨터 화면에 떠 있는 라이브러리 가리켰다. "그게 당신이 작업 중인 거예요?"

"네, 이게 제가 작성한 코드를 위한 웹사이트예요." 저장소 팔로워가 단 며칠 만에 두 배로 늘었고 정보 사이트로 유입되는 트래픽도 마찬가지로 증가했다.

"아주 중요해 보이는데요!" 이렇게 외친 스카이는 빠르게 동료에게 손을 흔들며 리오에게 속삭였다. "가볼게요. 매니저가 왔거든요."

리오는 숨을 멈추고 몇 가지 수정을 한 후 푸시했다. 사이트가 업데이트되었다. 사이트에 적힌 LeoLOL은 이제 리오나르다 라르손^{Leonarda Larsson}이 되었다. 그녀는

왼쪽 세로 텍스트:
북 개발자의 벽돌 성공기

곧 몰려들 남성 성기 사진에 대비했다. 그리고 조금 더 기다렸다. 아무 일도 일어나지 않았다. 아스키 아트$^{ASCII\ Art}$로 그려진 것조차 없었다. 아스키 아트는 만들기도 쉬운데. 그녀는 새로운 닉네임을 사용해 디스코드에 로그인했다.

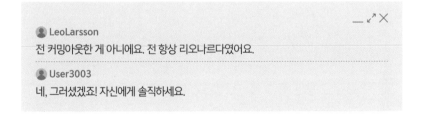

👤 DanDorrito
축하해요! 리오나르다, 당신이 자랑스러워요. 당신이 선호하는 대명사는 뭐예요? 그녀?
그?

메시지가 더 있었다.

👤 User3003
커밍아웃해 주셔서 감사해요. 당신의 용기와 힘을 존경해요!

전혀 예상치 못한 반응이었다.

👤 LeoLarsson
전 커밍아웃한 게 아니에요. 전 항상 리오나르다였어요.
👤 User3003
네, 그러셨겠죠! 자신에게 솔직하세요.

리오는 한숨을 쉬었다. 뭐, 이제 내 손을 떠났다. 사람들이 원하는 대로 생각하게 내버려 두자. 기차에서 만난 그 아이처럼.

라이브러리는 한 시간 동안 수많은 테스트를 실행했다. 백그라운드에서는 성능 프로파일링이 실행 중이었다. 노트북에서 나오는 열기가 카페 테이블을 파고들 기세라서 리오는 테이블에 자국이 남는 건 아닌지 초조하게 확인했다. 리오가 노트북을 다시 테이블에 올리자마자 화면이 검게 변했다가 파랗게 변했다. 매우 슬픈 파랑, 죽음의 블루 스크린 파랑이었다. 블루 스크린에 나온 슬픈 얼굴은 분노를 일으켰다. 작업을 다시 해야 하는데 귀여울 턱이 있나. 재시작해서 성능 프로파일링 세션을 새로 시작했지만, 또다시 블루 스크린이 나타났다. 리오의 노트북은 몇 번이고 계속 죽었지만, 그녀가 전원 버튼을 누를 때마다 만취한 불사조처럼 일어났다. '광기의 정의는 똑같은 행동을 계속 반복하면서 다른 결과를 기대하는 것(아인슈타인)'이기에 그녀는 열 번째 시도 후 프로파일링을 비활성화하고 덤프 파일과 로그를 얻었다. 몹시 길었다. 하지만 오류를 이해했다.

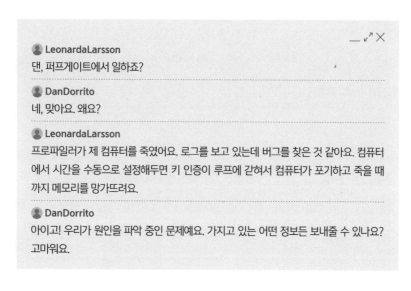

리오는 이메일로 로그와 덤프 파일을 보냈다.

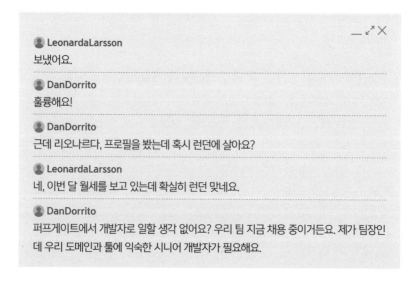

> 🧑 **LeonardaLarsson**
> 솔직히 말해 솔깃하네요.

> 🧑 **LeonardaLarsson**
> 이메일 보내주세요.

> 🧑 **DanDorrito**
> 장담은 못 해요. 면접을 봐야 해요.

> 🧑 **LeonardaLarsson**
> 알아요, 알아. 강을 건너기 전에 환호부터 하면 안 되는 법이죠.

> 🧑 **DanDorrito**
> ?

> 🧑 **LeonardaLarsson**
> 무시해요. 스웨덴 표현이에요. 이메일 기다릴게요.

리오는 테이블 아래에서 발로 바닥을 톡톡 치며 안절부절 답을 기다렸다. 아랫입술을 깨물었다. 퍼프게이트라. 아무 회사가 아니고 진짜 괜찮은 회사였다. 리오는 이메일을 열고 새로 고치고 또 새로 고쳤다. 빌어먹을 날이네. 또 새로 고침. 와, 새 이메일이다! 보낸 사람은… 아빠였다.

37 COMMIT 사랑하는 리오나르다

✉ 엄마, 아빠 ▶ 리오나르다 ⟶ ↗

사랑하는 리오나르다,

네 이메일을 받고 네 엄마와 내가 얼마나 기뻤는지 말로 표현할 수가 없구나. 우리 딸, 너무 오랜 만이지만 네가 바빴다는 걸 알고 있단다. 젊고 야심 있는 사람이라면 원래 그런 법이지.

엄마한테 생일 선물로 아름다운 꽃다발을 보냈다는 얘기를 들었단다. 엄마가 가장 좋아하는 꽃으로 만들었다며? 엄마는 그 꽃다발을 드라이플라워로 만들어서 지역 아티스트가 만든 꽃병에 자리를 마련해 주었다. 꽃병은 고양이가 갈 수 없는 선반에 올려두었어. 블랙이랑 그레이는 잘 지내고 있단다. 고양이들이 원래 그렇잖니. 네가 옛날 집에서 그 애들에게 사준 타워와 비슷한 타워를 새로 만들어줬단다. 이사 오면서 타워를 가져오지 못해서 네가 화났던 걸 알고 있어. 네가 집에 오면 녀석들이 쓸 구름다리를 같이 만들어도 좋겠다. 빨리 그 순간이 오면 좋겠구나. 아빠는 전동 공구를 다루는 실력이 형편없거든. 참, 캣닢을 써봤는데 효과가 엄청 좋더구나. 고양이들이 소파를 긁지 않아서 커버를 바꾸지 않은 게 벌써 두 달이 되었단다. 혹시 고양이들이 식물을 값비싼 열대 화장실로 쓰지 않게 할 방법을 안다면 알려주렴. 난초는 이미 틀렸고, 곧 더 많은 희생을 치를 예정이야. (야자수 피트는 잘 자라는 것 같아. 내년이면 나보다 더 클 거야!)

일은 잘 되고 있어. 자세한 이야기는 생략하마. 네가 좋아하는 주제가 아닌 걸 아니까. 나는 강의가 더 늘었고 네 엄마는 더 많은 글을 쓰고 있어. 올겨울쯤이면 대학에서 네 엄마 책이 출판될 것 같구나. 내년에는 아동 도서도 나오고. 그 책 헌사에는 너한테 바친다고 쓰여있단다.

우리는 행복하게 잘 지내고 있어. 하지만 네가 그립단다.

너무 길게 횡설수설하지 않을게. 그런 걸 좋아하지 않는 걸 아니까. 네 연락을 받아서 어마어마하게 기쁘고 지난 몇 년간 네 인생에 일어난 모든 일을 알고 싶구나. 분명 잘해왔고 인상적인 경력을 쌓았겠지. 너는 항상 의욕적이고 목표가 명확했잖아. 남자 친구는 있니? 아님 파트너? 네 친구들은 어떻게 지내니? 우리 작은 귀염둥이, 리오나르다가 어떤 사람이 되었는지 알 수 있게 네 엄마도 나도 너에게 묻고 싶은 질문, 하고 싶은 대화가 너무나 많다.

부탁 하나만 해도 될까… 할머니한테 꼭 전화드리렴. 할머니 이제 메신저 쓰셔. 이젠 화상 통화할 수 있단다. 그럼 정말 좋아하실 거야.

장편소설이 되기 전에 이 이메일은 그만 마치고 마침내 우리가 다시 만날 때를 위해 말을 아껴두마. 가까이 살면서도 그렇게 멀리 지냈구나. 하지만 너는 언제나 우리 마음에 가까이 있었어. 그걸 꼭 알아주면 좋겠다. 네가 엄청나게 그립단다. 자랑스러워, 우리 딸.

사랑을 담아서, 엄마 아빠가.

38 COMMIT 훌륭해요

느릿느릿 억지로 눈을 뜬 제임스는 다리를 쭉 뻗고 발가락을 꼼지락거렸다. 엉덩이 사이에 맺힌 땀방울처럼 커튼 틈새를 통과한 빛은 아주 조금인데도 온방을 밝히며 알람이 울리지 않았다는 걸 알려주었다. 몽롱한 상태로 상황을 파악하려 했지만 무거운 몸이 저항했다. '지금 몇 시지?' 휴대전화를 찾으려 왼쪽 팔로 침대 위 여기저기를 쓰다듬었다. 면이불 주름 사이로 네모난 벽돌이 만져지지 않아서 어쩔 수 없이 긴 한숨과 함께 몸을 일으켰다. '움직일 때 소리를 내면 늙었다는 의미죠.' 미카엘이 한 회의에서 그런 얘기를 한 까닭에 회의에 참석한 모두가 늙었다고 느끼며 자기 몸을 과도하게 의식하기 시작했다. 제임스는 비틀거리며 침대를 빠져나와 몇 걸음 걷는 동안 잠시 천장을 향해 몸을 쭉 폈다가 평소의 구부정한 자세로 되돌아왔다. 지각이었다. 주방 시계는 늦었다는 걸 알려주었고, 주방 테이블에서 햇볕을 쬐고 있는 노트북은 늦은 이유를 알려주었다.

제임스는 창문을 열고 어제의 커피를 손에 든 채 신선한 공기를 들이마셨다. 서서히 머리를 깨우며 차가운 공기가 티셔츠 아래에 스며들게 했다. 창문을 닫는 사이 팔에 닭살이 돋아 피부에 점자 퍼레이드가 벌어졌다. 그는 무신경하게 커피를 전자레인지에 돌렸다. 딱 봐도 시럽 같은 농도가 될 때까지 돌렸기 때문에 마시기엔 너무 뜨거웠다. 그에게 주어진 선택지는 서둘러 다음 기차를 타고 10분 지각하느냐, 쉬엄쉬엄 아침을 즐기고 두 시간 지각하느냐, 둘 중 하나였다. 그가 선택한 건 후자였다. 데이비드가 팀에 남은 마지막 진짜 개발자를 해고할 가능성은 거의 없었다. 물론 데이비드라면 모든 걸 혼자 할 수 있다고 믿을 정도로 오만을 떨 수도 있지만 말이다. 제임스는 지난밤 식사의 지문이 사방에 묻은 노트북 상판을 보고 상판과 키보드를 닦았다. 빵가루가 키 사이사이 끼어 있었다. 흔히 일어나는 일이지만 몇 주 전 회사에서 경험한 사고 이후 조금 더 주의하려 노력하는 중이었다. 제임스는 회사에 도착해서 소중하게 주문 제작한 WASD 키보드의 키 하나가 사라졌다는 걸 알았다. V가 없었다. 사방을 뒤져보았지만 어디에서도 찾을 수 없었고 그 때문에 데이비드와 언쟁을 벌였다.

제임스는 데이비드가 장난치려고 V키를 숨겼다고 확신했다. 미카엘일 수도 있었지만 미카엘은 결백을 주장했다. 데이비드는 농담 삼아 위생 엔지니어, 즉 청소부가 사방에 널린 빵가루를 치우려고 제임스의 책상은 진공청소기로 청소한다고 말했다. 그 말을 듣고 진공청소기 먼지 봉투를 확인했더니 다행히 아직 꽉 차지도, 비우지도 않은 먼지 봉투 속에 진짜 V키가 있었다. 먼지투성이가 되어 버려진 매우 슬픈 모습이었다. 그날 치 복사하여 붙여넣기가 구원받은 것이다. **'도대체 누가 300파운드[34]짜리 키보드를 다이슨으로 청소할 생각을 하지?'** 제임스는 빵가루를 털어내며 고개를 저었다. **'미친 거지.'** 그는 접속 중인 데이비드에게 메시지를 보냈다.

　　　　　　　　　　　　　　　　　　　　　　　　　　　　　　_ ↗ ✕

🧑 **제임스**
안녕하세요. 죄송하지만 오늘 늦어요. 치과 예약이 있어서요.

🧑 **데이비드**
늦잠 잤어요?

🧑 **제임스**
?

🧑 **데이비드**
치과 예약은 게으르다는 뜻의 암호잖아요. 리오가 치과에 가는 유일한 사람이에요. 그리고 한 시간 이내 지각의 핑계는 항상 '열차 지연'이고요.

🧑 **제임스**
2시간 내로 가요.

🧑 **데이비드**
괜찮아요. 아마 그때쯤 전 이른 점심을 먹으러 나갈 거예요. 세라랑요.

🧑 **데이비드**
치과 의사에 관해 리오한테 재미있는 얘기 새로 들은 거 있어요?

🧑 **제임스**
유감스럽게도 없어요. 리오한테 다음에 물어볼게요.

🧑 **제임스**
근데 세라? 정말요?

> 👤 **데이비드**
> ㅇㅇ
>
> 👤 **제임스**
> 잘됐네요! 좋은 시간 보내요 :)

제임스는 회사 일을 전혀 신경 쓰고 있지 않았다. 그는 지난밤 작성한 코드와 자러 가기 전에 푸시한 풀 리퀘스트의 리팩터링을 마무리하고 싶었다. 새 알림이 5개 있었다. PR은 승인되었다. 훌륭하군. 녹색 빌드의 공기를 마시기 위해 재빨리 PR을 열었다. 성능 테스트가 추가됐고, 적어도 자신의 장비에서는 결과 수치도 멋져 보였다.

바로 그 순간 제임스의 눈에 리퀘스트를 승인한 사람의 이름이 들어왔다. Sam00도 리오도 아니었다. 머런이었다.

"좋아 보이네요. 훌륭해요! 이메일 확인해요."

그의 뺨이 장밋빛으로 물들었고 이메일을 열자 온기가 퍼졌다. **'좋아 보이네요. 훌륭해요.'**라는 말은 되뇔수록 더 좋게 들렸다. 그 말은 그가 지금껏 들은 최고의 칭찬이었고 그 시간은 그가 이메일을 열어본 가장 이른 시간이었다.

머런의 긴 이메일이 기다리고 있었고 제임스는 이메일을 읽는 내내 크리스마스 이브에 오랫동안 기다린 커다란 선물 상자를 얼른 열어보려는 아이처럼 밝게 웃었다.

리오는 욕실 세면대에 기대어 입을 크게 벌리고 거울로 어금니를 점검했다. 세면대의 냉기와 오른뺨의 온기가 충돌하며 닭살이 돋았다. 계속 썩은 이에 시달릴 가혹한 운명이구나. 리오는 뺨을 문지르고 차가운 물로 입 안을 헹구며 곁눈질로 자기 모습을 확인했다. 얼굴 반쪽이 짙은 핑크색이 되어 살짝 부어올라 있었다. 리오는 입 안에 물을 머금고 주방을 돌아다니며 중간중간 성난 어금니를 진정시키려 입 안을 헹궜다. 후회라는 말로는 모자랐다. 리오는 그린 선생님 진료 예약을 취소했다. 리오는 이상한 변태처럼 두 번째 선생님에게 양도되느니 차라리 주차 요원에게 치료받겠다고 생각했다. 그런 식으로 지조를 꺾고 싶진 않다고요. 리오는 치과에 그 말을 했어야 했다. 냉장고는 예상대로 비어 있었다. 고급 맥주, 언제나처럼 사놓고 먹지 않아서 죽은 샐러드, 이틀 지난 피자, 코티지 치즈뿐이었다. 뭘 씹기가 어려울 텐데 코티지 치즈는 유통기한이 지났다.

"젠장." 리오는 휴대전화를 들고 세면대에 물을 뱉고 연락처 목록을 스크롤했다. **"안녕하세요. 리오 라르손이라고 하는데요. 응급 예약을 하고 싶어서 전화했어요."**

리오는 집안을 서성거렸다. 거실에 있는 건조대에서 건조 중인 세탁물에서 나는 장미 향, 비누 향이 코를 간지럽혔다. 리오가 가진 유일한 원피스는 소파 위에 걸려서 햇빛에 천천히 마르는 중이었다. 부모님이 몇 년 전 생일 선물로 준 무릎 길이의 연노랑 원피스였다. 하지만 한 번도 입은 적은 없었다. 그녀는 원피스에 잡힌 주름을 폈다.

"네, 기다릴게요." 약간 축축한 원피스를 앞으로 들고 살짝 차가운 면이 피부에 닿는 촉감을 느꼈다. 창문에 반사된 모습은 노란 패턴과 어두운 머리카락 윤곽으로 채워졌다. 머리카락은 너무 길었고 앞머리는 귀 뒤로 숨어 사라졌다. "수요일에 갈 수 있어요. 네, 예약 확인을 보내주세요." 리오가 발돋움하자 창문에 비친 모습이 더 커 보였다. **"고맙습니다."** 전화를 끊고 소파 쪽으로 대충 던졌다. 접힌 티셔츠 탑 사이로 휴대전화가 사라졌다. 리오는 재빠르게 티셔츠와 청바지를 벗고 노란 원피스로 머리를 밀어 넣은 뒤 마르고 창백한 팔을 원피스 소매로 **빼냈다**. 그렇게 나쁘지 않았다. 원피스는 편안했다. 축축한 천 덕분에 잠시 고통을 잊을 수 있었지만 뺨에서 나는 열 때문에 완전히 잊기는 어려웠다. 그린 선생님이든 주차 요원이든 가릴 상황이 아니었다. 아픈 어금니를 치료할 수 있다면 무엇이든 해야 했다.

리오는 주방 의자를 집어 들고 끽끽 소리를 내며 창문 맞은편 거실까지 끌고 왔다. 의자 위로 올라가는데 다리가 살짝 흔들렸다. 젠장, 이거 안 좋은 의자였네. 리오는 균형을 잡은 후 창에 비친 자기 모습을 점검했다. 숙녀 같았다. 느낌이 이상했다. 원피스를 입어 본 적이 있었던가? A라인 원피스가 엉덩이에서 흔들렸고 희미하게 반짝이는 소재를 창백한 두 다리가 지탱했다. 창문에 반사된 형상이 움직였다. 리오는 균형을 잡지 못해 떨어져 손목이 세 군데 정도 부러질까 겁이 났다. 손목만은 다치면 안 됐다. 차라리 얼굴을 가져가라. 난 코딩할 손목이 필요하다고. 사지가 마비된 사람에 대한 팟캐스트를 들은 적 있다. 그 사람은 평소 시선 추적 기술, 음성-텍스트 변환 기술을 이용하고, 가끔 입으로 컴퓨터를 조작해서 마이크로소프트에 납품할 코드를 작성했다고 한다. 나는 절대 그렇게 할 수 없을 거야. 음성-텍스트 변환 기술은 내 말을 잘 알아듣지 못하고, 뭔가 마실 때도 흘리지 않는 일이 드문걸. 누가 다시 날 고용할 리도 없고. 의자가 다시 흔들렸고 리오는 다시 균형을 잡았다. 길 건넛집 창문에서 한 노인이 손을 흔들고 있었다. 대체 왜 저래? 리오는 허공으로 한 걸음 내디디면서 엄청난 굉음과 함께 바닥으로 풀썩 떨어졌다.

빅토리아 시대의 연약한 숙녀 같은 장엄한 다이빙 후 옷더미 안에서 희미한 휴대전화 소리가 들렸다. 리오는 어깨를 문지르고 몸을 일으켜 세웠다. 무릎이 빨갛고 아팠지만 피는 나지 않았다. 휴대전화를 찾으려 옷더미 사이로 다이빙했다. 문을 두드리는 큰 소리에 수색을 멈췄다. 그녀는 벌떡 일어나다가 램프에 머리를 부딪혔다. 이번엔 또 뭔데?

"계세요? 경찰입니다. 문 여세요."

심장이 쿵쿵대고 어깨는 아프고 입은 말랐다. 리오는 달려가서 문을 열었다.

"안녕하세요. 이웃분이 걱정된다고 신고를 하셨습니다." 경찰관이 집안을 둘러보는 동안 그의 동료가 그 뒤에서 꼼짝하지 않고 리오에게 시선을 고정하고 서 있었다.

"네?"

"괜찮으신지 확인차 왔습니다."

"전 괜찮은데…" 리오는 원피스를 쓸어내리고 머리카락을 귀 뒤로 잡아당겼다. 입이 말라서 말하기가 어려웠다.

"저건 뭔가요?" 경찰관이 근엄하게 리오 뒤를 가리켰다. 망가진 의자, 달랑거리는 램프, 옷더미가 있었다. 그가 무엇을 가리키는지 확실히 몰랐지만 대답하고 싶지 않았다. "의자네요? 부인, 혹시 자살을 시도하셨나요?"

"이웃분이 보셨어요." 다른 경찰관이 조심스러운 목소리로 말했다. 아마도 좋은 경찰 역을 맡은 사람이겠지.

"아, 아니에요…." 리오의 얼굴이 시뻘게졌다. "저… 전 창문을 거울로 쓰던 중이었어요. 원피스 입은 모습이 어떤지 보려고 의자 위에 섰던 거예요. 저게 그 의자인데 지금은 부러졌고요. 피터버러 지역 중고 상점에서 거의 무료로 구했던 거고 다른 하나는 이미 망가졌어요." 리오는 바닥을 보며 원피스 주머니로 손을 숨겼다. 이 원피스에 주머니가 있는 줄도 몰랐고, 세상에 주머니가 달린 원피스가 있는 줄도 몰랐다. 리오는 어릴 때부터 원피스 입는 걸 거부했다. 남자애들 옷에는 주머니가 있는데 자기에게 없는 게 불공평하다고 느껴서였다.

"예쁜 원피스네요." 좋은 경찰이 미소 지었다.

"진짜 괜찮으신 거죠?" 경찰관은 집안에 자살 시도에 사용한 물건이 숨겨져 있기라도 한 양 계속 집안을 둘러보았다.

"진짜예요." 리오는 미소를 지으려 했다.

"자, 이 명함 받으세요. 누군가 말할 사람이 필요하면 전화하세요." 리오에게 명함을 건넸다.

"그냥 대화가 필요할 때 해도 되나요? 지루하거나?" 리오는 적절치 못한 타이밍에 농담한 것을 후회했다.

"아니요… 사는 게 너무 힘들어지면…." 경찰관은 근엄하게 말했다.

"지금 전화해도 되나요?"

"부인, 자살을 시도할 생각이세요?"

"아니요. 그 말씀을 많이 하시는 것 같네요. 그것도 고민해 보는 게 좋을까요?" 또 한 번 적절치 못한 타이밍이었다.

경찰관은 약간의 짜증과 염려가 담긴 인사를 건넸다. "좋은 하루 보내세요, 부인. 원피스 잘 어울리네요."

명함을 주머니에 넣었다. 원피스 주머니는 휴대전화도 들어갈 정도로 컸다.

리오는 문을 닫고 천천히 숨을 내쉬었다. 뒤로 돌아 창밖을 향해 손을 흔들다 보니 손 대신 손가락을 보여주고 싶다는 유혹을 느꼈다. 휴대전화가 다시 한번 울리며 저항을 방해했다. 치과의사 마틴이었다. 리오는 활짝 웃으며 범죄 현장을 정리하기 시작했다.

지뢰 찾기가 뭐죠?

40
COMMIT

리오는 연노랑 원피스에 가장 좋은 스니커즈를 신고 커다란 퍼프게이트 간판이 달린 위풍당당한 건물 출입구로 땀을 흘리며 들어갔다. 댄은 휘청휘청 들어오는 그녀를 로비에서 기다리고 있었다.

"리오나르다! 환영해요!" 댄이 벌떡 일어나 그녀의 손을 잡았다. 리오가 무슨 일이 일어나고 있는지, 상대가 누구인지도 미처 깨닫기 전이었다. "제가 댄이에요! 도리 토요!"

리오는 악수하던 손을 빼서 머리카락을 귀 뒤로 넘겼다. "안녕하세요…" 리오는 주변을 둘러보았다. 로비는 넓고 텅 비어 있었고 벽으로 소리가 울렸다. "당신이 면접을 할 줄은 몰랐네요?"

"제가 안내해 드릴게요. 저희 성에 오신 걸 환영해요!" 댄은 리오에게 이름표를 주었지만 도무지 가슴에 붙어 있으려 하지 않았다.

"그냥 가방에 붙일게요."

두 사람은 사무실 여기저기를 돌아다녔는데 컴퓨터로 채워진 방이 끝도 없이 이어졌다. 각 자리는 갖가지 장난감, 그림, 가장무도회 복장 등으로 장식되어 있었다.

"일에 집중하는 사람은 저 옷을 입어요. 우리 회사에서는 뽀모도로 스타일로 일해요."

"유행의 첨단을 걷는군요." 리오의 얼굴에 잠시 미소가 스쳐 지나갔다. 메스꺼움을 감추는 미소였다. "자, 여기예요. 기술 면접실." 댄이 문을 열자 가운데 큰 모니터가 있는 파란 방이 드러났다. 두 사람이 테이블에 앉아 있었다.

"기술 면접이요?" 리오는 갑자기 한기가 느껴졌다. 힘이 빠지는 것 같았다. "저… 저는 제가 할 일이 라이브러리 작업이나 버그 찾기일 거로 생각했어요. 제 말은… 제 작업 보셨잖아요?" 마지막 문장은 마른 입술을 겨우 뚫고 나왔다. 리오는 팔을 문지른 후 꼼짝하지 않고 있었다.

"일반적인 기술 면접은 봐야 돼요. 쉬워요. 약속해요. 쉽게 통과할 거예요." 두 남자가 주의를 끌자 댄은 노크하고 고개를 끄덕였다. "이쪽은 그 유명한 리오나르다예요! 잘 부탁해요.

꼭 데려오면 좋겠어요."

아무 말할 새 없이 댄은 사라졌고 두 명의 존이 각자 자신을 소개했다. "안녕하세요. 전 존이에요." 그리고 "저도 존이에요."

"앉으세요, 리오나르드! 기존 일정에 이번 면접을 끼워 넣어야 했기 때문에 시간이 많지 않아요. 그 부분은 죄송해요! 하지만 보통 한 시간이면 충분해요. 자, 키보드 받으세요. 미국식 레이아웃인데 괜찮으면 좋겠네요. 시작해 봅시다. 지금 12시니까 12시 45분까지 마무리해야 해요."

리오는 말없이 자리에 앉았다. 그녀의 시선은 사람을 피해 바닥을 향했다.

"좋아요. 콘솔 앱을 만들어주시면 좋겠어요. 화려한 걸 원하는 건 아니고요. 지뢰 찾기 게임을 하나 만들어주세요."

리오는 테이블 반대쪽 끝에 있는 모니터를 응시했다. 에디터에 표시된 글자가 거의 보이지 않았다. 그녀는 잠시 멈추고 테이블에 놓인 물컵의 물을 마셨다. 그녀의 물이 아니라 두 명의 존 중 한 명의 물이라는 걸 깨달았지만 꿋꿋하게 잔을 비웠다.

그녀는 목청을 가다듬고 물었다. "지뢰 찾기가 뭐죠?"

존과 존은 서로 바라보고 웃음을 터뜨렸다.

"아, 잠깐만요. 진짜 몰라요?" 존과 존은 그녀를 바라보았다. 다시 웃었다. "지뢰 찾기를 해본 적이 없어요?"

"없는데요. 게임과 규칙에 대해 설명해 주실 수 있나요?" 리오가 부끄러워하며 대답했다.

첫 번째 존이 운을 뗐다. 그게 퍼즐이라는 걸 설명했다. 두 번째 존이 끼어들어서 '퍼즐 게임'이라고 덧붙였다. 지뢰가 포함된 보드를 모두 열어야 한다. 첫 번째 존이 끼어서 선택한 칸의 주변에 몇 개의 지뢰가 있는지 숫자로 알려준다고 했다. 주변에 지뢰가 있는 경우에만 해당한다고 두 번째 존이 짜증을 내며 불쑥 끼어들었다. 그들은 벽시계가 째깍째깍 자기 할 일을 하는 동안 언쟁을 이어갔다. 시간이 30분밖에 남지 않았을 때가 되어서야 두 명의 존은 어떤 게임인지에 대한 합의에 도달했다.

"잘해봐요, 리오나르드!"

"인터넷을 사용해도 괜찮을까요?"

존과 존은 서로를 쳐다보고 어깨를 으쓱했다. "물론이죠."

리오는 키보드를 붙잡고 'C#으로 지뢰 찾기 코딩하기'를 검색했다.

"지금 뭐 하세요?" 존1이 몸을 앞으로 기울이며 물었다.

"코딩이요?" 키보드 위에 있는 손가락에서 땀이 났다.

"그럼 인터넷은 그만 쓰는 걸로 하죠." 존2가 벽에 있는 네트워크 케이블을 뽑았다.

"와이파이로 연결되어 있어요, 존." 존1이 덧붙였다.

"그냥… 온라인으로 해결책을 검색하지만 마세요. 코드를 직접 작성하시면 좋겠어요."

리오는 고개를 끄덕였다. 리오는 코드 자동 완성과 깃허브 코드 검색을 켰다. 키 몇 개를 누른 뒤 해결책에 대한 자동 완성이 표시되면 리오가 받아들였다. 존과 존은 입을 벌린 채 앉아서 화면을 응시했다.

"그리고… 시간이 다 됐어요!" 존은 키보드를 잡았고 리오는 마지못해 놓아주었다.

"죄송해요. 공황이 왔어요. 불안 장애가 있어서요." 리오가 속삭였다. 들쭉날쭉한 배열로 앉은 두 사람이 실망했다는 듯 무미건조하게 리오를 쳐다봤다. 컴파일되지 못한 선언문 하나와 코드 검색 결과, 리오가 해낸 것은 그게 전부였다. "솔직히 저 어땠나요?"

존과 존이 동시에 숨을 내쉬었다. 존1이 물었다. "솔직히요?"

"네."

"그렇게 잘하진 못했어요."

41
COMMIT

가면 증후군 아닌 거 확실해요?

리오는 연인과 헤어져 괴로워하는 사람처럼 바람 속에서 눈물을 흘리며 하이퍼 모드로 자전거를 몰아 집으로 돌아왔다. 그녀는 자전거를 어깨에 둘러메고 석조 계단을 달려 올라가 힘겹게 숨을 내쉬며 문을 통과했다. 라이언은 지친 모습으로 문을 불쑥 밀어젖히고 들어오는 봉제 인형을 응시했다. **"라이언, 나는 최악의 개발자야. 앞으로 그 누구도 나를 고용하지 않을 거야."** 리오는 조금 더 울다가 지친 몸을 구부려 라이언을 몰래 안으려 시도했다. 하지만 라이언은 리오가 아무 간식도 가져오지 않은 걸 알아채고 예의 그 재수 없는 태도로 등을 돌리고 주방으로 가서 자기 집사를 기다렸다. 집사는 따라오지 않고 복도에 서서 노트북 가방을 손에 든 채 패배한 표정을 짓고 있었다. 이걸 창밖으로 던지면 얼마나 멀리 날아갈까? 리오의 연약한 프로그래머 손목으로는 수평으로 50cm 정도밖에 가지 못할 것이다. 휴대전화가 울리면서 리오의 반달리즘 계획을 방해했다.

제임스였다. 리오는 바닥에 앉아 벽에 등을 기댔다.

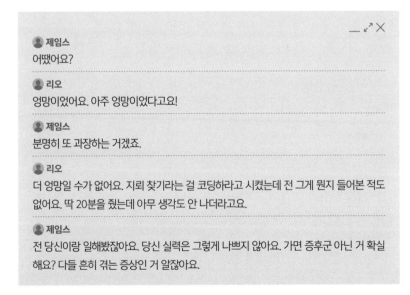

> — ↗ ✕
>
> 👤 **제임스**
> 어땠어요?
>
> 👤 **리오**
> 엉망이었어요. 아주 엉망이었다고요!
>
> 👤 **제임스**
> 분명히 또 과장하는 거겠죠.
>
> 👤 **리오**
> 더 엉망일 수가 없어요. 지뢰 찾기라는 걸 코딩하라고 시켰는데 전 그게 뭔지 들어본 적도 없어요. 딱 20분을 줬는데 아무 생각도 안 나더라고요.
>
> 👤 **제임스**
> 전 당신이랑 일해봤잖아요. 당신 실력은 그렇게 나쁘지 않아요. 가면 증후군 아닌 거 확실해요? 다들 흔히 겪는 증상인 거 알잖아요.

리오

아니요. 가면 증후군 아니에요. 실제 일어난 일이에요.

제임스

에이, 개발자가 가면을 쓴 것 같다고 느끼는 건 아주 흔한 일이에요.

리오

이번에는 아니에요. 전 정말 형편없어요. 자신이 끔찍한 운전자라고 생각하고 싶어 하는 사람은 없어요. 자기가 형편없는 운전자라고 생각하는 사람이 있으면 손을 들라고 시키면 아무도 손을 들지 않을 거예요. 하지만 부주의한 운전자가 분명히 몇 명 있다는 걸 모두가 알지만요.

제임스

지금 본인이 그런 운전자라고 말하는 거예요?

리오

네, 전 그런 운전자예요.

제임스

어떻게 아는데요?

리오

그 사람들이 그렇게 말했어요.

제임스

아이고, 진짜 그렇게 말했다고요?

리오

네.

제임스

라이브러리는요? 그거면 충분히 감동할 거라고 생각했는데요.

리오

그 사람들은 라이브러리에 관심이 없었어요. 실시간으로 내가 코딩하는 걸 보고 싶어 했어요.

제임스

당신이 그렇게 망쳤다는 걸 믿기가 어려워요. 당신이 라이브러리에 작업한 걸 봤잖아요.

리오

문제는 그 사람들이 인터넷을 사용하지 못하게 했어요. 라이브러리 코드를 작성할 때는 인터넷을 쓸 수 있었고요.

제임스

글쎄, 솔직히 말해서 기술 면접을 볼 때는 보통 인터넷 사용을 허용하지 않아요. 미카엘조차도 그렇게 하진 않았어요.

리오
세상에, 맞아요. 전 사실 미카엘보다도 못하네요. 창밖으로 뛰어내리게 잠시만요.

제임스
기껏해야 발가락이나 부러질 거예요. 그 사람들이 시간을 내준 거에 감사하고, 잊어요. 다른 일자리 많아요.

리오
전 그런 일자리를 못 찾고 있는 것 같아요.

리오
하지만 당신 말이 맞아요. 시간을 내줘서 고맙다고 해야겠네요.

리오는 일어나서 주방으로 향했다. 라이언이 주방 창가에서 공격적으로 서성이고 있었다. 라이언은 자기 밥그릇에 마법처럼 나타난 음식을 흡입하고 과장되게 으스대며 사라졌다. 리오는 빛이 쏟아져 들어와 따뜻해진 창가 가까이 의자를 당겨 앉았다.

댄은 온라인이었다.

— ↗×

LeonardaLarsson
안녕하세요, 댄. 인사도 안 하고 도망쳐서 미안해요. 전 그냥 시간을 내주고 그 자리에 추천해줘서 고맙다는 인사를 하고 싶었어요.

DanDorrito
어땠어요? 존 그리고 존하고는 얘기할 시간이 없었어요.

LeonardaLarsson
잘되지 않았어요. 그들의 면접을 통과하지 못했어요.

DanDorrito
아쉽네요. 다른 자리에도 관심 있어요?

LeonardaLarsson
어떤 자리요?

DanDorrito
주니어 자리는 어때요?

LeonardaLarsson
실제 어떤 일을 하는 건가요?

> 🦊 **DanDorrito**
> 작은 이슈를 처리하는 거죠. 유지 보수 업무가 많고요.

> 🦊 **DanDorrito**
> …그리고 당연히…

> 🦊 **DanDorrito**
> …고객 지원 업무도 꽤 해야 하겠죠.

리오는 핑계를 대고 채팅을 마쳤다. 뜨거운 물 5분, 미지근한 물을 10분간 틀어 두고 평소보다 오래 샤워했다. 머리를 감고 15분간 자기 인생을 혐오하기에 충분한 시간이었다. 고음의 윙윙거리는 소리가 리오의 저렴이 버전 스파를 방해했고 리오는 젖은 발로 스케이트 타듯 서둘러 나갔다. 검은 노트북 화면으로 리오를 기다리고 있었다. 있지도 않은 노트북의 영혼만큼이나 어두웠다. 노트북은 알 수 없는 소리를 내고 있었다. 재시작도 안 되고 소프트 리셋도 되지 않았다. 리오는 사고 목격자로서 재빨리 2초짜리 동영상을 녹화했다. 디스크의 생명이 다한 거라면 공유할 동영상이라도 있어야 했다. 리오는 서둘러 제자리에 있는 법이 없는 작은 스크루드라이버를 필사적으로 찾았다. 케이스를 제거하고 배터리를 분리했다. 노트북은 멈췄다가 시작했다. 리오는 숨을 내쉬고 앉아서 제임스에게 그 동영상을 보냈다.

> 🧑 **리오**
> 안녕하세요, 제임스. 회사 노트북이 원래 이런 소리를 내나요?

> 🧑 **제임스**
> 회사 노트북을 가져갔어요?

> 🧑 **리오**
> 당연하죠. 제 작별 선물이에요. 직접 골라서 포장했어요. 전 케이크도 못 먹잖아요.

> 🧑 **제임스**
> 그렇군요… 아니요. 그런 소리를 내면 안 돼요. 고쳤어요?

> 🧑 **리오**
> 네, 배터리를 분리했어요. 강제 재부팅이라 볼 수 있죠.

👤 **제임스**
고전적이네요!

👤 **리오**
먼지가 많아 보이긴 하네요. 여기 봐요. 내부 사진을 찍었어요.

👤 **제임스**
리오, 그 배터리 빵빵한 거 같은데요.

👤 **리오**
네, 충전은 잘해놨어요.

👤 **제임스**
아니요. 배터리가 곧 터질 것 같다고요. 그 정도로 부풀면 안 돼요. 저라면 꺼내서 버리겠어요.

👤 **리오**
아파트 건물에서 일어나는 폭발은 런던에서 그리 환영받지 않을 거예요.

👤 **제임스**
진지하게 하는 얘기예요. 새 배터리가 필요해요. 그 배터리는 사용하지 말아요.

👤 **리오**
될 대로 돼라죠. 오늘은 엉망이에요. 전 그냥 고객 지원 업무나 해야 했나 봐요.

👤 **제임스**
그 업무에 당신이 적합할지 잘 모르겠어요. 하지만 어떨지 해보는 것도 나쁘지 않을 것 같아요.

👤 **리오**
제가 지원 업무를 하기에도 모자라나요?

👤 **제임스**
그렇게 쉽게 포기할 거라면 지원 업무가 나을 수도 있겠어요.

👤 **리오**
포기했다고 한 적 없는데요.

👤 **제임스**
듣기엔 그냥 패배한 정도가 아닌 것 같아요.

👤 **리오**
들려요? 텍스트를 통해서 제 목소리를 들을 수 있나 보죠?

👤 **제임스**
면접은 어려워요. 면접 준비를 해야 해요. 그리고 망칠 경우를 대비해야 해요.

> 👤 리오
> 망치는 건 잘해요. 전 머리보다 몸을 썼어야 했어요.

> 👤 제임스
> 면접 한 번 망친 게 매춘부로 전향할 충분한 근거인지 모르겠네요. 게다가 당신은 개발 일로 돈을 더 많이 벌 거라고 장담해요.

> 👤 리오
> 그런 뜻으로 한 말이 아니에요. 신경 쓰지 말아요.

> 👤 리오
> 전 잘 못해요. 소프트웨어 개발.

> 👤 제임스
> 전 동의하지 않아요. 하지만 면접은 확실히 못 본 거 같네요. 저라면 포기하지 않겠어요.

> 👤 리오
> 격려 고마워요.

리오는 주방 창문으로 돌아가서 개를 데리고 벤치에 앉아 있는 노부인을 지켜보았다. 노부인은 개를 쓰다듬으며 개에게 말을 걸고 있었다. 아마도 또 남편을 기다리는 중일 거라고 리오는 생각했다. 저 사람이 메리 할머니일 수 있었다. 리오는 처음에 메리가 혼자 산다고 결론을 내렸었다. 그녀의 남편이나 연인처럼 보이는 사람이 나타나서 앉아서 개를 쓰다듬었다. 리오는 길게 한숨을 내쉬고 햇빛에서 벗어났다. 그녀를 기다리는 건 집 안에 자욱하게 깔린 먼지 낀 공허함이었다. 느릿느릿 침대로 걸어가는 그녀의 고개는 가슴까지 떨어져 있었다. 리오는 침대에 쓰러져 얼굴을 파묻었고 라이언이 와서 가르릉거릴 때까지 그대로 있었다.

"그래도 나한테는 네가 있구나." 리오는 이불에 파묻혀 속삭였다. 라이언은 뛰어내려서 주방으로 가서 먹을 걸 더 달라고 울었다. 리오의 전화가 또 한 번 울렸다.

>   — ↗ ✕
>
> 👤 Sam00
> 어떻게 됐어요?

> 👤 Leo
> 제임스가 얘기했어요?

Sam00

네, 테스트가 망가지는 바람에 제임스한테 도움을 받았거든요.

Leo

잘 안 됐어요. 떨어졌어요. 전 면접 실력이 형편없어요.

Sam00

그럼 면접을 연습하는 건 어때요? 몹시 어려운 자리에 지원해요. 자격을 갖추지 못한 자리요. 그리고 면접을 제대로 망치는 거예요. 그러고 나면 그것보다 면접을 더 망칠 수 없을 거예요. 적어도 당신이 선택한 거니까요.

Leo

제가 한 게 그거예요!

Sam00

아니에요. 훨씬 더 높은 곳을 목표로 해야 해요. 마이크로소프트 같은 곳이요.

42
COMMIT

맨홀 뚜껑

"맨홀 뚜껑은 왜 둥글까요?"

하루가 끝날 무렵 리오의 여섯 번째 면접이 시작되었다.

"맨홀이요?"

"네, 맨홀이요."

처음엔 잠시 똥꼬라는 말을 들었다고 생각했다. 괄약근이 둥근 이유는 몰랐다. 결장의 형태를 따라서 그렇게 된 게 아니라면 말이다. 근데 뚜껑? 맨홀 뚜껑?

"맨홀이 뭔가요?"

"죄송해요. 당신의 모국어로는 다르게 부를지도 모르겠는데요. 당신의 모국어가 ―"

"스웨덴어요."

"스웨덴어군요, 네. 지하 시설을 유지 보수하기 위한 구멍을 가리켜요. 그 구멍이 동그랗거든요."

"그리고 뚜껑이 동그랗고요."

"네! 근데 왜 둥글까요?"

"구멍이 동그라니까요?"

"네… 그렇긴 하겠네요. 근데 구멍과 뚜껑이 왜 둥글까요?"

"둥근 형태가 구멍으로 파내기가 쉬워서요?" 리오는 미소를 지으며 답변을 이어갔다.

"그래서 뚜껑도 둥근 거죠. 구멍에 맞추기 위해서요."

"그럼 구멍은 무시하죠. 거기 없다고 생각하세요. 왜 뚜껑이 둥글까요?"

"구멍이 없는데 왜 뚜껑이 필요하죠?" 리오는 눈썹을 치켜들다가 윙크했다. 면접관이 웃었다.

"자, 그냥 협조 좀 해주세요."

"음. 글쎄요. 뚜껑이 구멍으로 빠지지 않으니까요. 사각형이나 타원형도 그럴 수 있죠. 뚜껑 한가운데 구멍은 뚜껑을 들어 올리거나 굴릴 때 쓰여요. 사각형은 잘 구르지 않으니까요. 맨홀 뚜껑은 무척 무거워요! 같은 맥락에서 뚜껑 주위를 둘러싸고 있는 땅과 아스팔트의 압력도 고르게 분산되겠죠. 뚜껑이 압력에 더 잘 견디게 될 거예요."

"와!" 면접관은 눈을 반짝이고 환한 미소를 지으며 뒤로 기댔다.

"다른 이유도 더 생각할 수 있어요."

"아니, 괜찮아요. 완벽해요!"

"세상에는 동그랗지 않은 맨홀도 있어요."

리오가 덧붙였다. "어떤 건 삼각형이에요. 뚜껑이 날아가거나 떨어지지 않도록 숨겨진 경첩이 달린 뚜껑도 있어요. 아니면 단순하게 그냥 가장자리를 더 크게 만든 것도 있고요."

면접관은 손뼉을 치며 몸을 앞으로 기대어 리오와 하이 파이브를 했다.

"훌륭한 테스터가 되시겠어요!"

"소프트웨어 개발자로는 어때요?" 리오가 물었다.

"마지막 면접으로 넘어가죠. 요제프가 면접을 볼 거예요. 데이터 구조와 알고리즘에 대한 면접이요." 면접관은 문밖으로 나가며 요제프에게 손짓했다.

"지금까지는 잘해온 지원자예요. 요제프 당신이 낼 문제에도 훌륭하게 답할지 보죠."

리오는 묵례를 하고 요제프와 악수한 후 엉덩이 땀자국이 따뜻하게 남아 있는 자기 자리로 돌아왔다.

"좋아요, 리오! 데이터 구조와 알고리즘에 관해 얘기해 보죠!"

"최선을 다할게요. 데이터 구조나 알고리즘에 관해 아주 잘 알진 못해요." 리오는 테이블 아래에서 손을 비볐다. 그녀가 반복적으로 물어뜯은 엄지손톱 끝 쪽 피부에서 피가 났다. 리오는 심호흡을 하고 위를 올려다보며 초조한 듯 미소 지었다. "이제 지뢰 찾기를 만들면 되나요?"

요제프는 이마를 찡그렸다. "지뢰 찾기요?"

"기술 면접으로요."

요제프는 웃으며 답했다. "만약 당신이 원한다면 그걸 할 수도 있겠어요. 하지만 전 다른 걸 생각해 왔어요."

리오는 숨을 참고 "어떤 거죠?"라는 말을 겨우 내뱉었다.

"당신이 만든 라이브러리에는 데이터 구조와 알고리즘이 꽤 쓰인 것 같던데요." 요제프는 따뜻한 미소를 지으며 말을 이었다. "당신 라이브러리의 맥락에서 데이터 구조와 알고리즘에 관해 얘기해 보는 건 어떨까요? CacheIsKing에 대해서 말해주세요. 모든 걸 알고 싶어요!"

리오는 요제프가 그녀의 물 잔에 물을 채워주는 사이 숨을 내쉬고 어깨를 내렸다. "어디에서부터 시작할까요?"

"어디서든지요! 시간은 많아요."

리오는 그를 따라 등을 기대며 미소지었다. "학교에 있을 때 시작한 프로젝트예요…"

Sam00
궁금해요! 어떻게 됐어요?

Leo
진짜 알고 싶어요?

Sam00
네!

Leo
잘 됐어요! 집에 오는 길에 이메일을 받았어요. 이번 주에 제안서를 보내겠다고요!

Sam00
세상에!

Leo
하지만 거절하기로 했어요.

Sam00
왜요???

Leo
제가 라이브러리 작업을 좋아한다는 걸 깨달았어요. 그걸 포기할 순 없어요. 거기에서 수익을 내보려고 해요.

Sam00
오픈 소스로 돈 번 사람은 없어요. 우리 모두 돈 한 푼 없다고요, 리오!

Leo
돈을 번 사람도 일부 있다고요!

Sam00
그런 사람들은 영혼을 팔았어요. 아님 약을 팔거나. 열정은 존경하지만 진짜 그런 위험을 감수할 생각이에요?

Leo
저축해 놓은 돈이 조금 있어요. 전 해봐야겠어요.

Sam00
정신이 나갔군요. 하지만 감동적이긴 하네요.

Sam00
직접 컨설팅 회사를 차리는 건요?

Leo

전 청구에 젬병이에요. 저는 아마 이럴 거예요. "아, 10시간 일했지만 그중에 4시간은 재 밌었으니까 5시간만 청구해야지."

Sam00

고객에 대해 생각한 1분을 15분으로 계산해서 청구해야 해요.

Leo

그들이 멍청하다는 생각을 했더라도요?

Sam00

네!

Leo

그런 건 어디서 배웠어요?

Sam00

기업가 과정이요 :)

Leo

한 번 라이브러리에 운을 걸어볼게요.

Sam00

당신 미쳤어요.

Leo

고마워요?

Leo

근데, 정말 고마워요.

Sam00

뭐가요?

Leo

추천해 준 웹사이트요. 거기서 모든 질문이 나왔어요. 대답을 다 외웠거든요.

Sam00

맨홀 뚜껑은 여전히 둥글던가요?

Leo

그렇더라고요.

두 번째 문제는 뭔가요?

"안녕하세요! 서맨사예요!" 서맨사는 자기 금발 머리를 빙빙 돌리면서 거울 속 자신을 바라보았다. 빨간 립스틱 때문에 미소가 더 커 보였고 "잘 지내셨어요?"라고 인사하자 치아가 작고 반짝이는 다이아몬드처럼 빛났다.

전화 반대편에서 강한 브리스틀 억양의 굵은 목소리가 답했다. "아유, 잘 지낸다 뿐입니까. 아주 좋지요! 당신 연락을 받다니 기분 좋은 깜짝 선물이네요! 링크드인에 있는 줄 몰랐어요. 아직도 IT 컨설턴트, 클라우드 아키텍트라고 적혀 있네요." 상대는 웃으며 말했다.

서맨사는 깔깔 웃었다. "그땐 모두가 클라우드 아키텍트에 IT 컨설턴트였죠, 티비. 프로필을 업데이트해야 되겠네요. 아마 스타트업을 언급하면 채용 담당자들이 겁 좀 먹겠어요."

"우린 채용 담당자가 필요해요, 서맨사. 좋은 사람을 찾느라 힘들다니까요. 험난한 시장이에요."

"채용 담당자들은 상어예요. 다음 희생양을 찾으러 피 냄새를 맡고 모여든다고요. 불쌍한 우리 개발자들 주의를 빙빙 돌리고 있죠." 그녀는 또 웃었다.

"중매쟁이한테 듣기에는 역설적인 말이네요." 그녀는 상대가 웃는 걸 전화로도 들을 수 있었다.

"하, 절 그렇게 불러도 될 것 같긴 해요. 사람들을 이어주는 걸 좋아하니까요." 그녀는 자기 손톱을 보았다. 하트가 그려져 있었다. "하지만 똑같진 않아요." 네일은 내일 다시 할 거다. 내일은 배포일이니까. 여유 시간이 꽤 생길 것이다.

"뭐가 다르다는 거죠?" 티비가 놀랐다.

서맨사는 거울에 비친 자신을 향해 얼굴을 찡그리며 말했다. "전 사람들한테 요금을 청구하지 않죠."

"그래서 당신에게는 컨설팅 업무가 안 맞았던 거예요. 대신 채용 담당자가 되어야 해요."

"전 개발 일로 돈을 너무 많이 벌어요. 세상에 더 많은 여성 개발자가 필요하다는 걸 신은 아실 거예요." 산출하는 작업량을 고려하면 그녀는 아마도 두 명으로 계산될 것이다. "게다가 제가 채용 담당자를 어떻게 생각하는지 아시잖아요."

"아니요. 전혀 눈치 못 챘는데요." 빈정거림이 전화를 뚫고 전해졌다.

"죄송해요. 당연히 농담이에요. 이번에도 그래서 다시 연락드린 거니까요." 서맨사는 자신을 변호했다.

"여기 AWS에서 아키텍트 자리를 원한다는 뜻이에요?"

"안타깝게도 그건 아니에요. 적어도 지금은요."

"아쉽네요."

"전 당신을 좋아해요, 티비. 당신이 운영하는 회사도 좋은 회사고요. 하지만 전 이 스타트업에 많이 투자했어요."

티비는 끙 소리를 냈다. "아이고, 이 멋진 젊은이들. 근데 아직요?"

"뭐가요?"

"아직도 스타트업이에요? 제가 정확히 기억한다면 5년이 지났어요."

"관점에 따라 다르겠지만 만약 아직도 방문 판매 영업사원 역할을 해야 한다면 스타트업이라고 자칭할 수 있죠." 그녀는 잠시 멈췄다. "그래도 두 번째 라운드 투자를 받았어요. 근데 마음에 두고 있는 사람이 있어요. 당신이 가진 두 가지 문제를 해결해 줄 거예요."

"두 번째 문제는 뭐가요? 시장에서 영원히 있을 거 같은 개발자 블랙홀 말고 또 다른 문제가 있나요?" 티비가 물었다.

"만나서 커피 마셔요. 얼굴을 보고 얘기하는 게 낫겠어요." 서맨사가 제안했다.

"매우 비밀스럽군요. 흥미로워요. 마음에 듭니다!"

"당신 시스템의 속도를 제가 높여줄 수 있을지 모른다고 해두죠." 서맨사는 혼자 윙크했다.

"당신이 더 좋은 어휘 분석기를 줄 수 있다면 모를까, 그게 아니면 어려울걸요."

"그건 아니지만 매우 유용한 부가 기능이에요."

"부가 기능이요?"

"그와 비슷한 무언가와 누군가예요."

"남편도 데려와요. 함께 맥주 한잔하죠. 당신네 조무래기들을 못 본 지 너무 오래됐네요." 티비가 덧붙였다.

"마치 유치원 선생님이 애들 가르쳤던 것처럼 말하네요." 서맨사가 웃었다.

"여전히 조무래기잖아요. 아닌가요?"

"맞아요. 조무래기예요. 근데 이제 제 조무래기예요, 아저씨." 서맨사는 닫혀 있는 작업실 문을 보았다. 대리언의 키보드 소리가 문 너머로 들렸다. 그는 항상 그의 영혼처럼 검은, 흑축 스위치를 선호했다. 크고 무거운 쿵쿵 소리가 모든 것을 꿰뚫었다.

"수요일 저녁 5시. 괜찮아요?"

"맞출 수 있어요."

"초대장 보낼게요. 대리언도 일찍 나올 수 있는지 알아볼게요."

"잘 지내요."

"당신도요!"

44
COMMIT

받아들일게.
칭찬이든 아니든

'복도에 다른 자전거를 둘 자리가 없네.' 자전거 위치를 세 번째로 바꿔보아도 앞문을 막지 않고 새 자전거를 앞에, 짐판을 구석에 두는 게 불가능했다. 데이비드는 짙은 빨간색 강철 아래로 서서히 손을 미끄러뜨리며 약간의 흥분을 느꼈다. 침실이 장례식장에 버금가게 생기가 없다는 걸 고려하면 요즘은 별거 아닌 자극으로도 그를 흥분시킬 수 있었다. 그날 아침 그에게 새 듀라에이스 기어를 장착한 클래식 캐논데일 자전거가 생겼다. 엔도르핀 분비를 촉진시켜 줄, 자체 발광하는 최신 장난감. "너희들이 그리울 거야." 그는 나머지 두 자전거에 이렇게 속삭이며 뽀뽀했다. "다 좋은 뜻이 있어서 그래." 그는 시계가 10시를 향해 가는 걸 확인하고 맥박이 높아지는 걸 느꼈다.

'집 청소에 두 시간. 할 수 있어.' 데이비드는 뽀모도로 앱을 켰다. 그는 데스크톱 앱을 포기하고 휴대전화 앱으로 갈아탔다. '빨래부터 해야지.' 리오를 해고한 후 회사에서는 뽀모도로를 포기했기 때문에 그렇게라도 앱을 쓰는 게 나을 것이다. 제임스가 군이 찾아오는 일은 드물었고 미카엘은 그가 적극적으로 피했다. 토마토와 단둘이 남다니. 우울했다. 세탁기가 내는 익숙한 소리를 듣고 빨래를 꺼내려 달려갔다. 90%는 새뮤얼과 트레버의 빨래였다. 아이들의 몸집을 고려하면 일주일 만에 흙투성이 세탁물이 그렇게 많이 나온다는 게 인상적이었다. 데이비드는 스판덱스 운동복 세 벌을 돌려 입었고 그 이상 차려입는 일은 거의 없었다. 집이 컸더라면 더 큰 세탁기를 한 대 들였을 것이다. 어쩌면 두 대를 살 수도 있다. 트레버는 자기 옷을 세탁하는 방법을 깨쳤다. 그 말인즉 돌멩이와 장난감 차를 자기 옷과 함께 세탁기에 넣었다는 뜻이다. 마지막 시도에 데이비드는 패배를 인정했다. 망가진 세탁기를 고치고 잠금장치를 달았다.

진공청소기를 돌리는 도중 초인종이 울리자 데이비드는 청소하던 흔적을 급하게 숨겼다. 손에 땀이 나고 겨드랑이가 축축하고 몸이 약간 떨렸다. 그는 진공청소기를 발로 차서 침실로 굴려 보내고 침실 문을 쾅 닫았다. 이 방을 절대 보면 안 돼. 오늘은 안 돼. 공포가 엄습했다. 앞으로 이 방을 볼 여자가 한 명도 없으면 어쩌지? 초인종이 한 번 더 울렸고 그는 헝클어진 머리를 대충 수습하고 수건으로 얼굴을 닦았다. 약간 과할 정도로 향수를 두 번 뿌리고 등의 땀자국을 가려줄 셔츠를 입었다.

"안녕." 그는 문을 열고 초조하게 환영 인사를 중얼거렸다.

세라는 들어오기를 주저했다. 그녀는 눈으로 집안을 훑었다. 서서 집 상태를 분석하는 것 같았다. 그녀는 주름을 없애려는 듯 자기가 입고 온 회색 원피스를 손으로 쓸어내렸다.

"좋아 보이네." 데이비드는 속삭이듯 말했다. 사실 강하고 짙고 남자다운 목소리로 자신감을 표현하려 했으나 목소리가 갈라지면서 첫 데이트 상대를 기다리며 벌벌 떠는 십 대 소년이 되어 버렸다.

세라는 "깨끗하네."라며 집 안으로 한 발짝 내디뎠다.

"최선을 다하고 있어. 언제 손님이 올지 모르니까." 데이비드는 손님이 한 번도 온 적 없다는 걸 알고 있었다. 여러 앱을 통해 몇 번 데이트를 해보았지만 성과가 없었고, 애들이 집에 있으니 다양한 난장판이 끊임없이 펼쳐졌다. 쓰레기를 완벽히 비운 상태나 완벽하게 청소한 상태는 될 수가 없었다.

"그렇구나. 출근 시간까지 한 시간 남았어…." 세라는 멈춰서 나란히 놓인 자전거들을 바라보았다.

"요즘도 수집해?" 실망감이 뚜렷하게 드러났다.

"아니, 아니, 사실 빨간 자전거만 빼고 나머지는 모두 파는 중이야. 오래된 구조용 자전거야. 저렴하지만 내가 타고 다니기엔 충분해. 나머지 자전거는 오늘 팔 거야."

세라가 웃었다. "빨간 자전거 잘 어울려. 오래됐지만 잘 관리됐네."

데이비드는 웃으며 어깨의 긴장을 풀었다. "칭찬이야?"

"그런 거 같네." 윙크와 함께 문을 닫고 집안으로 들어서는 세라의 뒤로 장미향이 났다. 데이비드는 조용히 희망을 품고 그 향기를 들이마셨다.

'받아들일게. 칭찬이든 아니든.'

제가 .NET 개발자를 왜요?

"정말 아름다운 날이죠!" 매표소의 아주머니가 리오에게 승차권을 건넸다. "승차권 판매기 문제는 죄송해요. 저녁 전까지는 고쳐져 있을 거예요." 판매원의 짧은 컬헤어가 그녀의 자애로운 고갯짓을 따라 즐겁게 찰랑거렸다.

"괜찮아요. 오늘은 기차 시간보다 일찍 왔어요." 리오도 미소로 답했다. "남은 이번 주도 날씨가 이럴 것 같아요." 리오는 땀에 젖은 손바닥을 원피스 주머니에 숨겼다.

"아, 그럼 정말 좋겠어요! 이번 주에 손녀들이 오는데 애들이 공원에 가는 걸 좋아하거든요."

"잘됐네요." 리오는 어떻게 반응해야 할지 잘 모르겠어서 멀뚱히 있다가 이렇게 인사했다. "좋은 하루 보내세요!"

"고마워요, 아가씨." 컬이 또 찰랑였다. "원피스가 정말 예뻐요!"

리오는 얼굴을 붉힌 채 고개를 끄덕이며 흐느적흐느적 손을 흔들었다.

기차는 이미 도착해 있었다. 리오는 기차 칸이 얼마나 차 있는지 바라보며 천천히 걸어갔다. 아스팔트에서 플랫폼의 열기가 올라왔고 리오는 머리를 하이 포니테일로 묶으며 기차에 노랗게 비치는 자기 모습을 보았다.

"리오 아니에요?" 큰 목소리에 우두둑하는 소리와 함께 고개를 돌렸다. 젠장.

"안녕하세요, 개리. 개리 맞죠?"

"기억하시네요! 내 치과 친구!" 포옹하겠다는 듯 팔을 넓게 벌린 그의 모습은 진심으로 행복해 보였지만, 포옹은 일어나지 않았다. "마틴 선생님인가요?" 리오는 애석하다는 듯 고개를 끄덕였다.

"이번에는 다른 치과 의사예요."

그는 몸을 앞으로 기울이며 속삭였다. "전 그린 선생님 진료를 받아요. 치과를 확장했다니 믿어져요? 피터버러에서요! 돈이 열리는 나무라도 찾았나 봐요." 그는 자기가 상상하는 나무가 어떤 모습일지 한 다리로 균형을 잡으며 흉내 내더니 상상 속 돈을 바람에 극적으로 흩날렸다.

"아, 전 어떤 분 진료를 받을지 잘 모르겠어요. 그린 선생님이라고 생각했는데 마틴 선생님이 메시지를 보냈어요." 리오는 서커스 공연을 중단시켰다.

"사적으로요?"

"그런 것 같았어요." 리오는 번호를 찾아보았다. 사적이라.

개리는 입술을 비쭉 내밀었다. "저한테는 그런 메시지가 하나도 안 왔는데요." 그는 손을 들었다. "그래도 괜찮아요. 제 담당은 그린 선생님이니까요!" 그는 리오의 손을 잡았다. "우리 일등석으로 몰래 들어가요. 당신은 일등석 타는 사람처럼 보여요." 리오는 손만 빼내고 그를 따라갔다.

"오늘은 자전거 안 타요?" 그는 저녁 시간이 다 되어서 아기를 가게로 끌고 가듯 그녀를 끌어당겼다.

"오늘은 걷고 싶어서요." 기차 칸 내부의 퀴퀴한 냄새가 코에 닿자 리오는 코를 찡그렸다. 그 냄새는 가죽 시트와 잘 어울렸고 호스피스 치료를 받는 노인들 집의 모습이나 냄새와 비슷했다.

"별로죠?" 그는 고개를 저으며 코를 쥐었다.

리오는 고개를 끄덕이고 자리에 앉았다. 개리는 노트북과 충전기를 꺼내서 전원을 연결했다. 색깔만 녹슨 색이 아닐 뿐 벽돌처럼 생긴 충전기였다. "전 일 좀 할게요. 괜찮나요? 무례한 건 아니죠?"

"전혀요." 리오는 천천히 숨을 내쉬고 등을 기대며 피부에 닿는 차가운 가죽의 감촉을 느꼈다. 기차가 움직이는 중이었고 그녀는 눈을 감고 진정 효과가 있는 덜컹거림을 받아들였다. 이상하게 누군가 거기 있다는 게 기분 좋게 느껴졌다. "도착하면 저 좀 깨워주실래요?"

"그럴게요." 그는 잠시 휘파람을 불더니 말을 이었다. "도착이라면, 레스터예요?"

"네? 아니요!"

"농담이에요. 기차가 거기까지 가지도 않아요. 치과 갈 시간이잖아요. 잠시 쿨쿨하시면 제가 거기 모셔다드릴게요. 칙칙폭폭!" 리오는 다시 등을 기댔다. 가죽 시트가 따뜻해졌고 그녀는 다음 역에 도착하기 전에 잠이 들었다.

개리는 치과에 도착할 때까지 쉬지 않고 자기 일 얘기를 했다. 리오는 잠시 졸았는데도 정신적으로 매우 지치는 느낌이었다. 그래도 최선을 다해 정중하게 '아, 그래요.'라고 대꾸했고 그는 신이 나서 그 상황을 만끽했다. 그는 오는 내내 리오가 거의 졸았다는 것조차 눈치채지 못했다. 아니면 그냥 신경 쓰지 않는 것일 수도 있었다. 목적지에 도착했지만 리오는 여전히 개리가 무슨 일을 하는지 몰랐다. 그녀가 아는 건 그의 다리가 길다는 것, 입을 쉬지 않고 놀리는 데도 그의 숨은 절대 가빠지지 않는다는 것, 그를 따라가느라 자신이 작은 치와와처럼 애썼다는 것이다. 어쩌면 개리는 숨을 안 쉬는 걸지도 몰랐다. 리오는 몇백 미터가 남은 걸 고려해 에너지를 아끼려고 고개를 끄덕이는 방법으로 전환했다. 그래야 치과에서 본인 이름은 말할 수 있을 것이다.

"안녕하세요, 아름다우신 분!" 개리는 자신의 등장을 자랑스럽게 알렸다. "그린 선생님과 데이트가 있어서 왔어요." 접수원은 웃으며 그에게 앉아서 기다리라고 손짓했다. "아, 라르손, 리…" 마틴이 끼어들었다. "…리오! 오랜만이군요! 잘 오셨어요! 그리고 원피스? 어금니의 부활을 기리는 건가요?" 리오는 얼굴을 붉히며 통증이 있는 위치를 가리켰고, 개리는 과장된 윙크를 날리며 그녀를 지나 열린 문으로 부드럽게 사라졌다. 개리가 사라지니 통증도 살짝 줄었다.

"여기가 뭣같이 아파요."

"그럼 봐야겠죠!" 그는 크고 과장된 움직임으로 그녀를 재촉했다. 저 사람은 약이라도 한 걸까. 지나치게 열정적인 마틴이 치아에 관해 묻는 말에 자리를 양보해야 할 덧없는 생각이었다.

"자, 치아 본을 하나 더 떠볼까요?" 지난번 이후 치아에 별 변화가 없을 것 같다고 생각하면서도 변태 같다고 그에게 창피를 주고 싶지 않았다. 쟁기는 자발적으로 모형 반죽을 물었고 마틴은 마치 막 연마한 다이아몬드라도 되는 듯 치아 본을 빛에 비추어보았다. "아름답네요."

마틴은 치아 본을 천천히 책상에 올려놓고 "그래, 그래"라며 살짝 쓰다듬더니 뒤돌아 엉덩이에 손을 올리고 환하게 웃었다. "다시 만나서 반갑네요!" '교정기 얘기를 안하네?' '네, 저도 그런 것 같네요. 오랜만이에요. 하지만 치아는 괜찮아요. 이것만 빼고요. 아, 모양도요. 그렇지만 뭐." 리오는 말을 더듬으며 손톱을 내려다보았다. 손톱이 꽤 자라 있었다. 손톱깎이가 어딘가로 사라진 지 좀 되었다.

리오가 고개를 들었다. "어금니가 정말 아파요." '치과 의사가 그리웠다고 말해도 될까? 왜 날 다시 받아들인 거지?' 그때는 마치 헤어지는 것 같았고 이제는 꼭 만났다 헤어지기를 반복하는 관계 같았다.

"한번 살펴볼까요?" 마틴은 앞으로 몸을 기울이고 턱받이를 부착했다. 커피와 초콜릿 향이 나는 달콤한 숨결이 그녀의 콧구멍을 간지럽혔다. 마틴은 턱받이를 맨 채 잠시 멈춰서 그녀를 바라보았다. 리오는 얼굴에서 열이 나는 걸 느꼈고 홍조가 볼에서 가슴으로 빠르게 번졌다. "염증이 있어 보이네요. 볼이 빨갛게 부었어요." 그는 몸을 뒤로 기댔다. "감염된 게 아니면 좋겠는데요."

리오는 얼굴이 창백한 자아를 다시 찾기를 바라며 천천히 숨을 내쉬었다. 모든 걸 털어놓는 자신의 안색에 배신감을 느꼈다.

"지난번 예약을 취소하지 않았다면 좋았을 텐데요. 그 사람이라면 한 번에 고쳤을 거예요. 사실 제 최고의 학생 중 한 명이죠."

"학생이요?"

"학생을 데려오기도 해요. 당연히 졸업반만요. 우리는 그걸 원 플러스 원 데이라고 불러요. 그런 말이 있는 거 아시죠?"

"아… 아니요…."

"하나면 좋지만 둘이면 더 좋죠. 치과 의사가 두 명인 거죠!" 그는 웃으며 도구를 가지러 빙글 돌았다가 반짝이는 작은 도구가 담긴 접시를 가지고 돌아왔다. "한 명 가격을 내고 두 명의 치과 의사를 얻는 거예요. 리오, 당신은 기회를 놓쳤어요." 그는 윙크했다.

"아 그래요. 컨디션이 별로 안 좋았어요."

"고칠 수 있는지 보죠. 입 벌리세요." '음', '아', 그리고 아픈 '아아' 소리가 이어졌다. 마틴은 턱받이를 잡아당겨서 제거했다.

"좋은 소식과 나쁜 소식이 있어요. 어금니가 당신 치아를 쟁기 형태로 약간 변형시킨 주범이에요. 이 녀석을 제거해야 해요. 수술해서요."

"비쌀 거 같은데요. 좋은 소식은요?"

"나쁜 어금니를 제거하면 현재 형태는 유지할 수 있다는 거예요. 그리고 네, 비싸요." 그는 비용에 대해 진심으로 미안한 것 같았다. "빨리 해야 해요. 직장에서 치과 보험 되죠?"

"아니요." 직장이 없는데요.

"비용을 낮출 방법이 있는지 알아볼게요. 절 믿으신다면 제가 발치해 드릴 수 있다는 말이에요."

"믿어요. 재정 상태를 확인해 보기만 하면 돼요."

"그럼 다음 주에 알려드릴게요."

자리에서 일어난 리오의 원피스 뒷면은 땀으로 젖어 있었고 의자에는 나비 같은 무늬가 남아 있었다. 두 사람은 그 무늬를 보았지만 아무 말도 하지 않았다. 마틴은 휴지로 의자를 닦기 전 잠시 손가락으로 땀자국을 따라갔다. '그때 유니폼을 안 돌려줬네.' 리오는 리셉션으로 함께 걸어 나오는 동안 그 말을 해야 할지 고민했다. 마틴은 손을 씻지 않았다.

"잠깐만요." 마틴은 활기차게 진료실로 뛰어 들어갔다가 전동 칫솔 그림이 그려진 큰 상자를 들고 돌아왔다. 아주 비싸 보였다. 접수원들은 입을 벌린 채 그를 쳐다보았다. **"이거 드릴게요."** 그는 접수원을 향해 돌아서서 **"라르손 환자 드리게 상자 넣을 만한 봉투 좀 찾아줄 수 있을까요?"**

접수원은 스크린 뒤로 잽싸게 사라졌다가 깔끔한 하얀 봉투를 들고 왔다. **"종이 괜찮아요? 저희는 비닐봉지를 안 써요."** 접수원은 답을 기다리지 않고 상자를 봉투에 넣었다. 접수원이 그 제품을 스캔하려고 했지만 마틴이 스캐너를 가로챘다.

"이건 제가 낼게요." 그는 리오 쪽으로 몸을 돌리고 봉투를 건넸다. **"선물이에요."**

"어, 감사합니다?" 리오는 봉투를 받았다. 천천히.

"그럼, 전 다음 환자를 위해 준비하러 가야 해요. 다음 주에 전화할게요, 리오. 당신이 먼저 전화하지 않는다면요. 잊지 마세요. 응급 상황이에요!"

"이건 뭐 때문에 주시는 거예요?"

"당신 치아요." 진료실에서 그의 웃음소리가 들렸다.

"근데 왜요?"

"고마워서요." 그의 목소리가 희미하게 들렸다. 그의 움직이는 소리가 리오에게 들렸다. 아마 준비 중이리라.

"뭐가 고마운데요?" 리오는 소리쳤다. 접수원이 대답을 들으려 몸을 앞으로 기울였다.

복도에서 튀어나온 그의 얼굴에는 입이 귀에 걸린 듯한 미소가 보였다.

"당연히 치아 본 때문이죠."

"아, 네." 리오의 휴대전화가 울려서 보니 서둘러야 할 상황이었다. 그녀는 고맙다는 말을 중얼거리며 머리를 긁적이는 접수원, 진료실 안에서 노래를 흥얼거리는 마틴을 뒤로하고 밖으로 나왔다.

"안녕하세요, 잭!"

"원피스 마음에 드네요." 잭은 빨간색과 파란색으로 꾸민 미니 쿠퍼 옆에 갈색 리넨 정장에 에스파드리유를 신고 서있었다.

"데리러 올 필요는 없었는데요." 리오는 원피스를 매만지며 미소 지었다.

"빵 하나 먹자고 몇 시간이나 자전거를 탈 것 같지는 않았거든요. 여기에 멋진 빵집이 숨겨져 있어요. 대부분의 보석이 그렇잖아요." 그는 윙크하며 차 문을 열었다. "우리 둘 다 끼어 탈 수 있을 거예요."

"이렇게 낯선 사람을 만나면 납치당할까 걱정했는데요. 하지만 이건 확실히 납치용 차량은 아니네요." 리오가 웃으며 말했다.

그는 문을 어루만지며 말했다. "어허, 미리엄을 모욕하지 마세요. 미리엄은 예민한 소녀라고요. 하지만 프로그래머 한두 명쯤은 분명 납치할 수 있어요. 요즘은 프로그래머 구하기 어렵다고요."

리오는 장난치듯 문 앞에서 망설였다. "당신은 내 코드만 원하는 거군요."

"제가 .NET 개발자를 왜요?"

리오는 주먹으로 그의 어깨를 툭 치고 차에 탔다.

"주먹이 약하네요. 작성하는 객체가 너무 커서 손목이라도 부러졌나봐요?" 그는 차에 오르며 리오를 향해 미소 지으며 빠르게 윙크한 뒤 서커스 차량처럼 보이는 차에 시동을 걸었다. 리오는 자기 자전거가 생각났다. 서커스에 온 걸 환영해요. 두 명의 행복한 광대가 있었다.

46 COMMIT
부처님 말씀에 일리가 있었다

리오는 밝은 욕실 조명 아래 볼이 붉게 부어오른 자기 모습을 바라보며 칫솔이 매우 훌륭하다는 걸 인정했다. 고급스럽고 비싸 보이는 검은색 음파 칫솔, 칫솔 계의 테슬라였다. 테슬라가 그렇듯이 이 칫솔을 쓸 때도 리오가 할 일은 별로 없었다. 치아에 대고만 있으면 칫솔이 마치 포뮬러 원 드라이버처럼 치아 구석구석을 부드럽게 탐색할 것이다. 치아 본 때문이라. 근데 그럴 가치가 있나? 리오는 치아로 매춘하고 그 값으로 비싼 칫솔을 받은 기분이 들었다. 근데 그녀가 신경을 썼을까? 그냥 이걸 물고 저걸 물었을 뿐이다. 꽤 특이한 변태를 만족시키기 위해. 그는 나의 달콤한 치과의사다. 리오는 움찔하더니 자기 생각이 못마땅하다는 듯 고개를 저었다. 그리고 잭이 떠올랐다. 잭은 이런 생각을 별로 좋아하지 않을 것이다. 물론 두 사람이 진지한 관계는 아니다. 아직은 말이다.

리오는 반짝이는 충전 컵에 칫솔을 넣고 점멸하는 녹색 불빛을 잠시 바라보았다. 그녀의 오른쪽 볼과 턱이 박자를 맞춰서 맥동했다. 치아 치료를 받으려면 저축한 돈을 상당히 써야 할 텐데 직장이 없는 상태에서 그건 문제가 될 것이다. 그녀는 시끄러운 초인종 소리에 현재로 되돌아왔다. 미리 전화나 메시지도 없이 초인종을 누르는 게 도대체 누구인지 궁금해하며 문으로 달려갔다. 원흉은 제임스였다. 제임스가 회피와 침묵의 불문율을 깬 탓에 이제 리오는 이웃들과 얘기해야 했다. 문을 연 리오 앞에 전신을 말끔히 제모한 늘씬한 여성이 서 있었다. 복도에서 들어오는 빛이 그 여자 머리 꼭대기에 반사되어 그녀의 촉촉한 피부가 강조되어서 천사같이 빛났다. 그 여자는 손등으로 이마를 닦고 한숨을 쉬고 미소를 지었다. 꼼꼼히 그린 눈썹 외에 다른 메이크업의 흔적은 보이지 않았다.

"안녕하세요! 갑자기 죄송해요!" 그녀는 심호흡을 하고 이번에는 가슴을 닦았다. 티셔츠는 그녀의 작은 몸에 달라붙어 있었고 회색 티셔츠 겨드랑이 양쪽에는 땀 자국이 도드라지게 나 있었다. "전 니나예요. 옆집, 아니 윗집 이웃이에요. 막 이사 온 참이었어요. 근데 소파 때문에 아래층에서 오도 가도 못하고 있어요. 남편은 집안에 급한 일이 있었고 전…" 그녀는 자기가 왜 그랬는지 모르겠다는 듯 눈을 굴리며 말을 이었다. "…독립적이던 때가 그리웠는지 이사를 제가 알아서 하겠다고 했어요."

"그래서 어떻게 진행되고 있는데요?" 리오는 계단 아래를 슬쩍 보며 물었다. 소파는 마치 '웃기시네, 오늘은 안 돼.'라는 듯 계단 중간에 반항적으로 끼어 있었다.

그녀는 계단을 내려다보며 말했다. "뭐, 좋아요. 만약 제가 소파를 놓고 싶은 곳이 저기였다면요… 그렇지만 도와주신다면 정말 감사하겠어요. 물론 가능하다면요."

"전 힘이 그렇게 세지 않아요." 리오는 선명하게 갈라진 왼쪽 팔의 이두근을 가리키고, 눈썹을 치켜세우며 의구심을 표했다.

"그건 저도 마찬가지예요!"

"잠시만요." 리오는 스니커즈를 신고 니나를 따라 계단을 내려갔다.

"전신성 탈모예요. 왜 제 두개골이 이토록 매끈매끈 빛나는지 궁금해할까 봐요. 제 몸은 털을 싫어해서 공격해요. 그리고 승리했죠." 니나가 계단의 첫 번째 층을 돌면서 얘기했다.

리오는 답하지 않았지만 소파 옆에 서면서 니나를 살펴보았다. 리오가 본 중 가장 빛나는 머리였다. 꽤 멋졌다.

"멋져 보여요."

"덕분에 시간이 절약돼요." 니나는 어깨를 으쓱하고 소파를 미끄러지듯 지나쳤다. "이 괴물을 계단에서 쫓아낼 수 있는지 보죠."

30분이 걸렸지만 마침내 메리 할머니가 살고 있는 층까지 소파를 가지고 올라왔다.

니나가 가쁜 숨을 몰아쉬며 웃었다. "이건 운동으로 볼 수 있겠죠? 요가는 유산소 운동이 아닌데 그게 제가 하는 유일한 운동이어서요."

"요가라, 전 한 번도 해본 적이 없네요."

"그럴 수도 있죠. 모두가 해야 하는 건 아니니까요." 니나는 리오에게 안으로 더 들어오라고 손짓했다. 집안 곳곳에 상자가 쌓여 있었다. "저야 요가 강사니까 요가를 잘 알아야 하죠." 그녀는 웃으며 고개를 숙여 정중하게 인사했다. "이 집에 귀신 들린 거, 알고 있었어요?"

리오는 고개를 저었다.

"무슨 영문인지 지난 몇 년 동안 우편물이 이 빈집 문 앞에 우편물이 배달됐대요. 수년간 아무도 살지 않았는데도요. 청소부가 그걸 치우면 다음 날 또 와있었고요. 전혀 믿지 않았는데 어제 처음으로 이삿짐을 두러 왔더니 청구서가 계단 위로 올라와 있더라니까요. 남편은 아주 겁을 먹었어요.

전 좋았지만요. 약간의 미스터리는 기분을 좋게 해 주니까요."

그들은 거실에 서 있었다.

"아 젠장. 이 카펫이랑 쿠션, 버린 줄 알았는데." 니나는 말려 있는 카펫과 그 옆에 있는 화려한 색상의 오리엔탈 스타일 쿠션 두 개를 바라보았다. "오해하지 마세요. 멋진 제품이에요. 몇 년 전 여행 중에 산 거고요. 하지만 우리한테는 알라딘이 부러워할 정도로 카펫이 많았거든요." 니나는 잠시 조용히 서 있었다. "혹시 갖고 싶어요? 품질이 꽤 좋아요! 솔직히 중고 가게에 다 주고 왔다고 생각했는데 얘네들이 마법처럼 따라왔네요. 당신 집에도 분명히 잘 어울릴 거예요." 그럴 가능성은 매우 적어 보였다. "저… 좋아요." 리오는 확신이 없었지만 부처님을 닮은 이 작은 이웃의 말을 거절할 수 없었다.

"좋아요! 아래층으로 가져가 보죠. 여기에는 이걸 펼칠 만한 공간이 없어요." 그녀는 카펫을 들고 이미 문밖으로 반쯤 나가 있었다. "쿠션을 들어주세요! 둘이 세트예요!"

쿠션은 보기보다 무거웠고 나무 냄새, 풀 냄새가 났다.

"당신도 이사 온 지 얼마 안 됐나요?" 니나가 아파트를 훑어보며 물었다.

"몇 년 됐어요."

"아, 그럼 미니멀리스트?"

"귀차니스트요."

니나는 낄낄 웃으며 카펫을 거실 바닥에 놓고 발로 차서 펼쳤다. "소파에 쿠션을 던져봐요. 잘 어울릴지 확인하고 싶어요." 오리엔탈 러그에는 짙은 빨간색, 갈색, 흰색, 검은색을 비롯해 수천 개의 다른 색상으로 이루어진 복잡한 패턴이 있었다. 마치 다른 행성으로 가는 포털처럼 보이는데 이상하게도 거실과 잘 어울렸다. "당신 아파트는 캔버스예요. 우리가 막 페인트를 뿌렸네요!" 리오가 고개를 끄덕였다. 부처님 말씀에 일리가 있었다.

"아, 너무 피곤하네요." 니나는 카펫 위로 몸을 날리고 발가락을 잡았다. "사타구니를 스트레칭하는 행복한 아기 자세예요."

"오, 그렇게 하면 새로운 에너지가 나온다거나 뭐 그런 건가요?"

"아니요. 손에 커피를 든 자세만 그런 효과가 있죠. 아, 잠도요. 하지만 우리 남편의 코골이는 두 번째 의견에 이의를 제기하더라고요."

"커피 좀 드실래요?" 리오가 물었다.

"오, 네. 제발요!" 니나는 몸을 말아서 일어나더니 다리를 연꽃 형태로 가지런히 접었다. 라이언은 니나에게 눈을 마주치며 조심스럽게 카펫에 다가갔다.

"걔 착해요." 리오가 주방에서 설명했다.

"당신 휴대전화가 울려요." 니나의 쓰다듬는 손길을 거부하고 소파 뒤로 숨은 라이언의 꼬리가 바닥을 왔다 갔다 하며 쓸었다.

"아마 중요한 전화는 아닐 거예요." 리오는 휴대전화를 찬장 위에 뒤집어 두었다. "커피 준비됐어요. 오세요."

"여기서 마셔요. 카펫 위에서요. 오리엔탈 스타일로요."

"오, 좋아요. 어차피 의자가 좀 망가졌거든요."

리오는 머그잔을 들고 와서 앉았다. 카펫은 매우 부드러웠다.

"휴대전화를 친구보다 우선으로 생각하지 않는 사람을 보니 기쁘네요. 이제 우린 친구예요. 카펫이 그렇게 말하네요. 게다가 전 새 친구들이 필요해요. 당신이 제 첫 번째 런던 친구예요."

니나는 커피를 한 모금 마시고 눈을 감았다. 휴대전화가 또 울렸다. 테이블 위에서 움직이며 리오의 주의를 끌었지만 이제 와 포기할 수는 없었다. 니나는 눈을 뜨고 앞으로 몸을 기울였다. "요즘은 사람들이 전자제품에 집착하는 것 같더라고요."

리오는 예의 바른 미소를 띠고 그녀가 이진법 성부와 그분의 와이프 와이파이에게 매일 예배드리는 자기 업무용 책상을 가리켰다. "아, 그거라면…"

니나는 그녀의 남편이 조용히 노크하고 리오에게 대머리 아가씨를 본 적 있는지 물을 때까지 한 시간 정도 리오의 집에 머물렀다. "당신의 대머리 독수리 여기있어요, 자기야!"

니나는 벌떡 일어나서 당당하게 그에게 길게 키스했다. "보고 싶었어! 이쪽은 내 새 친구 리오나르다야! 우린 같이 요가할 거야!"

47 COMMIT 꿈같은 제안이에요

니나는 남편 뒷주머니에 손을 꽂고 깔깔거리며 대화하면서 계단 위로 사라졌다. 리오는 자기 집으로 돌아왔다. 그녀의 집인지 알아보기 어려웠다. 색이 너무 많았다. 하지만 니나는 살짝 광기가 있는 듯하니 불시 점검을 대비해 카펫은 그대로 두기로 했다. 휴대전화가 다시 울리며 주의를 끌었다. 리오는 명을 따랐다. 이메일 몇 통, 특별한 건 없었다. 하나만 빼고. 새로운 풀 리퀘스트였다. 라이브러리 인수 요청. 리오는 휴대전화를 더 가까이 꼭 쥐었다. 이건 또 뭐야? 내가 또 무슨 짓을 한 거지? 휴대전화를 소파에 던져두고 책상으로 달려가서 컴퓨터를 켰다. 키보드 위에서 밀려난 라이언이 쉭쉭거렸다.

"키보드 위에 누우면 안 되는 거 알잖아. 여긴 안 돼. 본체로 가."

업데이트 설치 중 2%. 장난하나! 심장이 요동쳤다. 휴대전화를 찾기 시작했다. 보이지 않는다. 당연히 그렇겠지. **"라이언! 내 전화 봤어?"** 라이언은 리오 쪽으로 눈길조차 주지 않고 꼬리를 좌우로 흔들며 꼭 자기답게 엉덩이 드러낸 채 멀리 걸어가 버렸다. 좋아! 컴퓨터는 불사조처럼 되살아났지만 그리 우아하진 않았다.

제안할 게 있습니다. 이메일을 확인하세요 ☺ 🔔

이게 다야? 리오가 이메일을 열었다.

✉ **조르조 ▶ 리오**

안녕하세요, 리오!
갑작스럽게 드린 메일에 당황하지 않으셨기 바랍니다. 우리 둘 다 아는 친구가 리오를 강력 추천했어요. 한동안 리오가 작성한 라이브러리를 살펴봤어요. 만나서 라이브러리 인수에 관해 의논하면 어떨까 싶어요. 채용 얘기도 해볼 수 있겠고요. 현재 연봉 이상으로 대우해 줄 수 있다고 자신합니다. 현재처럼 오픈 소스 형태는 유지하되 월급을 받으면서 라이브러리 작업도 계속할 수 있습니다.
전화 부탁드립니다.

이메일 쓰는 솜씨가 인상적인 조르조 곤잘러스에게는 여러 전화번호와 직함이 있었다. 그중 하나는 CEO였다. 리오는 오리엔탈 스타일의 카펫을 바라보다가 리오의 다리로 억지로 연꽃 자세를 만들려고 애쓴 부처 니나가 생각나서 미소지었다. 희미하게 들리는 웅웅거리는 소리가 회상을 방해했고 리오는 소파로 몸을 던져 고대의 팝콘과 공룡이 지나간 블랙홀 깊은 곳에서 휴대전화를 건져 올렸다.

"여보세요?" 리오는 휴대전화에 대고 숨을 들이쉬었다.

"조르조 연락받았어요?" 부드러운 여성의 목소리가 물었다. 들뜬 기운이 성대를 감싸고 있었다.

"누구시죠?"

"서맨사예요!" 전화 너머로 키득거리는 소리가 들렸다. "미안해요, 아까 전화했는데 안 받더라고요. 그 제안을 받아들여요!"

리오가 휴대전화를 쳐다봤다. 서맨사의 연락처도 저장되어 있지 않았다. 말도 안 되는 일이었다.

"아직 답장 안 했어요. 메일을 방금 읽었거든요. 무례하게 굴려는 건 아니지만…" 리오에게 무례하게 구는 건 어렵지 않은 일이었다. "…왜죠? 왜 저한테 전화하신 건가요?"

"좋다고 하라고 말해주려고요! 꿈같은 제안이에요. 제가 약속해요!" 흥분한 탓에 서맨사는 숨이 찼다. "라이브러리 작업을 계속할 수 있어요. 월급을 받으면서요. 다른 재밌는 프로젝트도 하게 될 거고요. 조르조는 리오의 예전 일도 알고 있지만 신경 쓰지 않아요. 여기서는 서버를 삭제할 일이 없을 거예요. 제가 리오를 지켜볼게요." 서맨사는 평소 여성스럽고 우아하게 웃던 걸 잊은 듯이 크게 웃었다.

"잭이 부탁한 거예요?" 리오의 빰이 빨개졌고 분노가 끓어올랐다. "…그 인간…."

"잭이요? 뭐라고요? 아니에요! 잭은 아무것도 몰라요. 전부 제가 한 거라고요, 샘이요."

"샘이요? 샘이 누군데요?"

"현재 가장 많이 기여한 사람이요. Sam00."

"Sam00이요? 샘은 남자 아니었어요?"

"그것참 아이러니하지 않나요, 리오?"

발머 피크에는 차별이 없어요

"맥주 마시러 케임브리지까지 오게 만들다니 믿을 수가 없어요." 리오가 가방을 바닥에 내려놓고 앉았다. 케임브리지 술집의 바닥은 덜 끈적거렸다. 힙스터 맥주는 끈적거림이 덜한 것 같았다.

"머런의 생각이었어요." 제임스가 머런을 가리키며 멋쩍은 듯 어깨를 으쓱하고 건배했다.

"여기 맥주가 끝내줘요. 게다가 우리 집에서 가깝고요." 머런이 등을 폈다. 키가 더 컸나?

"머런이 마침내 둥지를 떠났어요!" 제임스가 팔꿈치로 머런을 찌르며 말을 이었다. "동생과 살기는 하지만 뭐, 동생은 술집에 오기는 너무 어리고요. 이 근처 모퉁이에 있는 아파트에 집을 구했어요."

"장학 지원받았어요." 머런이 자랑스러운 미소를 지었다.

"그럼 거기서 만나지 않고요?" 리오가 물었다. 맥주 메뉴가 성경만큼 두꺼워서 맥주를 고르느라 밤이 샐 지경이었다. 리오는 가방을 차서 바닥에 들러붙지 않았는지 확인했다. 멋진 술집이었다. 바닥도 끈적이지 않고 음악도 인상적이었다. 모든 걸 다 갖춘 곳이었다. 자신감도 포함해서. 자신만만 에일이라니. 어이없는 이름이었다. 리오는 그걸 마셔보기로 했다.

"셰어 하우스인 데다가 이미 사람이 많아요. 오늘 축구 경기가 있거든요."

"축구 경기는 항상 있죠." 제임스가 고개를 저었다.

"축… 뭐라고요? 들어본 적 없어요. 자신만만 에일. 전 그걸로 할게요. 감자칩하고요. 맥주랑 잘 어울리니까요. 다음 주에 새 직장에 출근해요." 리오가 주문을 마치고 멀어지는 종업원을 지켜보았다.

"새로운 모임 장소를 알아봤어요. 피터버러 도서관은 저희를 다시 받아주려고 하지 않더라고요…."

"…당연한 거지만요." 제임스가 덧붙였다.

"하지만 새로운 장소를 찾았어요. 너드에게 적합한 곳으로요. 와이파이도 좋고, 모든 층에 메시 네트워크가 깔려있어요. 장비 대수나 속도에도 제한이 없고요."

리오의 맥주는 자신감을 가질 맛이 아니었다. "정말 잘됐네요. 이번에는 더 크게 할 생각인가 봐요?"

"네!"

"그리고 부탁드릴 게 있어요."

"아, 하지 마세요." 리오가 손을 내저었다. "무슨 말 할지 알 거 같아요."

머런이 말을 이었다. "그 라이브러리에 관한 강연을 해주면 좋겠어요. 도서관에서 보낸 밤을 생각하면 잘 어울릴 것 같아요. 연장선에 있는 2부로 뜨거운 밤을 보내는 거죠."

"머런, 그 말이 다른 의미로도 쓰인다는 걸 잘 모르는 것 같은데." 제임스가 웃었다. 머런은 당황한 듯 얼굴이 붉어졌다. "제임스가 안다면, 저는 알고 싶지 않네요."

"방금 무슨 뜻인지 알려준 거나 다름없지 않나요, 제임스." 리오가 주욱 한 모금 들이켜고 미소를 지었다. 눈을 출입구에 고정한 채 오가는 사람을 지켜보고 있었다. 학생과 젊은 직장인으로 북적이는 술집이었다. 신발을 보면 구분할 수 있었다. 스니커즈를 신었으면 학생, 좋은 신발을 신었으면 직장인이었다. 그 기준대로면 나는 영원히 학생이겠네.

"저는 리오 헤어스타일이 좋아요." 머런이 리오의 생각을 방해했다. "잘 어울려요."

"제 머리요? 그냥 유지 보수만 한 거예요. 앞머리는 포기했고요. 덥고 습할 때는 엄청 성가시거든요. 눈이 올 때도요. 그러고 보니 진짜 늘 그렇네요." 리오는 머리를 옆으로 빗어 넘겼다. 어깨 뒤로 숨은 약한 곱슬머리가 그녀의 얼굴을 액자처럼 부드럽게 감쌌다.

"당신 말을 믿을게요. 전 앞머리가 있어 본 경험이 없으니까. 프린지^{fringe} 35라는 노드 모듈은 써본 적 있지만요." 머런이 답했다.

"그런 모듈이 있어요?"

"잘 모르겠지만 아직 사용되지 않은 명사가 있다면 그게 놀랄 일이겠죠." 머런은 활짝 웃었고 제임스는 맥주를 들고 끄덕였다.

"저기 보이는 사람이 그 유명한 샘인가요?" 제임스가 물었다. 버건디 원피스를 입고 미소 짓는 금발 여성의 등장에 술집은 얼어붙었다.

리오는 축제의 폭죽처럼 환한 얼굴로 열심히 손을 흔들었다. "샘! 잭!"

잭과 샘은 똑같이 손을 흔들며 그들이 있는 테이블로 달려왔고 리오는 박자가

---

35 '앞머리'라는 의미가 있다.

맞지 않는 비동기 포옹으로 그들을 맞이했다.

제임스는 박수로 환영했다. "만나서 반가워요, 샘. 드디어 뵙네요!" 제임스는 매우 반가워하며 그녀와 악수했다. "지금껏 리뷰해줘서 고마워요. 보기보다 피드백에 엄격하신 분이네요."라며 웃었다.

샘이 가슴에 손을 얹자 손톱 위에 그려진 작은 펭귄이 드러났다. 그녀는 상냥하게 웃으며 말했다. "전 제가 관대한 줄 알았어요!"

잭이 몸을 앞으로 기울였다. "그럼요. 분명히 엄격해요. 제 풀 리퀘스트를 갈기갈기 찢어놓은 분이에요. 푸시 전 추가 검토를 빼먹은 적이 없어요. 신께서 샘이 테스트를 빼먹지 못하게 금하셨나 봐요."

샘이 혀를 내밀었다. "솔직히 잭, 자바스크립트는 엉망으로 만들어졌어요. 사람들이 그렇게 말하는 거 알죠? C#의 모든 것은 객체이나, 자바스크립트의 모든 것은 다 실수일지어다."

잭이 못마땅하게 고개를 저으며 콧방귀를 뀌었다. "좋아요! 제가 알고 있는 농담 몇 개도 나중에 콜백해드리죠."

리오가 한숨을 쉬었다. "또 말장난 시작인가요?"

"늘 그렇죠!" 샘은 눈을 반짝이며 주문하러 바 쪽으로 향했다. 긴 원피스를 입고 잰걸음으로 스파클링 와인을 들고 돌아오는 모습이 꼭 둥둥 떠다니는 것 같았다.

"맥주는 좋아한 적이 없어요. 그걸 인정하는 게 부끄럽지도 않고요!" 샘이 자랑스럽다는 듯 말했다.

"그렇지만 당신은 프로그래머잖아요!" 제임스가 자기 얼굴을 감쌌다.

"발머 피크에는 차별이 없어요. 술이면 뭐든 된다고요!" 샘은 잔을 들어 한 모금 마셨다.

제임스가 어깨를 으쓱하고 웃었다. "그건 그래요."

샘이 다시 잔을 들었다. "리오의 새 직장을 위하여 건배!"

"전부 얘기해줘야 해요. 리오의 꿈의 직장이요!" 제임스가 강력히 요청했다.

"아직은 할 얘기가 많지 않아요. 출근하기 시작하면 알려줄게요. 회사는 어때요, 제임스? 데이비드는요?"

"여전히 재수 없어요." 제임스가 웃었다. "하지만 아주 약간 나아졌어요."

리오가 얼굴을 찌푸렸다. "데이비드와 일하지 않아도 되어서 얼마나 다행인지."

"데이비드도 똑같이 생각해요." 제임스가 눈을 찡긋했다. "하지만 전 리오 편이에요. 제 서버에 접근 권한이 없는 한은요."

"아, 좀 닥쳐 줄래요?" 리오가 맥주 한 방울을 제임스 쪽으로 튕겼다.

"순순히 잊게 두진 않을 거예요!"

"고맙기도 해라…." 리오는 가방을 무릎 위에 올렸다. 이 가방을 소유한 이래 처음부터 휴대전화, 지갑을 비롯한 온갖 물건을 집어삼킨 블랙홀로 고개를 처박았다. "…잠깐만요. 전화가 오네요." 전화를 무사히 구조한 리오는 몸을 옆으로 돌렸다.

"여보세요, 아빠. 죄송해요. 답장을 깜빡했어요. 확인해 볼게요." 리오가 달력을 살폈다. 형형색색의 블록이 이번 주를 덮고 있었다. "토요일 점심에는 요가 수업이 있어요. 저녁은 어때요?"

"요가요?" 잭이 제임스에게 속삭였다.

"새로 이사 온 이웃이 특이하대요. 함께 요가를 하고요." 제임스가 답했다.

"아."

"네, 깜빡해서 죄송해요." 리오는 휴대전화를 테이블 위에 엎어놓고 종업원에게 손짓해 새 맥주를 주문했다.

제임스가 리오의 휴대전화 쪽으로 고갯짓하며 말했다. "전화가 또 울리네요… 인기인!"

리오가 한숨 쉬며 전화를 받았다.

"여보세요?" 리오가 일어서서 천천히 걸음을 옮겼다. "아, 안녕하세요 마틴."

제임스가 리오의 셔츠를 당기며 속삭였다. "다들 듣고 싶어 해요."

"그거 고마워요. 네, 칫솔도 훌륭하고요. 네, 하루에 두 번이요. 진료 예약이요? 네, 지금 하죠."

제임스와 머런이 집중해서 들었다. 잭은 몸을 앞으로 기울였다. "내가 알아야 하는 거예요? 마틴이 누군데요?"

"좀 이상한 치과의사 있어요. 몰라도 돼요." 제임스가 눈을 찡긋했다.

"죄송한데 여기가 좀 시끄러워서요. 비용이 얼마라고 하셨죠?" 리오가 테이블을 향해 손을 흔들고 천천히 멀어져 갔다.

"치과 치료는 비싸죠." 서맨사가 끼어들었다. 리오가 모퉁이로 사라지는 걸 본 다른 사람들도 고개를 끄덕였다.

"리오의 치과 의사는… 특이해요."

"자세히 알려줘요. 전 그런 가십 좋아해요!" 눈을 크게 뜬 서맨사가 테이블에 손톱을 두드리며 마치 펭귄이 춤을 추는 듯한 장면을 연출했다.

"리눅스 펭귄?"

"당연하죠." 그녀가 활짝 웃었다.

"음" 제임스는 리오가 사라진 방향을 쳐다봤다. "리오의 치과 의사가 리오의 치아에 좀 집착하거든요."

"집착이요?"

"리오가 더 잘 알려줄 거예요. 우리는 리오의 치과 이야기를 줄곧 재밌게 들었거든요. 예전에는 그런 얘기에 관심이 갈 거라 생각 못했는데 말이죠." 제임스가 맥주잔을 내려놓으며 웃었다.

리오가 어리둥절한 표정으로 돌아와서 휴대전화를 천천히 내려놓았다.

"치과 의사는 뭐래요?" 서맨사는 달달한 이야기를 기대했다.

"원래 가격의 절반으로 할인받았어요…."

"우와!"

"…학교를 통해서요. 알고 보니 그 사람 교수래요."

"근데 왜요?"

"…학생들이 실습할 치아 모형을 제공해 준 답례래요." 리오가 어깨를 으쓱했다.

"쟁기 부대라…." 제임스가 상상했다.

"그렇죠. 쟁기 구강 부대예요. 그것도 여러분 친구의 이빨을 정확히 본뜬 부대죠." 리오는 쟁기처럼 환하게 웃었다.

스웨덴 자전거 신

약간 손봐주고 나니 새 자전거는 그리 나쁘지 않았다. 약간 손봐줬다는 말은 자전거의 구동 부품과 비구동 부품을 전부 갈아치웠다는 뜻이지만. 그래서 든 비용은?

데이비드는 알고 싶지 않았고 세라에게도 절대 알려주지 않을 것이다. 작년에 있었던 끔찍한 원 나잇 스탠드보다 더 심하게 수치스러운 비밀로 간직될 것이다. 하지만 그에게는 부품이 필요했다. 진정한 자전거광으로서. 무슨 차이가 있냐고? 새 브레이크를 빼면 편의성이나 속도에는 차이가 없었다. 하지만 새 부품은 그의 자존심에 기름칠을 해주었다. 데이비드는 가짜 스폰서 이름이 적힌 자전거 복장을 최고로 갖춰 입고 자전거에 우아하게 올라탄 후, 자기 자전거가 관심을 받을 수 있게 입구에서 가장 가까운 자리에 자전거를 주차했다. 안타깝게도 데이비드는 지각 중이었다. 이곳은 아마 분위기가 다를 것이고, 개발자 수도 적을 것이다. 오전 8시인데 주차장이 만차이고 건물의 모든 창문에서 부산스러움이 느껴졌다. 컨설트잇은 겨우 잠에서 깰 시간이었다. 보안팀 직원들만 출근해서 경보 장치를 끄고 몇 시간 후 직원들이 출근할 때까지 유튜브 동영상을 보고 있겠지.

데이비드는 엘리베이터 거울에 비친 자신을 바라보며 인사의 의미로 대퇴사두근을 구부렸다. 그는 파란색과 노란색이 어우러진 이 자전거 복장을 좋아했다. 이 옷을 입으면 스웨덴 자전거 신처럼 보여서 오늘 밤 아이들과 세라도 감동할 게 분명했다. 세라가 스파게티를 해준다고 했으니 덕분에 탄수화물을 실컷 먹을 것이다. 다음 주 수요일 두 사람이 합의한 주간 가족 저녁 식사를 위해 데이비드는 볶음 요리를 할 것이다. 엘리베이터가 덜컹하고 멈췄다. 데이비드는 뚜벅거리는 구두 소리로 등장을 알렸다.

"데이비드! 어서 와요! 오는 길은 어땠어요? 여긴 처음인가요?" 정장을 입은 멀쑥한 남성이 데이비드에게 악수를 청했다. 키가 다소 과하게 큰 듯했다.

"두 번째입니다. 다시 뵈어서 반갑습니다." 데이비드는 악수하고 키를 최대한 늘려보았다.

"절 따라오세요. 커피 마시고 준비하시죠. 오늘은 중요한 일이 있어요! 옷부터 갈아입으실래요?"

"아니요. 여벌을 가져오는 걸 깜빡했네요. 괜찮으시면 이 피부는 계속 걸치고 있겠습니다." 데이비드가 상의 옆을 살짝 꼬집었다가 놓자 옷이 빠르게 제자리로 돌아갔다. 중국 온라인 쇼핑몰에서 신중하게 고른 폴리에스터 혼방 소재가 얼마나 편한지 보여주었다. 최고의 중국 온라인 쇼핑몰이었다.

"녹아내리지 않으신다면야 괜찮습니다." 남자는 웃으며 앞서 걸어갔다. 폴리에스터 혼방을 입고 스위스 접시에 녹아내릴 준비를 마친 인간 라클레트 치즈가 그 뒤를 따랐다.

50 COMMIT
에어컨 좀 켤까요

리오는 다른 자전거를 타고, 다른 복장을 하고 새 직장에 도착했다. 잭이 태워 준다고 했지만 아침엔 교통체증이 끔찍할 게 분명해서 리오는 서커스 자동차 대신 서커스 자전거를 선택했다. 이른 아침에 움직인 경험이 많이 않아서 들은 말에 근거한 가정이긴 했지만 굳이 위험을 감수하고 싶진 않았다. 샘은 이곳을 좋게 말했다. "리오도 사랑에 빠질 거예요! 재밌는 프로젝트도 많이 하는데, 가장 좋은 건 업무 시간의 절반을 라이브러리 작업에 할애할 수 있다는 거죠. 얼마나 멋질지 생각해 보세요! 그 라이브러리 프로젝트를 아주 크게 키울 수 있을 거예요! 모두의 캐시 문제를 해결하는 인류를 위한 선물이죠. 우린 목숨을 구할 거예요. 새치와 배고픈 고양이도 줄겠죠." 샘은 리오에게 리넨 원피스를 입으라고 우겼는데, 샘이 좋아하는 색은 아니었지만 리오에게는 완벽하게 잘 어울렸다. 회색이었고 편했다.

부처도 열정적으로 동의했다. 그녀는 그 옷이 새 출발에 완벽한 복장이라는 걸 느낄 수 있었다. "지적이고 정중하고 완숙한 색이에요." 부처가 눈을 크게 뜨고 조용히 말했다.

"저를 표현하기에 적합한 단어는 아닌데요." 리오는 이렇게 답하며 무릎까지 오는 원피스를 내려다봤다. 회색은 감정이 없고 가볍고 약간 우울했다. 리오에게 어울렸다. "입을게요." 아무도 리오에게 원피스에 주름이 잘 생긴다고 경고해주지 않았고, 새 직장에 도착한 리오는 재사용한 음식 포장용 랩 같았다. 짙은 회색 줄무늬도 생겼다. 자전거를 타는 동안 흐른 땀을 머금은 자국이었다. 주름진 얼룩말은 첫 출근 준비를 마쳤다.

"리오, 리오, 리오! 그 유명한 리오군요! 캐시 킹, 아니 퀸이라고 불러야 하나요?" 리오는 원피스의 주름을 펴다 말고 깜짝 놀라 조용히 "네"라고 했다. 네, 제가 그 여왕입니다.

곧 키스라는 이름을 밝힐 그 남자는 힘차게 손뼉을 치며 리오를 유리문 안으로 데려갔다. 키스는 땀이 흥건하고 따뜻한 손으로 손잡기에 가까울 정도로 오래 악수했다. 리오는 원피스에 손을 닦으며 빠른 걸음으로 복도를 걸어가는 그를 따라갔다. 복도는 마치 런웨이처럼 느껴졌고 리오는 신입 동료 역할을 모델처럼 소화했다.

"자전거 봤어요, 멋지던데요. 브롬튼인가요?" 키스가 물었다.

"맞아요, 구형 모델이에요. 자전거 안에 세워둬도 괜찮을까요? 자물쇠를 깜빡했거든요."

"그럼요. 이 건물에 있는 사람 아무도 펼칠 줄 모를 것 같지만요." 키스가 웃었다. "종이접기를 거꾸로 하는 건 장난이 아니잖아요. 여기 사람들은 화장지를 접는 게 고작일걸요." 그는 갑자기 웃음을 멈추더니 깔끔하게 면도한 턱을 긁으며 리오 쪽으로 몸을 돌렸다. "여기 사람들이 멍청하다는 뜻은 아니에요. 당신 동료들 훌륭하거든요."

"어떤 일을 하시는지 여쭤봐도 될까요?" 리오가 물었다.

"아, 이런. 키스 피어슨입니다. 당신의 직속 관리자고요! 함께 일할 끝내주는 팀도 있죠! 우리 팀은 최고의 팀이에요. 물론 제가 편파적이긴 해요." 키스가 리오에게 두 번째 복도를 가리키자 리오는 방향 감각을 잃었다. 이쯤이면 사무실을 두 바퀴는 돈 것 같았지만 키스는 미로 속으로 계속 자신감 있게 걸어 들어갔다. 리오의 탈출을 막으려 특별 제작한 미로 같았다.

"자, 여기예요." 그는 탁 트인 공간을 공개했다. 지루한 회색 칸막이로 만든 오아시스. 반짝이는 화면이 책상마다 최소 세 개씩 있었고, 요란한 키보드 소리가 높은 천장으로 울려 퍼졌다. 모든 사람이 일제히 조용해져서 뒤돌아 선명하게 붉은빛을 띤 리오의 얼굴을 환영했다.

"짜잔! 여기가 인하우스 팀이에요! 리오 책상은 구석에 있어요. 레노버로 준비해 뒀어요. 다른 걸 원하면 말씀하세요."

리오가 고개를 끄덕이며 손을 흔들었다. 이른 시간임을 고려하면 동료들은 특이할 정도로 활기가 넘쳤다. 집집마다 어린애들이 있나, 리오가 생각했다.

"이른 아침인데 출근해 있네요?" 리오가 동료의 숫자를 세었다. 15명이었다.

"맞아요! 멋지지 않아요?" 키스가 아침형 인간들을 향해 양팔을 활짝 펼쳤다.

"그런 것 같네요." 리오가 억지웃음을 지으며 노트북을 집어 들었다. 튼튼하고 기존 노트북보다 두툼했으며 어댑터가 햄스터 우리만 했다. 도킹 스테이션은 소형견이 들어갈 수 있을 정도였다. "근무 시간은 유연하다고 한 걸로 기억하는데 맞나요?"

리오는 계약서 첫 페이지를 읽고 연봉이 적힌 페이지만 찾아보고 그대로 서명해서 보냈다. 계약서는 11페이지나 되는 데다 셰익스피어 시대의 영어인지, 아니면 다른 외국어인지 모를 언어로 쓰여 있었다. 그녀는 자기 영혼을 팔고, 매주 금요일에 갓 구운 컵케이크를 가져오겠다고 서명했을 수도 있었다.

"네, 물론이에요! 근무 시간은 8시부터 16시까지예요. 그 외엔 유동적이고요. 그리고 생일자 휴가도 있어요." 아주 잘됐군. 내 생일은 12월 25일인데. "자, 노트북을 들고 이제 움직이죠! 당신의 첫 회의예요. 이게 마지막은 아닐 거예요. 시작합시다!" 키스가 희미하게 흔적만 남은 이두근을 구부리고는 벽에서 떨어져서 다음 복도로 뛰어갔다.

"여기예요. 어서 오세요! 평소보다 확장된 팀을 소개할게요. 합류한 외부 컨설턴트들도 있는데, 한동안 함께 일할 거예요." 키스가 눈을 찡긋하며 문을 열었다. 뜨겁고 답답한 공기의 벽을 무너지며 환한 방이 드러났다. 방 중앙에는 노랗고 파란 복장을 한 인물이 있었다. 삭막한 하얀 벽을 배경으로 조각상처럼 서 있었다.

'서… 설마 아니겠지.'

"리오, 여기는 데이비드예요. 새 동료죠. 컨설트잇에서 온 컨설턴트이고 장기로 계약했어요. 꽤 오랫동안 이 프로젝트에서 함께 할 거니까 제가 커피를 가져오는 동안 서로 인사 나눠요. 나머지 팀원들도 곧 올 거예요." 키스가 빙글 돌아 문밖으로 나가자 동그래진 눈에 입을 떡 벌린 채 서로를 바라보는 데이비드와 리오만 남았다. 둘 다 아무 말도 하지 않았다.

"어, 안녕하세요! 익숙한 얼굴이네요!" 열린 문으로 익숙한 둥근 얼굴이 튀어나오더니 펭귄 걸음으로 테이블로 걸어왔다. "여기서 다시 볼 줄은 몰랐네요, 리오. 데이비드한테 회사를 관뒀다고 들었거든요. 더 나은 직장을 찾은 거였나 봐요." 그가 작은 눈을 찡긋거리자 살짝 씰룩거릴 뿐이었다. 그의 뺨은 햇볕에 너무 오래 방치된 사과처럼 홍조를 띠었다. 땀이 나긴 했지만 맛있어 보이는 것 같기도 했다. 리오는 그를 잘 알아보지 못했다. 데이비드는 고개를 끄덕이고 테이블 위 서류를 다시 정리했다. 콘돔 같은 옷 안에서 분명 땀을 엄청나게 흘리고 있을 것이었다.

"다시 보니 반가워요, 버니. 그사이에 화상으로 만나느라 직접 얼굴 보는 건 오랜만이네요." 데이비드가 손을 흔들었다.

버니가 쿵 소리를 내며 의자에 주저앉았고 모두가 숨을 멈췄다. 의자가 겨우 살아남았지만 버니는 태연해 보였다. "제가 좋은 회의를 좋아하긴 하죠!"

빙고다. 잊고 있던 콘퍼런스 빙고가 떠올랐다.

재크가 큰 보온병과 쌓아 올린 컵을 들고 미끄러지듯 들어왔다.

"여긴 진짜 더운 거 같지 않아요?" 재크는 이마의 땀을 닦자마자 몇몇 컵의 안쪽을 건드렸다. 버니는 신경 쓰지 않는 듯, 컵 하나를 자기 쪽으로 가져와서 사방에 튀기면서 커피를 따랐다.

땀이 두툼한 섬유를 따라 흐르면서 리오가 입은 원피스의 색상은 천천히 어둡게 물들었다. 리오가 벽에 걸린 에어컨 타이머를 흘끔 쳐다보았다. "에어컨 좀 켤까요, 공기 순환도 할 겸?"

버니와 재크가 타이머를 바라보았다. "아, 저거요? 우리가 왔을 때부터 망가져 있었어요. 창문을 열어야 할 거예요. 선풍기는 주문이 밀려서 아직 못 받았거든요."

에필로그

마틴은 실존 인물입니다. 제가 지어낸 이야기는 두 개뿐입니다. 유니폼은 없었고 마틴은 수건을 줬습니다. 그리고 마틴이 치아 모형이나 사진으로 뭘 했는지는 전혀 모릅니다. 필립스 다이아몬드클린 9000 시리즈 2 음파 전동 칫솔은 5년 정도 잘 사용하다가 떨어뜨려서 고장이 났습니다. 새 전동 칫솔을 살 순 없었습니다. 마틴을 존중하는 의미로요. 참고로 이 책은 필립스로부터 어떠한 금전적 지원도 받지 않았음을 밝힙니다.